投資觀念進化論

避險觀念與現代金融創新

Capital Ideas Evolving

彼得·伯恩斯坦（Peter L. Bernstein）◎著　陳 儀◎譯

WILEY 財信出版

丹尼爾・卡尼曼（Daniel Kahneman）／普林斯頓大學心理學教授，2002年因為對行為經濟學的突破性發展成果而獲得諾貝爾獎。他分析許多怪誕的決策行為，包括人類對待風險的態度將取決於他們是否獲利或虧損。不過，卡尼曼否認多數人是不理性的。相對的，他認為「理性模型的失敗在於……，它所要求的人類大腦。有誰能設計出一個能完全依照這個模型的指令行事的大腦？它必須能夠完全且立即知道與瞭解所有事。」

理查・泰勒（Richard Thaler）／是個大忙人。他是行為科學與經濟學的教授，也是芝加哥大學商學研究所決策研究中心主任。同時他也是一個投資管理公司的委託人，這個公司的策略全都是以行為財務學為基礎，目前為止，該公司已累積亮麗績效。雖然他彙集了許多和標準財務模型的預測互相矛盾的行為模式，但泰勒卻不接受任何將其研究視為證明投資人不理性的說法。他辯稱：「人類不是嘮叨的白癡，不過也絕對不是超級理性的自動化機械。」

保羅・薩繆森（Paul Samuelson）／1970年榮獲諾貝爾經濟學獎。在《投資革命》一書中，他描述股票市場「絕對沒有輕鬆錢可賺」。現在，他甚至進一步表示：「基於對事實的尊敬，我不得不接受多數投資組合決策者應該離職的假設，他們應該去當水電工、教希臘文或擔任企業高階主管，幫忙創造年度國民生產毛額⋯⋯。沒有任何一本書能讓你致富，可以讓你保有財富的書也很少，但卻有很多書會讓你加速失去財富。」所以，薩繆森依舊堅持廣泛性投資組合分散的風險管理策略。

羅伯・莫頓（Robert Merton）／在1990年以選擇權定價模型的研究而獲得諾貝爾獎。他在哈佛商學院是非常受歡迎的教授。莫頓也經營一個業務繁忙的諮詢公司，他希望重新設計一個金融體系，將今日市場上的混亂現象改造為一個能進行風險分散與協助散戶為退休計畫進行投資的動態機制。莫頓將自己視為水電工人，他希望利用所有可用工具來完成這件工作。他說：「投資革命創意的答案依舊有效。我的重點在於理解法人與他們如何讓這些理論轉化為實務。」

羅聞全（Andrew Lo）／2004年台灣中央研究院最年輕的院士當選人，同時也是麻省理工學院史隆管理學院財務工程實驗室財務學教授兼主任。他在財務實務領域很活躍，是一檔避險基金的聯合創辦人兼科學長。羅聞全認為機構是金融市場功能運作的中心，他也認為法人會隨著時間不斷演變，而法人之所以演變，一部份是基於「人類有目的的決策」，一部份則是為因應進化的動力。羅聞全的適應市場假說將這些觀點結合為一個強而有力的理論，解釋市場如何運作，以及市場上的新發展是由哪些動力在驅動。

羅伯・席勒（Robert Shiller）／耶魯大學Cowles基金會的羅伯・席勒發表過200多篇論文和五本書，包括暢銷書《非理性繁榮》。他說：「金融改變了事物的實際運作方式。」而他認為傳播這些變革的是法人機構。席勒認為波動性——當我們對實際發生的事物感到訝異時，就會牽涉到這個奇特的字眼——是管理經濟與財務等眾多層面風險的主要因素。他甚至發明許多可用來規避房屋產權、員工薪資以及整體經濟產出與就業水準波動等固有隱含風險的新奇金融工具。

比爾・夏普（Bill Sharpe）／是史丹佛大學的榮譽退休教授，他在1964年率先提出一篇包含資本資產定價模型的研究論文，並因此榮獲1990年諾貝爾獎。資本資產定價模型是市場處於均衡狀態下時的典型風險與報酬關係。這個模型是「阿法值」和「貝它值」策略的根源，目前法人投資管理模式主要都是採用這兩種策略。夏普和本書所介紹的其他理論家相同，他目前也比較著重在將理論運用到實務的層面，反而對發展新理論比較沒有興趣。他是金融引擎公司的聯合創辦人，該公司是成功的矽谷事業投資，利用電腦為企業員工提供精密的資產配置與風險管理建議。

哈利・馬可維茲（Harry Markowitz）／是諾貝爾獎得主，他在1952年以投資選擇理論開始帶動投資革命創意的風潮。這個理論主要是先在風險與報酬得失間取得最適當平衡，接下來再將其結果融入一個分散投資的投資組合。不過，馬可維茲自己目前對「……對行為者做出不切實際──甚至荒謬假設的……均衡模型」也已經失去信心。他成為一個財務工程師，目前在一個實驗室工作，正為一個野心勃勃的專案而努力，這個專案牽涉到複雜的電腦程式設計，目的是詳細探討在一個同時存在怪誕行為投資者與冷靜理性投資者的市場裡，股價將出現何種行為模式。他說：「當你完成後，你就擁有一個小小世界。」

麥倫・休斯（Myron Scholes）／在1990年因他對布萊克-休斯-莫頓選擇權定價模型的貢獻而獲得諾貝爾獎，不過，他目前和學術界並沒有很多接觸。他現在擔任一個避險基金的共同經營合夥人，該基金規模達26億美元，而且基金本身不對貝它值或阿法值做任何預測。相反的，休斯和他的同事透過提供休斯所謂的「流動性與風險轉嫁服務」在資本市場進行交易與獲利。這些策略是指承接各種投資人與企業不願意承擔的風險，因為這些投資者願意付錢請其他人來承接這些風險。休斯說：「這是很棒的事業。」

布雷克・葛洛斯曼（Blake Grossman）／柏克萊全球投資管理公司的執行長，該公司的前身是富國投資顧問公司，我以《投資革命》一書的第12章來讚頌這個公司。柏克萊全球投資管理公司是全世界最大的機構資產投資組合管理人之一，管理資產中包括1.3兆美元的指數型資產和指數型基金。該公司每一個積極管理型的策略——涵蓋股票、固定收益、資產配置和貨幣——自設立後幾乎都能創造正阿法值。葛洛斯曼說：「我們的產品線是一脈傳承自馬可維茲、夏普、莫迪格里亞尼-米勒與布萊克-休斯的原始理論。他們的理論模型依舊是我們目前所從事工作的核心。我們的所有工作全都帶有他們的色彩。」

大衛・史威森（David Swensen）／自1985年擔任耶魯大學捐贈基金的投資長以來，投資績效即大幅超越史坦普500指數，在教育界捐贈基金中也名列前茅。史威森主要是以馬可維茲的風險／報酬得失的最適取捨方法為基礎，他也將效率市場假說奉為圭臬，這讓他獲得優異的績效記錄。不過，他的做法是：「建立與維持一套非約定成俗的投資量表，（需要）接受一般約定成俗觀點眼中看似不保守穩健的投資組合。」但現在史威森的方法反而成了一種約定成俗的慣例。

尤金・法馬（Eugene Fama）／任教於芝加哥大學商學院，於1965年率先提出效率市場假說以前，世界上沒有任何理論可以解釋為何人類那麼難以打敗市場，而且人們似乎根本不承認不可能打敗市場。從那時開始，法馬出任一個大型共同基金公司的委託人，另外，他也和經常與他聯名寫作的肯尼斯・法蘭區（任教於Dartmouth's Tuck學院）合作，加入兩個新的變數來強化資本資產定價模型的實證績效；這兩個變數是市值的規模和股價相對帳面淨值比率。

傑克．崔諾（Jack Treynor）／在1964年提出的資產定價粗略模型和夏普的模型非常相近，但卻從未發表過。1973年時，崔諾和費雪．布萊克共同建立了今日所謂可攜式阿法值策略的基礎架構，他堅稱「即使兩個投資經理人對大盤抱持極端不同期望，但如果他們擁有相同的個別證券資訊，就會選擇相同相對比例的積極型投資組合。」崔諾和本書介紹的其他理論家一樣，目前也比較重視模型的實務應用，對發明新模型比較不感興趣。他喜歡將他覺得吸引人的股票告訴其他人，但他卻只投資他朋友搞不懂的股票。

比爾．葛洛斯（Bill Gross）／太平洋投資管理公司的創辦人，目前擔任執行長，負責監督超過6000億美元的固定收益證券的管理事務。他的傳記《債券天王葛洛斯》一書詳細彙總他在債券市場的傳奇能力。就債券公司來說，太平洋投資管理公司確實很奇怪，它銷售所謂的Stocks-PLUS策略，這個策略的目標是創造超越股市的績效，具體一點來說，目標是創造史坦普500指數總報酬外加葛洛斯超越短期債券標竿的報酬。StocksPLUS已成立20多年，是目前「可攜式阿法值策略」的前身，他的做法是在基金主要資產部位以外的來源尋找阿法值。

馬爾文・丹斯瑪（Marvin Damsma）／1980年代初期，丹斯瑪擔任紐約市職工退休基金的投資長，負責監督數十億美元的業務，不過當時他的薪水「只夠讓我靠納桑熱狗和比薩餅度日」。1987年時，丹斯瑪成為英國石油艾莫可公司（BP-Amoco）退休資產的投資長，該公司給他非常大的空間來實驗退休基金管理方面的創新與非約定成俗觀點。這個自由空間讓丹斯瑪得以用很多不同於傳統模型的方式來看待整個投資組合風險管理流程。丹斯瑪開始發動創新行為時，外界認為他的想法過度激進，不過現在這些創新都已成為今日的傳統策略。

馬汀・萊布維茲（Martin Leibowitz）／是個傳奇人物。他在早時的所羅門兄弟公司待了26年以後，出任教師保險年金協會──大學退休權益基金的投資長，目前擔任摩根史坦利的董事總經理。在一個向來以買進且長期持有策略為主流的的債券市場當中，他在1972年透過辛尼・霍姆公司所出版的書籍《殖利率手冊裡的奧秘：債券市場策略新工具》就像個開拓者。他不斷證明理論對實務的貢獻力量有多大。最近，萊布維茲將他的注意力轉向資本資產定價模型的根源，希望設計一個全新的機構資產配置流程。

包伯・李特曼（Bob Litterman）／1986年時，包伯・李特曼到高盛公司應徵，費雪・布萊克問他，計量經濟學家能對華爾街做出什麼貢獻。後來，李特曼的貢獻良多，例如他和布萊克共同撰寫了一篇文章，當中說明均衡的角色，而他在高盛公司衆多成就斐然的資產管理事業裡所擔任的職務也步步高升。李特曼表示：「波動性是我們高盛人所有決策與所有策略的中心考量」、「不過均衡以及世界逐漸邁向均衡的見解則是我們對這個世界的核心觀點。我知道冥冥之中還是有隻看不見的手。」

目錄
CONTENTS

目錄
CONTENTS

推薦序
他們在設計不會一起打翻的籃子

清華大學經濟學系副教授　劉瑞華

有句諺語「別把雞蛋全放在一個籃子裡」，應該是最常被用來提醒投資人的金玉良言。用這句話比喻分散風險雖然傳神，但是經過細想，哪來的籃子？放在什麼籃子裡？該怎麼放？都是很耐人尋味的問題。《投資觀念進化論》這本書裡的主角，就是那些為投資人設計籃子、製作籃子、組合籃子的人，從書裡的故事看來，他們不只是設計師，而更應該是科學家、工程師。

作者彼得・伯恩斯坦（Peter Bernstein）在一九九二年就寫了這本書的前身Capital Ideas，書名的副標題是「現代華爾街難得的起源」（The Improbable Origins of Modern Wall Street）。他所謂的「現代華爾街」指的是在書中這些人物開創出財務理論之後，美國股市逐漸邁入以系統化分析為基礎的操作時代。五十年前，美國股市雖然已經不是更早之前，鐵路、銀行大亨呼進喊出就能左右股市的時代，但是要在股市裡穩贏不敗，多少要靠些不可外傳的獨家內線消息。一九五〇年代開始，從經濟學界出現一些處理風險之下決策模型的理論與實證研究，再由財務經濟學漸漸發展成今日很熱門的財務金融與財務工程。

財務理論在學術界蓬勃發展，以往要有經世濟民的成就才能榮膺的大師之名，逐漸也冠於研究市場投資報酬的學者頭上。一九九〇與一九九七年的諾貝爾經濟學獎頒給了財務經濟學家，顯然肯定了財務理論的學術成就。不過，學術上的成就是否代表現實應用的價值，仍然是可以質疑的。那些艱深難懂的理論，華爾街的投資高手們真會用得上嗎？彼得・伯恩斯坦在一九九二年還讚嘆那「難得的起源」，撰寫這本書的時候，他已經更加確信財務經濟學的發展對投資實務的貢獻。他訪談的對象不只有學界的先驅，也包括許多業界的名人。理論與實務結合的作法，在競爭激烈的市場環境裡演化調適，已經闖出了一條正路。

至今仍然有眾多散戶的台灣股市，經常聽到的是自稱「老師」的人誇口如何會選賺錢的股票。伯恩斯坦在書中細數的投資市場英雄們，可能都不見得能選出一支保證賺錢的股票，可是毫無疑問他們是最知道該如何投資賺錢的人。財務經濟學家基本上都對市場深具信心，認為任何資產的價格都有漲有跌，越是能夠有效率反映獲利情況的資產，價格變化越是迅速。面對價格變動的風險，不可能選到只漲不跌的投資，最能獲利的投資策略是持有一套資產組合，讓各項投資的漲跌可以有部分相互抵銷，免得全部大跌。

將一開始提到的比喻說深一點，為了避免雞蛋全部打破的風險，不只別把雞蛋全放在一個籃子裡，還要考慮分放的各個籃子會不會一起牽動，籃子如果互相牽掛，一旦有個動盪，也會一起打翻。現實世界裡，有太多因素會影響到資產價格的變化，每項因素雖然造成的影響不同，但是都會牽動一群資產同時漲跌，很難找到完全獨立的籃子來裝雞蛋，只能儘量設計出夠穩的組合。如何找出一個組合，在大部分的時候不會一起漲跌，需要複雜的計算方法以及大量的實際資料，而且還必須隨著環境變化經常修正調整。

能夠透過實務驗證理論的機構不只資金規模要夠大，也要有龐大的研究團隊。現實世界裡的各種情況與理論的假設並不相同，是那些實務界的投資經理人從經驗中修正應用模型，讓理論發揮實際的功用。不過，他們可不會輕易將這些賺錢的秘訣公諸於世，於是書中訪談的人所說的使用者見證總是還帶著點神秘色彩。當然，總會有人一直抱持著懷疑的態度，認為這些複雜的財務工程，只不過是另一種「選股」或「報明牌」的方法；另一方面，也不乏一些自認為可以打敗市場的「股神」，對這些尋求穩健投資組合的努力嗤之以鼻。財務理論與實務的演化還會與各種不同的觀念在競爭中繼續進行。

人類的世界充滿了不確定，即使現實中的不確定並不如理論所假設的那麼單純，五十年來，財務經濟學是經濟學界最勇於面對不確定因素的學門，究竟從中所產生的理論知識能不能帶給投資人比市場報酬率更高的獲利，正如英文書名的原意，仍在演化中。

推薦序

現代財務金融的領航者

台灣大學財務金融學系教授　李存修

讀完彼得・伯恩斯坦所著的《投資觀念進化論》一書之後，心裡有股莫名的興奮感，就一個學財務的人來說，書中所描述的人物和財務理論都是那麼赫赫有名，他們改變了過去半個世紀以來投資界的生態以及思考邏輯，如果沒有他們，今天的金融市場不會如此蓬勃，不會創造如此多的就業機會與龐大商機。古言「書中自有黃金屋」，在這些人的著作中得到了百分之百的驗證。

從五〇年代哈利・馬可維茲的投資組合理論開始，到六〇年代威廉・夏普（William Sharpe）的資本資產訂價模型，到七〇年代費雪・布萊克（Fisher Black），麥倫・休斯和羅伯・莫頓的選擇權定價模型，在在均改造了投資管理的哲學，被譽為近代財務理論的三塊巨石（里程碑）。八〇年代開始，理查・泰勒的過度反應研究，羅伯・席勒的非理性繁榮、泡沫理論等，又將純經濟導向的財務理論導入行為層面，到二〇〇二年由丹尼爾・卡尼曼的錯置行為（disposition）榮獲諾貝爾獎。

書中描述的許多著名學者是我唸書時上過課的老師，包括巴爾・羅森伯格（Barr Rosenberg）、海恩・李蘭德（Hayne Leland）等，也聽過很多人演講，包括尤金・法馬、哈利・馬可維茲、威廉・夏普、羅聞全、麥倫・休斯、羅伯・莫頓、莫頓・米勒（Merton Miller）等，其中有許多位來過台灣，擔任學術研討會的主講人，因此讀起本書感覺格外親切，彷彿又回到了學生時代。這些著名學者絕大多數投入實務界，例如巴爾・羅森伯格創立了Barra，羅伯・莫頓是LTCM的主角之一，海恩・李德蘭是LOR（Leland O Brien and Rubinstein Associate）之合夥人，其中的魯賓斯坦（Rubinstein）又是我的論文指導教授，他於一九七四年發表的選擇權二項評價法是財務工程界必備的基本知識。

這些學術工作者投身實務界，大大拉近了理論與實務的距離，甚至產生實務界的發展領先學術界的現象。學財務理論的人不再覺得所學與實務脫節，因此提高了學習的誘因與興趣，如今伯恩斯坦以全部文字，不含數學的方式，詮釋了各種重要財務理論的精義，少了數學公式的冰冷感與距離感，對財金同學而言自是一項福音，個人也決定要推薦給所有上投資學、投資管理的同學，作為輔助教材。而實務界人士若能領悟箇中精隨，相信對其本身的工作也會有助益。

真是一本好書，走筆至此，心中又響起一片掌聲！

推薦序
演化中的投資思潮

政治大學金融學系教授　朱浩民

「擊敗市場」是金融市場上所有散戶投資人和機構法人的夢想，在可承受的風險之下，尋求投資的最高期望報酬，遂成為現今市場參與者努力追求的目標。可是如果以過往理論所假設，金融市場的參與者是理性者的話，那麼「效率市場」（efficient market）不就隱含我們很難擊敗市場的意味？但是我們同時卻也看到許多實務投資機構與人士日以繼夜的投入大量資源，找尋能在市場脫穎而出的積極投資管理方式，以獲取超越市場的報酬，這又不禁讓大家感到理論與實務之間的困惑。

這樣的困惑在閱讀完《投資觀念進化論》的前一版本——一九九二年出版的《投資革命》，與作為其延續的《投資觀念進化論》後或許可以釋懷。在一九九二年的《投資革命》中，作者將當時所謂華爾街理論與實務的革命歸功於「躲在象牙塔裡苦學的學者」，這包括法馬的效率市場假說（EMH），夏普的資本資產定價模型（CAPM），馬可維茲的投資組合理論（Portfolio selection），布萊克、休斯和莫頓等人的選擇權定價模型（Option

Pricing Model）等。由於這些理論的建構和推廣，今日金融市場普遍接受的風險衡量、分散投資和個人難以擊敗市場等觀念皆是由此而衍生，這也是一九九〇年代的投資革命思潮。

事隔十餘年之後，作者的《投資觀念進化論》內容則再進一步的闡明：「現在連《投資革命》一書中所介紹的理論家都已投入了資本市場。其中某些人還繼續尋求新的積極管理方法，同時苦苦追尋阿法值（alpha），而某些人則忙著將他們的理論概念運用到籌措退休財源與強化市場公平性與效率等問題上。」顯然金融市場的投資思潮仍然持續不斷的進化演進，事實上本書的英文原名Capital Ideas Evolving亦是在表達市場潮流之趨勢變化。

《投資觀念進化論》一書首先對批判效率市場假說的行為財務學予以正面回應，雖然雜訊投資人（noise traders）可能並不是完全理性而是「有限理性」的，也因此「積極型經理人可以努力尋求超越市場的掌握阿法報酬，但從另一方面來說，也由於我們渴望找出市場上訂價偏誤的情況，行為財務學卻也成為驅動我們走向效率市場假說的動力」。書中接著敘述當年領導投資革命的理論學者，包括堅持學術崗位的「理論家」薩繆森、跨入實務界的「機構投資者」莫頓、羅聞全、席勒和重新改造理論的「工程師」夏普、馬可維茲、休斯等人在經過實務的淬煉後對原先理論的革新；該書最後則以近年來領導金融領域風騷的「實務界人士」之積極財務投資模式，包括柏克萊全球投資管理公司（ＢＧＩ）使用指數化主題的各種變形來詮釋市場效率的新意義、耶魯大學的史威森管理捐贈基金時所採用的資產配置架構來闡述馬可維茲提出的均數／變異數最適化流程的無限重要性、英國石油艾默可公司的丹斯瑪、太平洋投資管理公司（PIMCO）的葛洛斯將資產報酬期望值中阿法值和貝它值拆開的運作管理方式，開啟CAPM的新實戰可能新道路、高盛的李特曼及後來者在布萊克的均衡裡發現新穎的洞見，並將此見解結合到該公司的積極型策略觀點等案例，來闡明近十餘年來金融市場投資思潮的持續演進情形。

誠如作者在最後一章的標題〈明日的投資革命：沒有什麼事絕對不會改變〉所指出，在時間的洪流裡，金融市場的新參與者、新機構和新的財務工具將不斷催生出新的風險管理策略、追求阿法值的新途徑、造就新的交易市場，「投資革命創意將如達爾文理論般不斷的進化，最後更將反過來重塑舊有理論的新層面」。本書雖然是一本需要嚴肅閱讀的書，不過相信在仔細咀嚼之後，應該讓我們對金融市場的投資理論和實務管理，會有更進一步的深層認識。

推薦序
改變投資觀念的機會

淡江大學財金系教授
台灣財務工程學會理事長
林蒼祥

作者伯恩斯坦本身就是金融大師，曾是哈佛大學教授及華爾街投資顧問公司執行長。他與當代金融大師交情匪淺，能同時找五位諾貝爾經濟學獎得主進行電話會議，他以講故事的方式，並運用將同一件事以不同面向觀察的手法，讓我們彷彿置身於他們精彩對話的現場。整本書以當代金融大師為經，金融市場基礎理論為緯，娓娓道出投資理論與實務積極互動，幫助二十一世紀之華爾街的投資創新革命能從興起的網路電腦科技與資本全球化的潮流中，繼續乘風破浪挺進。

讀了本書之後，您會更瞭解投資的複雜性及不確定性，知道靠小道消息獲利的機會不大，風險的重要性不亞於追求報酬。本書無法讓我們出奇制勝，立即獲得暴利，但會幫我們建立合理的投資觀念。要做個聽明牌、任由自己直覺擺佈的人，或從基本面投資，是您的抉擇，但放棄改變觀念的機會將是您的損失。

前言

理論家習慣抗拒事實，因為事實不容易表達，而且總是千變萬化；再者，他們可以利用「其他情形不變」的假設來逃避許多的懲罰。無可避免的，只要一有機會，人的心靈就會淪落，回歸老套的思考模式，因為如果沒有參照的準則，根本就不可能進行分析，所謂參照的準則就是一種對事物的思考方式，簡單言之就是理論。

——保羅．薩繆森，〈凱因斯與一般理論〉，《*Economica*》期刊一四（一九四六），第一八七—一九九頁

我們愛創造一些模型來說明事實。不過世界上卻有一種超脫於模型的「超模型」讓我們瞭解模型最終將會失效。模型之所以失效是因為它們未能融入存在於現實世界的交互關係。

——麥倫．休斯於二〇〇五年九月在紐約大學IXIS避險基金研討會發言

在二十世紀的最後三十年裡，橫掃華爾街投資理論與實務的革命是由躲在象牙塔裡苦學的學者所完成。他們和紐約市的金融產業中心距離極為遙遠，所以，我才會把一九九二年發表的《*Capital Ideas*》一書的副標題定為「現代華爾街難得的起源」（the improbable origins of modern Wall Street，中譯本《投資革命：華爾街理論起源》，二〇〇一年財訊出版）。

不過三十年來，出自那些起源的產品依舊不斷進化。目前《投資革命》一書所描述的概念均已成為華爾街與世界各地金融中心約定成俗的觀點。《投資革命》一書是從「風險是所有投資決策的核心」、「分散投資是成功投資的要素」、「個人難以擊敗市場」等簡單的概念出發。雖然《投資革命》一書所描述的概念都是象牙塔（也就是眾人所熟知的「新古典派財務學」）的產物，但這些概念卻對目前的主動式投資與風險管理領域影響深遠，是許多革新作為的知識核心。

這些革新牽涉到古人意想不到的大量概念和工具。我在一九八九年到一九九一年間剛開始寫《投資革命》一書時，世人才開始著迷於被動式管理的奇蹟以及讓人心煩意亂的效率市場意涵。但從接下來的內容便可得知，現在連《投資革命》一書中所介紹的理論家都已投入了資本市場。其中有些人繼續尋找新的主動式管理方法，並苦苦追求阿法值*（alpha），而某些人則忙著將他們的理論概念運用到籌措退休財源與強化市場公平性與效率等問題上。無論做法如何，所有人都在探索風險管理這個領域。

投資革命將這些途徑從象牙塔中移轉到電腦室，不管是形式或功能都還是繼續大幅度轉變。《投資觀念進化論》一書主要就是要討論這個變革流程。

❖

先來看看當今這個世界和我在一九八九年到一九九一年間撰寫《投資革命》一書時的差異有多麼懸殊。當時的投資環境對理論這東西非常排斥，因為那時的投資人認定人類能輕易「打敗市場」，另外，他們從來都不會將風險標準化，同時用很不嚴謹的方法來進行選擇權評價等。當時很多投資人對這些讓人如坐針氈、以數理為基礎的理論的最初反應就是「排斥」，並將之貶抑為「一派胡言」。當時的人認為風險只是一種附帶考量。伯特・墨基爾（Burt Malkiel）在《漫步華爾街》（天下文化出版）一書裡回憶「效率市場理論」的緣起時寫道：「某些華爾街人士的態度和看待海珊在『聖約之子會』（B'nai Brith）中的演說不相上下（一樣的冷淡）。」伯特告訴我，《漫步華爾街》的第九版將這個隱喻改為「安隆前任執行長傑夫・斯基林（Jeff Skilling）在商業促進局發表的演說」。

＊ alpha 值是指投資報酬超過貝它值乘以標竿指數如史坦普五〇〇（S&P 500）報酬超過無風險利率的部分。後續的章節將進一步解釋這個術語。

不過，當時我卻希望能在書裡納入一些和我所謂的投資革命創意有關的實務運用範例，以便讓更多廣大觀眾群（我希望影響的那一些人）相信這些理論進展。不過經過長時間的搜尋，我竟只能歸納出三個真正著手進行這些革命性運用的實際案例，這些案例全都嘗試將新理論結構運用到實際的工作上。不過，我卻找不到其他案例。

第一個實務範例是富國銀行（Well Fargo Bank）。當時《投資革命》一書所提到的許多理論創造者都擔任這個銀行的顧問。不過，那時富國銀行卻無法為它的指數型基金和已進行風險控管的資產管理業務找到客戶，並因此而苦不堪言，而且經過許多年，富國銀行還是未能藉此獲利。我永遠都不會忘記吉姆・弗汀（Jim Vertin）對我說的「將那個岩石推上山坡」那一席話。然而，誠如我在《投資革命》一書中所斷言的，「他們是真正將學問運用到現實生活的人」。本書第十章將會說明時間確實證明我的觀點無誤。

第二個個案研究是巴爾・羅森伯格。當時巴爾還是個學者，他設法以要素分析的形式，針對資本資產定價模型的主題發展可行的變通做法，這可能稱得上是第一個類似的做法。不過，他也在圓石灘舉辦過很多次極端受歡迎的說明會，教導實務界人士瞭解市場效率、平均值／標準差、資本資產定價模型和選擇權定價理論等錯綜複雜的相關學問。若不是巴爾當年投注了那麼多努力，專業投資者也不會那麼快就理解與接受這些投資革命創意。他的成就非常值得讚揚，理應獲得更多的掌聲。

投資組合保險是當年第三個將理論運用到實務的例子。加州大學柏克萊分校的海恩・

李蘭德曾大膽對我說，他希望找出一個能將「莫頓複製市場賣出選擇權投資組合」理論運用到現實面的「終極發明」，於是他構想出這個投資組合保險*。剛開始，投資組合保險確實在市場上颳起一陣旋風，在那一段短暫的時間裡，李蘭德彷彿實現了他的夢想。不過接下來，一九八七年十月十九日的崩盤來臨，股價在一天內狂跌了二〇%，投資組合保險遂隨著市場而崩潰。

不過當時是當時，現在是現在。目前這本書和《投資革命》不同，幾乎完全是以理論的實行為主軸，我只偶爾會討論到新理論的發展。

有趣的是，這個流程並不僅見於財務領域。密西根大學羅斯商業學院的漢・金（Han Kim）和他的兩個同事最近發表了一份研究，這份研究針對過去三十五年間在主要經濟期刊上發表，且到二〇〇六年六月止被引用次數超過五百次的論文。在檢視這些論文的內容後，金和他的共同作者發現「一九七〇年代初期時，有七〇%最常被引用的論文是理論導向，僅有一一%（為）實證導向。但到二十世紀末，有六〇%是實證導向，只有一一%是理論導向……這些（差額部分）是計量經濟學方法的貢獻」。

* 附帶一提，關於十月十九日的損失險些淹沒了投資組合保險一事，包伯・莫頓告訴我，天底下沒有零交易成本的布萊克—休斯—莫頓（Black-Scholes-Merton）選擇權定價模型，這真是一個奇妙的矛盾。交易成本導致複製投資組合不可行，也使選擇權變得無可取代。

究竟是什麼因素讓這種原本聚焦於理論的環境劇烈轉變為目前這種聚焦於實踐的情況？雖然確實有很多微妙的因素發揮了影響力，但最重要的因素還是在於桌上型個人電腦的發明。電腦讓人類有能力處理大量資料，並以一種超乎古人（只能用計算尺和電子計算機）想像的方式來驗證理論。另一方面，這個流程並無法逆向進行。雖然學者和實務界人士能利用電腦來驗證理論與尋找將理論運用到實務的新方法，但卻無法利用電腦來產生新理論。因為理論是人腦的產物。

從《投資革命》一書現身江湖以來，這些革命創意的生命力就愈來愈強大，簡直可說是勢不可擋。市場上持續出現許多影響力龐大的動力，而隨著時間的逐漸演化，這些動力讓理論與現實之間的相似點愈來愈接近。事實上，這些革命創意已經以它們自身的形象創造了一個全新的世界。到現在，即使是對這個知識主體抱持最高懷疑態度的人，都不再堅持反對那些以現代華爾街起源為基礎的理論與實務做法。

❖

比爾・夏普曾說：「馬可維茲的出現為前途點亮一盞明燈。」的確，在哈利・馬可維茲於一九五二年提出「投資組合選擇」論文前，市場上並不存在和建構投資組合有關的正統理論，只有一些經驗法則和民間傳說。馬可維茲是第一個讓風險成為投資組合管理核心議題的人，他聚焦在投資的真諦：投資是對未知將來的一種賭注。在比爾・夏普於一九六四年明確提出資本資產定價模型以前，市場上也沒有任何一個將風險列為樞紐角色的純正資產定價理論，有的只是一些經驗法則和民間傳說。在法蘭科・莫迪格利亞尼和莫頓・米勒於一九五八年提出他們的研究成果以前，市場上並沒有真正和企業財務有關的理論，也沒有人瞭解「均衡」在金融市場的意義，有的只是一些經驗法則和民間傳說。在尤金・法馬於一九六五年提出效率市場假說的原則以前，世間並沒有任何理論解釋為何人類那麼難以打敗市場。當時的人甚至不認為打敗市場是不可能的任務。在費雪・布萊克（Fischer Black）、麥倫・休斯以及羅伯・莫頓於一九七〇年代提出衍生性證券的評價與其必要本質等見解以前，市場上並不存在任何選擇權定價理論，只有一些經驗法則和民間傳說。

時至今日，馬可維茲撰寫「投資組合選擇」（一九五二年）以前所盛行的投資慣例早已經消失無蹤。一九五二年時投資人的想法和一八七三年的投資人沒什麼兩樣，他們說的是相同的語言，頂多就是熱門話題有所不同罷了——也許是從「通貨緊縮疑慮」等話題變成「通貨膨脹疑慮」話題。相對的，投資革命創意所觸發的革新已經創造了一種全新的思考模式，人們看待金融市場本質、投資理論和所有投資決策的不確定未來的方式已截然不同。保羅・薩繆森使用了饒富趣味的語言來描述這個流程：「馬可維茲—夏普—托賓（Tobin）有關投資組合平均值和變異數的二次方程規劃是影響力強大的概算，這股力量擄獲了許多現實世界的信徒，力量之強大有如當年連原住民都抵擋不住天花的傳染力一般。」

風險是所有革命創意的核心。馬可維茲曾發表一個著名的評論：「考量報酬時也必須考量風險。」現在聽起來，這句話好像是很順理成章的口號。不過，在一九五二年時，「風險的重要性不亞於追求報酬」卻是非常新穎的觀點。在一九五二年以前，各種投資革命創意並無明顯的分界點可言。在此之後，莫迪格利亞尼和米勒（Modigliani-Miller）隨即指出，改變一個企業的負債結構一點也不重要，因為企業的價值取決於其業務的風險性，調整債務不過是影響股東間的風險承擔程度罷了。資本資產定價模型主張資產的期望報酬率是風險的函數——也就是貝它值，而效率市場的定義則是：支持CAPM預測的市場。另外，「規避風險」是促使人類發展選擇權定價模型的主要動機。

接下來的每一個章節或多或少都會討論到和管理大量多樣化風險有關的議題。本書的主角們都非常聰明，能找出許多賺錢的方法，不過我們也將看到，這些人全都深知風險管理是成功獲得超額報酬的關鍵。

❖

為何風險那麼重要，重要到是所有投資活動的核心？是否因為財務決策全都具有不確定性？這個問題沒有答案。所有事物的所有決策都具不確定性。這個問題的真正解答其實更具啟發性。

古時候，多數經濟活動以打獵、捕魚和種田為主，那時天候是唯一的經濟不確定性來源，不過誰都對天候沒輒。於是，人類只好依靠祈禱和做法等模式，這是唯一的風險管理方式。當一切事情好像都取決於老天爺的意向或命運時，你還能怎麼做呢？

隨著文明漸漸走入現代，大自然力量的重要性逐漸降低。那又是什麼因素取代了它的重要性呢？我會在數學家約翰・凡紐曼（John von Neumann）的一個問題裡找答案，凡紐曼在一九二〇與一九三〇年代發展了策略賽局理論（與機會賽局理論相反）。賽局理論最重要的見解是承認所有男人與女人皆非魯賓遜・克魯梭（魯賓遜漂流記主角）——每個個體都獨立於其他個體。自然科學的技術與概念之所以經常會引導社會科學家偏離正途，主要原因就是人類未能將上述差異謹記在心。

在凡紐曼以前，決策理論想像每個個體所制訂的決策不會對其他個體的任何決定造成影響。每個人都閉門造車的算計自己的經濟利益。不過這是一個矯揉造作的概念，因為沒有人是完全獨立的。誠如凡紐曼和他的共同作者奧斯卡・摩詹斯頓（Oskar Morgenstern）在強調現實經濟與魯賓遜・克魯梭型經濟的差異時所言：

> 克魯梭所遭遇的形式問題和一個社會經濟體系成員所面臨的問題非常不同……（克魯梭）一人能控制所有變數……取得最大的最終滿足……為了（將遊戲規則）導入戰鬥與競爭領域……一定要將之視為n人遊戲，其中n大於或等於二，並藉此犧牲問題（強調）的簡單最大層面。

所有經濟體系——即使是最原始的經濟體系都必須依賴生產和技術，不過資本主義則完全強調戰鬥與競爭——購買與出售的重要性更甚於生產與技術。資本主義是一場巨大的凡紐曼賽局！購買與出售代表人性決策：顧客的決定將是什麼？供應者的決策又是如何？員工的決策是什麼？政治人物的決策是什麼？其他投資人的決策又是什麼？這個流程的互動程度相當高，而敵人則是我們自己。

每個人問過自己以上的問題後所制訂的每個決策也會反過來影響顧客、供應商、員工、政治人物和投資人為因應我們的決定而做的選擇。到最後，你的投資組合的價值並非取決於某人告訴你長期後將發生什麼事，而將取決於其他投資人願意以多少錢買你的資產。

賽局理論教導我們，人類總是彼此不斷為對方創造複雜且大量的不確定性。不過，人類的本質並非一成不變，也不會就此撒手不理。人類會從經驗中學習，也從技術中學習。所以就會不斷產生各式各樣的革新。昨天人類對特定情境的反應只能作為他們明天對這類情境反應的一個參考，無論如何，萊布尼茲（Leibniz）提醒我們，今日的情境將在明日重演，雖非絕對如此，但卻通常是這樣。

所以，我們真的不知道明天將發生什麼事。這個世界的風險不過就是「其他人未來將做什麼決策」的不確定性以及我們該如何妥善因應這些決策，如此而已。

經過金融世界普遍、快速與令人迷惑且為之如癡如醉的眾多變遷，一九五二年到一九七三年間所發展的投資革命基本概念都通過了考驗。這些變遷包括一九七〇年代的通膨黑色時期到一九八〇年代初期的大多頭時期，也包括引發一九八七年十月崩盤的小泡沫，以及導致二〇〇〇年崩盤的龐大高科技泡沫。隨著通訊和全球化的革新不斷，世界上出現了許多一九七〇與一九八〇年代投資人想像不到的新金融工具和新玩家。

❖

雖然一切都持續進行，人們對《投資革命》思想主體的攻擊卻一直都非常激烈、高超、持續不間斷、多變且顯著，對投資管理慣例的影響也非常深遠。過去學術和實務的界線一度非常涇渭分明，但現在要區分商學院教授、工程師和華爾街人士，已經有點困難了。

《投資革命》在一九九二年出版時，我將當時的市場比喻為「光芒四射的生物」，不過目前世界各地金融市場和所有層面的經濟活動的規模、範圍和影響迄今更已激增。事實上，如果市場上沒有領先推出眾多新穎與複雜形式的金融工具來轉移資本，同時管理全新的風險暴露情況，經濟全球化根本不可能發生。塑造市場價格的因素不只是資訊，價格也將資訊從明智投資人這一端傳達給無知的投資人，有時候相反，這一切的一切都讓我們的人生變得更複雜。

於是，從一九九〇年起開始大量流通的資訊已經轉變為大量的事實和想像，日以繼夜的困擾著每個人。當我撰寫本書前一個版本時，電腦對多數投資人和企業經理人而言依舊是笨拙又粗糙的輔助工具*，但目前電腦已成為商業與金融領域的中心。電腦改變了溝通、計算、投資組合決策和風險管理的方式，即使是在短短二十年前，人們都絕對無法想像到會有這麼一天†。也許最重要的是，一九九〇年代末期的瘋狂泡沫和後續悲慘已經讓很多觀察家開始對《投資革命》一書的基礎——也就是「理性假設」產生懷疑。

❖

儘管發生那麼多動盪，投資革命創意的運用卻已成為全球各地金融市場投資組合管理與交易活動的日常操作程序。風險和期望報酬之間的得與失一直都是所有投資決策的中心。如今，「人難以打敗市場」的概念已成為約定成俗的觀點，即使是宣稱有辦法打敗市場的人都不否認這個事實。企業財務的原則也經歷了幾個重大轉變，事實上，莫迪格利亞尼—米勒的大膽概念對一九九〇年代的泡沫與後泡沫時期的影響，遠遠超過許多觀察家的理解。阿法和貝它值曾是專屬資本資產定價模型裡的艱深語言，但目前已成為多數精密投資組合管理與投資績效衡量指標的關鍵組成要素。新穎的投資組合結構的重要性正日益提升，其中尤以避險基金形式以及放空操作的接受度升高等最值得一提，不過這些結構的根源都深植在投資革命創意裡。

最後，從選擇權定價模型大量衍生的產品、策略和革新也出現爆發性的成長（尤金・法馬稱之為「本世紀最大的經濟創意」），很多還有很長的路要走。舉其中一個例子，二〇〇六年年底流通在外的衍生性金融商品概念金額為三七〇兆美元，金額之高，令人頭昏眼花。††

❖

本書一開始就針對行為財務學信徒對投資革命創意的攻訐進行面對面的回應，尤其是針對效率市場假說的部分。下一章描述保羅・薩繆森現階段的觀點，他是市場行為與投資組合形成方面最了不起的大師之一。薩繆森並不認同某些人為了創造超越整體市場的報酬而大費周章，以較實務的角度來說，他認為沒必要為了打敗以主要標竿型指數如史坦普五〇〇指數為基準的指數基金而傷腦筋。

接下來的內容將提出其他著名學術界人士的觀點，這些學術界人士全都以各種不同的

* 原稿是以DOS系統的電腦所寫，現在已經找不到這種格式的電腦了。

† 談到超越想像，二〇〇六年七月二十七日的《華爾街日報》有一篇文章報導馬歇爾・威斯投資顧問公司（Mashall Wace）已在二〇〇五年發展出一個可以接收來自二四六個券商的五〇萬個投資想法的電腦模型。

†† 在《國際策略與投資族群》刊物中提及，ISI報告，二〇〇六年十二月十一日。

方式，參與發展各種財務理論核心創意的實務運用模式，這些運用模式都非常新穎且令人振奮。接下來幾章，我們將討論數個機構投資者的驚人成功記錄，同時也要觀察這些投資者如何以投資革命創意的原則為基礎，發展出屬於它們自己的策略。

這一切都只能算是開端。聽起來也許很諷刺，但隨著愈來愈多投資人以投資革命創意作為擬訂策略、創造新金融工具以及宣導高報酬／高風險觀念的基礎，實務世界本身也正逐漸貼近《投資革命》中所描述的理論世界。後續的內容將會針對幾個情況重複討論我的這項觀察。所以，這些創意絕非一派胡言。

也許這些革命創意中最值得一提的是它們對各種投資決策所產生的強大且持久的影響力，即使某些理論無法通過一系列的實證測試，但影響卻依舊深遠。這個情況正如路易斯•梅南（Louis Menand，英美文學及語言教授，曾獲普立茲獎）對佛洛依德著作《文明及其不滿》（*Civilization and Its Discontent*）的評論觀點：

> 很多過去被用來衡量事物價值的依據目前已完全失去它們的權威性；不過，如果沒有把這些衡量依據列入考量，我們將再也無法瞭解這些事物。

這些模型的學術創造者對於實證測試所遇到的困難一點也不訝異。其實以很多例子來說，最根本的假設根本是人造的，這也意味我們不可能直接利用這些假設來解決此時此刻的實際投資問題。學術界人士和每個人一樣都知道現實世界和他們所定義的世界不同。不過，他們還是繼續嘗試，希望進一步且系統化的去瞭解市場運作模式、投資人之間的互動以及風險在整個投資流程中所扮演的主導角色。他們也都很清楚自己的理論絕非終點。以前他們努力建構出發點——也就是探索的起點，而從這一步跨向下一步時，他們又開始尋找另一個可以同步解釋市場表現的完整架構，並解決投資人對風險與報酬兩難取捨的問題。目前這個架構依舊繼續演化著。

就像所有偉大的解決方案一樣，隨著時間的推進，基本主題已經產生了一些意料外的變異，這包括理論與實務的變異。另外，隨著時間的消逝，世人也開始看清許多情況，並試著發動一場反革命。其中，目前一般公認每個投資革命創意所做的投資人理性假設是不務實的假設，不過由於高波動性、泡沫與崩盤走勢、聚焦於短線發展以及資訊使用的極度缺乏一致性（情況很驚人）等因素，所以這個假設在市場上的斷層線原本就太明顯。如果我們未能全面性考量所謂「行為財務學」的概念，就無法檢視投資革命創意在當今這個世界所扮演的角色，尤其是行為財務學領域的領導思想家也獲得不少諾貝爾獎。

我們將會討論到，在某些階段，這些衝突非常激烈，不過行為財務學派重新檢視基本假設的做法也激發出一股動力，最後在原始創意的基本架構中醞釀了一些寶貴的新鮮觀點。投資革命創意於是透過這些過程逐一滲透到每一個投資決策。

但是從《投資革命》出版的一九九二年以來，金融界的廣泛變化也不是不重要，尖銳新概念仍然不斷從各方面挑戰舊想法。不過，一九五二年到一九七三年間的理論革命的確徹底改造投資實務，其影響異常深遠，我們再也不可能回到變革之前的模式。如今每個新理論概念都是以這些基本概念為起點。

儘管對於投資理性與資訊角色的嚴格設定，效率市場的假設仍顯太過僵化，但我們現在還是以此作為研判市場行為和操作績效的標準。現在和以前一樣，只有極少數投資人能找到打敗市場且穩定度尚能接受的策略，事實上，現在這種投資人似乎比以前更少了。雖然馬可維茲的投資組合建構法則需要使用一些無法在現實世界複製的假設，但風險／報酬之間的得失卻依舊是所有投資選項的中心。另一個重要的發展是，馬可維茲曾強調整體投資組合和個別持股的差異，這項差異的相關性已日益提升。資本資產定價模型的貝它值已不再是衡量風險的唯一指標，不過，投資人卻依舊不能忽略一個資產類別期望報酬率的風險，以及促使他的績效超越這項資產類別的決策的風險之間有何差異。莫迪格利亞尼—米勒認為股票市場是企業能否賺足其資金成本的主要決定因素，從很多方面來說，這個觀點正是一九九〇年代大泡沫與後來企業會計醜聞的知識驅動力。

最重要的是，布萊克—休斯—莫頓對衍生性金融商品評價與其運用幾乎沒有極限的觀點，以及他們對波動性定義的高見，全都已滲透到全世界每個市場的每一項資產。事實上，最近一份研究報告顯示全世界前五〇〇大企業中有九二％採用衍生性金融商品。愛丁堡教授唐納・麥肯基（Donald Mackenzie）曾將選擇權定價理論描述為「數學的應用……以血肉進行。」

❖

當你在繼續閱讀本書時，請一定要記住它所討論的強大知識主體是在短短二十一年間（一九五二到一九七三年）構建而成，這已經是一個非常了不起的事實*。這些知識所建立的理論架構都是前無來者的，只有少數理論的基礎是建立在過去。在革命創意發展史上，很少有任何勝利能和這個成就相提並論，這讓我想起從歐幾里德、牛頓到愛因斯坦的世紀，以及亞當・史密斯從一七七六年起展開的現代經濟學理論發展過程，期間經歷了十九世紀的大衛・李嘉圖（David Ricardo）、亞弗瑞德・馬歇爾（Alfred Marshall）到馬克思（Karl Marx）以及一九三六年的凱因斯（Maynard Keynes）等。

我早在一九八九年就開始這項探討，當時所有曾幫過我的英雄們都尚在人間，這也是我非得在那時寫那本書的主要誘因。到目前，多數人也都還在世，也都還能接受我個人的訪問或參詢，而且每個人都慷慨相助。不過在這段期間，已有三人不幸離開人世，包括莫頓・米勒、法蘭科・莫迪格利亞尼和費雪・布萊克。此外，有更多人榮獲諾貝爾獎，包括

* 麥肯基在其傑出著作《這是引擎不是相機：財務模型如何塑造市場》（An Engine Not a Camera: How Financial Models Shape Markets）一書裡，將這個流程描述為一種「串聯」，每個革新者都會直接利用前人的革新。

哈利・馬可維茲、羅伯・莫頓、莫頓・米勒、法蘭科・莫迪格利亞尼、麥倫・休斯和威廉・夏普；而休斯與米勒獲獎時，如果費雪・布萊克仍在世的話，當然也會是得獎人。前一本書的主角之一傑克・崔諾也理應獲得一座諾貝爾獎，只不過因為他從未針對資本資產定價理論發表過任何前瞻性論文，所以失去這個機會*。

從事這項探討就像是投身於一場很棒的探險活動，很少人能獲得這麼了不起的機會。

彼得・伯恩斯坦於紐約

*在此我要提出一個備註，我要向傑克・崔諾說聲抱歉。在《投資革命》中，我寫崔諾在「一九五五年離開哈佛商學院……」，這句話讓人以為崔諾沒有畢業就離開，事實上他是光榮畢業。

使用須知

這本書是我在一九九二年出版的《投資革命：華爾街理論起源》一書的續集。基本上《投資革命》一書是以理論探討為主軸，而《投資觀念進化論》則是說明那些理論後來如何成為投資活動的基本架構。事實上，現在連《投資革命》一書裡所介紹的理論革新者都已自我改造為實務界的革新者，和其他主要實務界人士並肩作戰。《投資革命》一書主要是著眼於貝它值——有關市場行為與如何根據這些行為來設定投資組合、評估投資組合價值；而《投資觀念進化論》則著眼於阿法值，也就是創造超越某些比較標竿的報酬率。如果用較通俗的字眼來說，《投資觀念進化論》是著眼於如何將理論化為實務的議題。

本書多處提及《投資革命》的內容，我甚至會具體說明現在這本書是以過去那本書的哪幾頁為出發點。

我也會經常使用「投資革命創意」這個名詞，所謂「投資革命創意」是指《投資革命》書中所討論的一些思想主體，例如風險對決策制訂的重大影響力、競爭市場裡的資產定價、分散投資的力量、創造超越市場績效的過程中將可能遭遇哪些巨大障礙，以及選擇權定價模型的開發所帶動的長足進步等。

總而言之，投資革命創意是指：哈利・馬可維茲有關投資組合理論的研究成果、法蘭科・莫迪格利亞尼與莫頓・米勒對公司理財與市場行為的革命性觀點、夏普—崔諾—莫辛—林特諾的資本資產定價模型、尤金・法馬對效率市場假說的解釋，以及費雪・布萊克、麥倫・休斯和羅伯・莫頓的選擇權定價模型等。

第 1 部

行爲學派的攻擊

第一章

有誰能設計出一個大腦

維多利亞時代的偉大經濟學家亞弗瑞德・馬歇爾，在《經濟學原理》（*Principles of Economics*）一書如此開場：

> 經濟學……檢視個體與社會活動中和「成就」與「福祉的必要物質條件的使用」關係最密切的部分。所以，就某方面來說，經濟學是一種財富研究，但更重要的一面是，它是人類研究的一環。

馬歇爾的《經濟學原理》是為五十年之後的經濟學定調；不過，儘管以上所引述的文字看起來冠冕堂皇，但實際上他卻將人類研究的重要性排列在財富研究之後。在古典經濟學架構的所有情況下，人類都是一種自動化組成，能做到客觀理性。此外，對未來看法的歧見——也就是人類研究的基本特質之一——在他的這項財富研究中根本完全無立足之地。歷經重重的困難與多年的爭辯不休，在馬歇爾的學生凱因斯的大師之作《就業、利率與貨幣通論》（*The General Theory of Employment, Interest, and Money*）出版後，馬歇爾的方法終於遭到放逐。

現代財務學理論架構中所含括的大量創意、模型、概念和系統等（也就是我所說的「投資革命創意」）在一九五二年到一九七三年間如雨後春筍般出現。不過，取材自凱因斯的投資革命創意並不多，但這些革命創意和馬歇爾的關係反而很密切。投資革命創意的整個根本架構是以一個優先一切的假設為基礎：投資人在面對現實世界大量令人昏頭轉向的事實、謠言、裂痕、茫然和黑暗等不確定性時，能輕鬆做出最適當的選擇。

長期下來，「人類是理性的」這個理想概念和日常生活各種粗糙現實的衝突已成為一個爭議性日益升高的議題。在現實情況下，人類是如何制訂決策和做選擇？我們對這個議題的瞭解究竟有多少？理論假設和現實世界之間的落差究竟有多大？而這些差異重要嗎？

雖然這些問題向來都是瞭解投資人行為模式及這些行為反應對金融市場表現之影響的核心，但直到一九六〇年代中期為止，卻沒有人曾以系統化的方法來尋找這些問題的答案。當中投入最多心力追求這些問題的答案，且其研究最具影響力的是一個被稱為行為財務學的研究領域，這個領域的學問應該可說是兩個人無心插柳下的結果——他們是耶路撒冷希伯來大學的兩位資淺心理學教授卡尼曼（Daniel Kahneman）和塔夫斯基（Amos Tversky）。有一天，他們碰巧就各自的工作和生活經歷交換意見，自此之後，行為財務學的輪廓開始成形。他們的友誼和後續的共同合作，創造出非常有生產力的結果——最後更孕育出一個足以和理性模型（評斷人類在不確定環境下進行選擇和制訂決策的方式）抗衡的理論*。這項研究的本質就是人類行為的研究。

誠如卡尼曼和塔夫斯基在一九九二年所寫的：「選擇理論充其量不過是近似和不完整……選擇是一種積極但不確定的流程。在面臨一個複雜的問題時，人類……會使用運算捷徑並修改運作方式。」最後的結果將形成一個從許多層面來說都和投資革命創意各項假設不同的決策流程。

責怪卡尼曼和塔夫斯基以不理性的大筆來玷污人性其實是錯誤的。他們的用意絕非如此，誠如卡尼曼在自傳裡清楚寫道：「外界將我們的研究成果解讀為對人類理性的露骨攻擊，而非對理性行為者模型的評論，這引來很多相當嚴厲且輕蔑的反對意見（針對我們的研究成果）。」卡尼曼點出重點所在：「理性模型的失敗在於……人類的大腦無法配合這個模型。誰有能力設計出一個能依照這個模型所指示的方式去做事的大腦？（在這個模型下）世上每個人都必須能夠立即且完全知道並瞭解所有事情。」†他甚至以文字的方式，

---

* 塔夫斯基於一九九六年過世，得年五十九歲。卡尼曼目前任教於普林斯頓大學，在二〇〇二年獲得諾貝爾經濟科學獎。

† 除非有特別註明，否則所有引述內容都是來自個人訪談或個人的聯繫內容。

更精確的表達出這個觀點：

> 我現在要很快的反駁所有將我們的研究視為「證明人類不理性」的描述。只要一有機會，我就會謹慎解釋，我們對經驗法則與偏誤的研究只是為了反駁（人類）對理性的不務實想法，這個想法將理性視為具充分理解力的一致性……。就我目前的觀點，判斷偏誤的研究需要注意直覺與反射式思考之間的交互作用，這有時候會允許偏誤的判斷，有時候會超越或修正這些偏誤判斷。

❖

卡尼曼和塔夫斯基已發表的共同與個別研究多到足以編成一份宏偉的手冊，內容涵蓋決策制訂過程中的各項證據、創意與人類行為規律等。在卡尼曼和塔夫斯基的研究成果中，最有意思的特色之一是這些發現所具備的革新本質。他們討論到的人性本質形態應該是從盤古開天以來就一直存在，不過，在他們之前卻沒有任何人曾注意到這些形態。受他們這些研究的激發，其他學術領域也開始進行非常大量的研究，當然長時間下來，也不乏實踐者這一端的貢獻。

這一章的其餘篇幅將以高度壓縮的方式來檢驗行為財務學派，我是以這些學術研究中一個小型但極具特色的樣本作為檢驗的基礎。這項檢驗對投資事務的意義非凡，不過從頭到尾，相關的資料都像是一面鏡子，讓我們不得不更常反省自己。

真正的議題在於：這些攻訐對權威的財務理論與模型造成何等衝擊？他們對理性行為者模型的批判及證明該模型實驗失敗的論證會不會讓我的《投資革命》一書顯得無用或（充其量）過時？或者，以較實務的狀態來看，行為財務學派的學說是否能引導我們找到阿法值，也就是調整風險因子後的超額投資報酬？

當然，唯有提出證據才能做出最後的評斷。不過，我一定會提出最後的評斷。在繼續討論以前，有另外一點值得提出來討論。到目前為止，所有討論的焦點一直鎖定在行為財務學派的發現和每個投資人之間有何關係。不過，這還牽涉到一個更深層的議題，這是由哈佛大學經濟系的約翰·坎貝爾（John Campbell）在二〇〇六年一月於美國財務協會的會長演說中所提出：

> 即使資產定價是有效率的，但投資錯誤依舊可能對家庭構成高額的福利成本……。投資錯誤可能大幅降低當期財務革新作為可能實現的福利利得……。如果能藉由善加瞭解投資錯誤的來源，讓家庭順利達成財務目標，也許這個領域就有可能貢獻一些創意來限制這些錯誤所衍生的成本。

❖

卡尼曼在接受諾貝爾獎時的演說中描述了一個故事，故事內容就是典型的「運算捷徑與修改作業模式」範例，人類企圖針對複雜的問題做出抉擇時通常會這麼做。卡尼曼曾針對兩組不同的觀眾進行實證，雖然他給予兩組觀眾完全相同的一組選擇，但卻以不同的背景描述方式提出這些選擇，最後則產生了顯著不同的結果。

他要求每一個觀眾想像一個社區正為了應付一場可怕疾病的爆發而備戰。根據專家的預測，若他們未採取任何對策，這場疾病將會奪走六〇〇條人命，不過，專家提出兩個不同的方案來處理這個或有情況。

若依據方案A，將會有二〇〇人獲救，但若採方案B，有三分之一的可能性可以救下六〇〇個人，但有三分之二的可能性是所有人都會死。卡尼曼發現，面對這個情境的觀眾偏好專案A的傾向非常明顯，因為他們認為選擇方案B的風險過高。相對於三分之二的可能性會六〇〇人「全軍覆沒」的方案，觀眾明顯偏好確定可救活二〇〇人的方案。

接下來，卡尼曼對另一組觀眾提出一組完全相同的選擇，不過他的背景描述略有修正。若採計畫C，將會有四〇〇人死亡，而採D計畫的話，有三分之一的可能性是沒有人身亡，但有三分之二的可能性是六〇〇個人全部身故。這時，觀眾卻比較偏好D計畫。以這場賭注來說，D計畫的安排似乎比計畫C更受歡迎，因為若採C計畫，將會有四〇〇人身故。

實驗的結果顯示這些人對完全相同的選擇與機率做出的完全相反回應，我們應該如何看待這個結果呢？卡尼曼的解釋是，世界上從未有人找出能因應不確定性問題的完美方法。因此，在進行抉擇或制訂決策時，我們傾向於過度重視「確定」的結果，排斥「不確定」的成果，即使不確定成功的機率較高，人們也不會受影響。對第一組觀眾來說，從六〇〇人中救下二〇〇條人命的選擇具備一種「不成比例的吸引力」；而對第二組觀眾來說，接受六〇〇人裡確定會有四〇〇人身故則是一種「不成比例的反感」。

卡尼曼和塔夫斯基將制訂決策時所產生的這些矛盾行為稱為「不變性的失敗」（failure of invariance）。不變性的失敗以很多不同風貌存在，主題的變異性可謂無限多*。不變性的意思是如果觀眾偏好A勝於B，而又偏好B勝於C，那麼理性的人就應該會偏好A，較不喜歡C。在上述的情況中，如果第一組的理性決策是要確定搶救二〇〇條人命，那麼它應當也是第二組的理性決策。

卡尼曼和塔夫斯基是採用所謂「框架」（framing）表達方式來描述這種不變性失敗，這是非常普遍的表達方式。以上述爆發嚴重疾病的例子來說，第一組觀眾根據可能的人員存活數來架構他們的回應，但第二組觀眾則是根據可能的人員死亡數來架構他們的回應。卡尼曼在領取諾貝爾獎時的演說將「框架」定義為「被動接受既定的結構」，接下來他又補充道：「罣礙的心靈不可能達到不變性。」

* 請見泰勒（一九九一），當中描述很多有關不變性的失敗與框架的例子。

❖

芝加哥大學的理查・泰勒是卡尼曼與塔夫斯基最早期且關係最密切的追隨者，他說明了一個有趣的不變性失敗案例，那個例子和錢有關。泰勒對他的某一班學生說他們已經贏得三〇美元；現在他們還可以作一個選擇：選擇一是先擲硬幣，如果出現人頭，可以再贏九元，如果是出現反面，就會輸九元；另外，選擇二是可以不要再投擲硬幣。當時有七〇%的學生選擇要擲硬幣。而到下一堂課時，泰勒要求另一班學生假設他們一開始的財富是零。現在學生們可以在以下兩個選項中做出抉擇：第一個選擇是投擲硬幣，如果出現人頭，可以得到三十九元，如果是反面，則得到二十一元。第二個選項是篤定得到三〇元。結果在這個班級裡，只有四三%的人選擇投擲硬幣，大多數的人都選擇篤定得到三〇元。

仔細研究他對這兩個班級所提出的選擇，你應該會發現學生們的收益根本就完全相同。不管一開始的財富是三〇元或〇元，在這兩個案例中，學生最後不是得到三十九元或二十一元，就是確定得到三〇元。不過，兩個班級裡絕大多數人卻做出了完全不同的選擇，這形成了一個不變性失敗。

泰勒將這種矛盾行為歸因於他所謂的「賭本效應」（house money effect）。如果你口袋裡有錢，你就會選擇賭博；如果你口袋裡沒錢，就寧願選擇得到篤定的三〇元，不會為了冒險而只拿到二十一元。

在現實世界中，賭本效應非常重要。照理說，已經很有錢的投資人會願意承擔高風險，因為他們禁得起損失；相對的，財富比較有限的投資人則只願意採取保守的策略，因為他們擔心自己承擔不起輸掉原本就有限的財富。不過，擁有不同財富水準的人真正在制訂決策時，卻可能採取和上述情況完全相反的做法。由於富有的投資人已經很有錢，所以根本不需要賭博；相對的，但如果投資人能損失的財富就那麼一點點，那麼就算他輸了，也可能不會造成太大差異，可是，若能以小博大，用一小筆儲蓄賺進一大筆錢，他們的一生將可能因此而改觀。

泰勒和經常與他聯名寫作的加州大學洛杉磯分校（UCLA）的席羅莫・班納茲（Shlomo Benartzi）在二〇〇一年所做的一次實驗中，發現了另一個因框架所引起的投資導向扭曲情況。當時參與實驗者被分成三個不同的小組，各小組之間無法互相聯繫。每一個小組都必須為他們的退休計畫選擇基金，而他們分別提供兩種不同的基金供三組參與者作選擇。其中一組只能在一檔純股票型基金和一檔純債券型基金之間作選擇。第二組的選項是一檔純股票型基金和一檔平衡式基金，平衡式基金是投資股票也投資債券的基金。第三組則是可以在純債券基金和平衡式基金之間作選擇。

這些選擇是作為退休資金規劃用，所以眾人的資產配置決策理當大同小異，但是即便如此，三組人最後選擇的投資組合架構卻差異頗大。產生差異的原因在於「五〇：五〇」的抉擇，這個抉擇向來很受歡迎，因為這個配置方式看起來好像是常識，似乎只要這樣分配就能做到分散投資，而且這麼做好像就可以逃避「制訂退休基金資產配置模式」的相關複雜決策。最後的結果非常戲劇化。第一組必須在股票與債券基金之間作選擇，他們最後選擇的平均配置是五四%投資股票；第二組必須在股票基金與平衡式基金之間作選擇，結果依舊出現兩檔基金之間各五〇%的決策，不過，其實這個決策的最後結果是：股票平均配置比重變成七三%，債券只有二七%，因為平衡式基金裡本來就有一半的資金是投資在股票裡。第三組是要在債券基金和平衡式基金間做選擇，結果平均投資六五%在債券，只有投資三五%在股票。

這個實驗說明了這三組人的決策制訂結果根本取決於「框架」。正確的配置法理當是先考量每一種資產類別的不同期望報酬率和風險，接下來在瞭解平衡式基金的根本結構後，再做出最後的選擇。每一種資產類別各投資五〇%也許不是最適當的，但對沒有經驗或不瞭解股票與債券間的不同風險／報酬得失的人而言，這倒也不失為合理的選擇。不過，這個實驗的出題方式卻是受到控制的，而多數參與者並不願意先動動腦筋瞭解平衡式基金是採五〇%—五〇%配置，因此當然不知道最後自己選擇的資產配置比重與股票／債券各五〇%的配置相去甚遠。

這不只是一個以人為假設情境來分析人類在框架可能支配最後選擇的情況下如何制訂決策的實驗。以教師保險年金協會—大學退休股票基金（TIAA-CREF，大學教職員的退休基金，金額極為龐大）的實際情況來說，五〇%：五〇%通常是最受歡迎的選擇。不過，至少在這裡能取得專業的建議，讓參與者得以規避框架的簡化效果，切實瞭解最適合個人需求的架構。不過，我也必須向讀者報告，某個知名財務理論發展者（他的成就獲得本書專章討論）也承認他採用和TIAA-CREF一樣的五〇%：五〇%選擇。

❖

行為財務學的支持者經常採用卡尼曼和塔夫斯基的著作和學說。他們將人類的一些怪誕行徑如不變性的失敗、框架和有效性幻覺（illusion of validity），拿來作為對抗理性模型諸多假設的核心（理性模型是激發與支持投資革命創意架構的支柱）。問題在於為什麼，為什麼現實情況和效率市場與資本資產定價模型裡的理想化世界差異那麼大？此外，在我們解出那個問題後，還得面對另一個更重要的疑問，我先前已經暗示過這個疑問：行為財務學派能幫我們打敗市場嗎？

雖然人類擁有遠優於動物的非凡推理能力，但當我們在面對困難的抉擇時，似乎就會有某種東西會來取代我們的冷靜分析與計算能力，儘管如此，在很多情況下，我們也真誠的認定自己做了理性的決策。永遠不會有人知道未來將發生什麼事，這代表決策的制訂將永遠是令人望而卻步的挑戰。而在整個過程中，唯一確定的是：什麼事都可能發生。

舉個例子，七月四日的平均溫度可能高達華氏一〇〇度或低達五〇度。不過，即使在最不切實際的假設下，我們都可以精確計算或估計出那個區間裡每一度氣溫的發生機率，而且事實上這個區間也是正確的區間；儘管如此，我們卻依舊無法確知未來的那一天究竟會多熱或多冷。而且，多數其他決策的可能結果區間比這個溫度區間大多了，範圍甚至可能大到無法得知每一個可能結果，更遑論如何針對這些結果採取因應措施。換句話說，多數好的預測不應該是定點式預測（point forecasts），也不該是可能結果的平均值；真正攸關決策制訂與風險評估的要素是「區間」。

如果一個決策牽涉到個人的財富，掙扎就更激烈了。財務與投資是對未來結果的一些賭注，投資的意思是：我們因預期在未來可以賺到一些報酬，所以在今天投入一些資金。但即使是在最不可能發生的情況下——每件事都依照我們的計畫發展——貨幣的未來購買力都還是不確定的。於是，投資成果是不確定的，而這些成果的可能區間可能非常大，大到介於「讓我們名利雙收」到「讓我們迅速變得一貧如洗」。所以說，投資是一種極端嚴肅的流程，絕非什麼令人入迷的遊戲或某些人眼中賭博遊戲的代名詞。

誠如卡尼曼和塔夫斯基以心理學的說法所形容，投資人在苦心制訂賺錢決策的過程中總難免會遭遇一些「認知困難」*。然而不那麼聰明的人卻經常會變得很富有。畢竟如果他們真的幸運到能避免被立即淘汰，就能長期倖存下來，並創造出各種會嚇跑較清醒投資人的偏誤訂價。凱因斯就發現，市場停留在瘋狂水準的時間可能遠超過多數人的想像。

❖

據報導，美國棒球明星貝拉（Yogi Berra）曾說預測非常困難，尤其是要預測未來。人生在世短短幾十年，可是我們多數時間卻必須針對許多不知結果的情況制訂決策。在面臨一個看起來幾乎讓人無法想像的複雜流程時，為何我們不能傾向於去尋找一些捷徑（或經驗法則）來讓我們更容易做出決定？在很多情況下，尤其是投資領域，除了複雜以外，還有大量的不確定性。不過，我們用來幫助自己擺脫這些兩難情境的捷徑，卻經常導致我們無法充分處理資訊，甚至讓我們完全避免使用資訊，任由自己的直覺擺佈。

關於人類如何對抗複雜性與不確定性的問題，AXA羅森伯格公司的巴爾・羅森伯格（他是投資革命創意的早期倡議者中最具說服力者之一，他同時也是傑出學者，見《投資革命》第十三章）曾提出一份有趣的傾向性報導：「我對資本市場的興趣更甚於其他經濟流程，因為股票市場接近一種沒有味道（taste-free）的世界，換句話說，完美的投資者就是要追求優異的報酬……行為財務學是矯正這個觀點的健康手段，『不，實際上它並非一個無味的世界。』」而接下來羅森伯格補充道：「如你所知，股票未來股息收入折現值的存續期間那麼長，所以在進行評價時，直覺勢必會扮演重要的角色。」

＊關於人類大腦的結構與運作方式架構而成的認知功能以及所謂理性與不理性決策的差異，有一篇非常精彩的討論，請見Cohen（二〇〇五）。

我們在這個過度簡化的過程中所遭遇的很多問題與對問題的直覺回應是起源於人類想像力的極限，而且有時候我們還會對自己加諸一些不必要的限制。其中，人類最危險的習慣之一是相信低機率事件不會發生。不過，儘管某個情況的發生機率是百分之一，但終究超過零。即使你跑步速度非常快，跨越斑馬線都還是可能攸關到生死問題；另外，舊金山也隨時可能發生地震。當然，如果你跑步速度很快，被撞到的機率確實很低，另外，舊金山在明天被地震震垮的機率也很低，但儘管如此，機率卻依舊無法告訴你何時會發生這些慘劇。

我們總習慣將我們對現實的觀點切割成許多片段，以便簡化我們的行動方針，想像力的不均衡只是其中一個例子而已。我們喜歡聚焦在短期的情況，因為長期過於模糊，而且「長期」也和我們目前的日常生活脫節。不過，瞭解短期和長期的差異卻是必要的。抱持短期觀點的投資人對所有接踵而至的事實勢必得照單全收，無論好、壞都必須接受。但抱持長期觀點的投資人（這也是形容一個投資人對波動性的容忍力較高的另一種說法）就有機會規避不利的結果。舉個例子，長期投資人可以買進美國財政部發行的通膨保障債券（TIP），這項產品對他明年的財富並不會產生顯著的差異影響，不過如果經濟體系出乎意料的連續二十年維持高通貨膨脹的局面，那麼這項投資就會對他的財富產生重大的差異影響。

不僅如此。我們喜歡以最近的發展來推斷長遠未來的情況，但卻未質疑近期的發展對這個瞬息萬變的世界而言究竟重不重要。有時即使顯示這些短期發展已過時的證據都擺在眼前，我們還是頑固的堅持原本的偏見。我們的內在一直都是互相矛盾的，因為要做到一致性，確實可能是太過苛求了。如果人類對一項決策可能感到後悔，就會導致他們一開始就做出理性決策的能力降低。我們經常會比較注意那些認同我們的人說了些什麼，即使這些人的知識比我們淺薄也一樣，但這是錯誤的。另外，在面對損失時，我們傾向於承擔較高風險，而面對利得時卻恰恰相反。我們會依據一些無法代表整體概況的樣本資訊來做判斷，但事實上代表整體概況的資訊才應是決策的基礎，而我們會這麼做的理由是因為我們根本無法取得其他資訊。

不過，在整個過程中，即使我們明知認定自己比商業界普羅大眾共識更清楚情況的想法是高風險的，但卻依舊傾向於對我們的信念展現過度自信的態度。這些普羅大眾當中，很多個體擁有比我們更多的資訊，也比我們更瞭解情況。卡尼曼是這樣描述的：「行為者的中心特質並不是他們的推理不好，而是他們經常依照直覺行事。這些行為者並非依循他們自己能精算出來的情況採取作為，而是以他們在某特定時刻恰巧看到的情況為基礎。」

這些型態的經驗法則可能害人付出非常高的代價。舉個例子，加州大學柏克萊分校的歐丁（Terrance Odean）和加州大學達維斯分校的巴伯（Brad Barber）針對全國性折扣券商大量投資人帳戶的交易活動做過研究，他們發現，投資人賣出之股票的後續報酬率，高於他們買來取代前者之股票的報酬率。

不過無論如何，散戶投資人並不孤單，還有很多退休基金、基金會和大學捐贈基金的老練投資長可以和他們做伴。埃莫理（Emory）大學的高雅（Amit Goyal）和沃賀（Sumil Warhal）研究了一九九四年到二〇〇三年間三七〇〇個企業退休基金，希望能研判這些基金選擇外部基金經理人的技巧是否優異。在上述研究期間內，這三七〇〇個基金總共將高達七千億美元的資金轉移給外部的投資經理人管理。這些退休基金通常會聘請前三年（開始聘請之前）創造超額正報酬的新經理人，並淘汰表現落後的現有經理人。

歐丁與巴伯對這些基金的研究結果幾乎和他們對散戶投資人的研究結果相同：「如果退休計畫的贊助人繼續聘請那些被掃地出門的投資經理人，他們的超額報酬其實將會高於新聘經理人的實際績效。」此外，基金將可以省下因變更管理公司而衍生的仲介成本。

總之，我們是人。財務理論必須考慮到這個不爭的事實。不過，這個事實對行為財務學派眼中的詭辯——效率市場假說與相關的研究能充分描繪現實情況——究竟有多重要？我們能肯定的說那些行為議題顯示市場無效率嗎？或者更直接了當的說，究竟投資人能透過研究行為財務學派的有趣觀點而賺到多少錢？這些問題是激發我寫下本章後續內容的要素。

❖

卡尼曼和塔夫斯基的研究自然吸引了希望能進一步釐清資本市場行為與投資人決策方

式的財務界人士做了非常多的學術研究。*理查・泰勒是最早期的追隨者之一，他當時還是一個年輕的研究生，我們剛剛討論過的「賭本效應」就是他的研究。泰勒目前是行為財務學領域的領導者之一。事實上，在康乃爾大學和麻省理工學院執教一段時間後，泰勒在一九九五年接受芝加哥大學商學研究所的聘任，擔任行為科學與經濟的葛溫（Robert P. Gwinn）教授，當時尤金・法馬和其同僚被迫開始忍受這個活力充沛又不喜墨守成規的同事（但他們後來也向他學習）。

泰勒在和卡尼曼及塔夫斯基接觸以前，主要專攻心理學領域。一九七〇年代初期（當時理性理論仍被視為至高無上且無可爭辯的真理），他在羅徹斯特大學撰寫博士論文時，就開始懷疑究竟要如何計算一個人的生命價值。那時他突然想到，正確的衡量方式應該是人們願意付出多少錢來拯救一條人命。於是，他開始詢問朋友和學生，究竟他們願意付出多少代價來挽救自己的性命。

他想尋找以下幾個問題的答案。第一個問題是：你願意花多少錢來消除千分之一機會立即死亡的命運？第二個問題是把第一個問題反過來問：要多少代價才會讓你接受千分之一機會立刻死亡的命運？由於他根本不知道會得到什麼樣的回答，所以當他後來看見這兩

*在我的另一本書《馴服風險》的第十七章，那一章的標題是〈警察理論〉，當中深入討論行為財務學界人士的研究成果。後續的討論將會使用到那一章的內容。

個問題的答案所呈現的差異時他簡直被嚇傻了。

一般來說，多數答案大致都不脫以下範圍：「我不願意為了消除一個可能立刻死亡的微小機率而付出二〇〇美元以上的代價，不過，如果我得到的錢少於五萬美元，我也不會接受這個額外的風險。」泰勒發現這個機率的買進價與賣出價的龐大差異「非常有意思」。

於是他把這個問題作為起點，開始了漫漫的研究長路。他開始匯集一個他所謂的「異常行為」清單，所謂異常行為是指一些違反權威財務模型的預測的行為。他發現這種反常行為非常多，而他也在一九七六年一篇非正式流通的研究中提出這些反常情況，同時也對「我想惹惱的同事」描述這些反常情況。在寫完這篇研究報告不久後，他遇到兩個年輕的研究人員，他們非常熟悉卡尼曼和塔夫斯基的概念：被理性模型視為異常行為的，通常是正常行為，而根據理性所做的決策反而是例外。

其中一個年輕人寄了一篇卡尼曼和塔夫斯基的論文〈不確定情況下的判斷：經驗法則與偏誤〉給泰勒，這篇論文後來成為一本書的簡介，那本書和這篇論文同名，由卡尼曼和塔夫斯基所編輯。泰勒說他在閱讀過這篇論文後幾乎不能自己，一年後，他和卡尼曼與塔夫斯基見面，從此就開始追隨他們。他最新的動向是寫了四本和行為財務學有關的權威書籍，一部分是獨力完成，一部分與他人合著，其中包括《贏家的詛咒：經濟生命的矛盾與反常》和《近理性經濟學》，此外他也寫過無數的文章。

泰勒對理性的觀點和卡尼曼與塔夫斯基一致，不過他使用的語言則比他們二人更饒富趣味。卡尼曼曾說：「我現在要很快的反駁所有將我們的研究視為『證明人類不理性』的描述。只要一有機會，我就會謹慎解釋，我們對經驗法則與偏誤的研究只是為了反駁（人類）對理性的不務實想法，這個想法將理性視為具充分理解力的一致性。」但泰勒的說法則是：「人類並非『道地的白痴』，不過也絕非『超級理性的自動化機械』」。

一九五七年，諾貝爾獎得主賽門（Herbert Simon）提出了一個比泰勒「道地白痴與超級理性自動化機械的差異」更沈穩且更精巧的說法。賽門稱他的概念為「有限理性」（bounded rationality）。從這個觀點來說，人們在面對一個不確定的未來時，一定會努力追求理性的決策，不過他們卻經常會失敗，因為這個過程的要求過高，且由於可能結果過於琳瑯滿目，因此更令人異常迷惑。理性分析總是能找到解決方案。卡尼曼最近的研究工作比較偏重賽門在這個領域的概念研究。

❖

泰勒也做到言行如一，他實地依照自己的理論來進行投資。他擔任富勒與泰勒投資管理公司的董事長，該公司是他和富勒（Russell Fuller）合夥成立，而富勒對行為財務學也非常熱衷，他還曾經擔任華盛頓州立大學財務系的系主任，寫過一本投資學的教科書，並在華爾街擔任過證券分析師。另外，丹尼爾・卡尼曼則擔任這個公司的外部董事。

富勒與泰勒公司的投資成果非常值得我們謹慎研究，因為在這裡，行為財務學說被運用到實務，而且這個公司是由這個領域的明星們所領導。該公司希望找出投資人對負面資訊「過度反應」與對正面資訊「反應不足」的情況，並從中獲取超越市場的報酬。他們將這個基本方法和舊式的基本研究與證券分析結合在一起。

該公司對外提供許多種不同的策略，包括大型股到最小型的股票，也就是「微型股」，另外也提供同時投資大型與小型股的國際型策略。它還提供一個美國大型市場中性策略和一個國際型多／空策略。不過，整體而言，他們投資最多的是小型股。

雖然在二〇〇五年年底，該公司所管理的資金僅四〇億美元，但它過去的績效記錄卻令人印象深刻。二〇〇六年九月三十日，他們所有投資策略中，只有兩個策略的績效未能大幅超過各自的標竿（通常是採用市場指數），其餘全都表現優異，而且那兩個落後標竿的策略才剛開始實際運作不久。所有策略的夏普比率（Sharpe ratio，總報酬除以波動性）全都較標竿理想。

實際運作最久的五個策略（及其設立時間）分別是中小型股成長股票（一九九二年）、中小型核心股票（一九九六年）、小型價值股（一九九六年）、大型市場中性（二〇〇〇年）與特小型股票（一九九九年）。這些策略（扣除設立後到二〇〇六年第三季的所有費用）以及各個策略的適當標竿（不需支付費用）的報酬率比較如表1-1。

扣除費用後，特小型股策略的績效顯然最亮麗，一九九三年的報酬率是一〇五％，一九九九年為九四%，二〇〇一年為五〇%。不過另外三個策略也明顯打敗各自的比較標竿，在絕大多數年度的表現都是超越的。

最初看起來，表中所呈現的證據清楚顯示，將行為財務學的原則運用到現實世界的資本市場後確實產生了很大的力量。不過，若再仔細研究，情況並不是那麼明朗。

富勒與泰勒公司的投資成果中，最優異者是透過小型企業的市場創造而來，這些企業的市值介於五千萬美元到四〇億美元之間。相反的，二〇〇五年年中，史坦普五〇〇指數五百個企業的平均市值為二百億美元以上，該指數中有一半企業的市值超過一百億美元，最小企業的市值為五億美元以上，重要的是，多數大型與機構投資者是從史坦普五〇〇指數的範圍內選擇他們的持股標的。

很多證據顯示小型類股的效率低於大型類股，意思是說，小型股被低估與被高估的程度會比較大，價值遭扭曲的持續期間也會比較長，因為在這些市場裡，投資人不僅消息較不靈通，也未受過良好的訓練；此外，這個市場的交易成

(表1-1)	每年百分比			
	策略	標竿	超額報酬	超越的年數
中小型成長股	15.7	8.4	+7.2	10/15
中小型核心股	14.9	11.4	+3.5	6/11
小型價值股	17.2	13.4	+4.5	6/11
大型市場中性	6.2	3.0	+3.2	6/7
特小型股	26.6	8.4	+18.2	6/8

*所有和富勒與泰勒公司績效有關的事實與資料都是由羅素・富勒熱情提供。

本相對較高，也會導致期望報酬率遭到稀釋。此外，在富勒與泰勒公司最喜歡的「獵豔」場所中，可取得的股票數量實在太有限，大型投資者根本無法在此進行交易。富勒與泰勒公司看起來很聰明，實際上他們也很聰明，不過如果就尋找機會的層面來看，該公司的競爭力卻很低。該公司一直都避免投入過多資金，因為若投入過多資金，一不小心就會毀掉他們的一切努力：目前微型策略已停止對新投資人開放，而根據報導，二〇〇五年年中時，三個小型策略都已經「接近它們的自然承受量」。

富勒與泰勒公司最近開始轉向較大型類股、國際投資和多／空策略，成果相當不錯，不過由於運作時間不夠長，所以仍不足以就該公司在這一段期間的成就做出任何具權威性的判斷。該公司的美國大型市場中性策略是二〇〇〇年才開始運作，但表現卻相當好，這個良好的經驗也鼓舞該公司介入大型股策略及多／空策略。

最後，還有一個重要的問題尚未解答。富勒與泰勒之所以能創造這麼優異的績效記錄，是因為他們對行為異常現象特別敏感嗎？還是因為他們長期投入於行為異常現象的研究，讓他們的公司對「價值」特別敏銳？我的意思是，也許資產價格的確遭到低估，但有沒有可能真正的原因不盡然是因為不理性投資人的缺點所造成？對於這些問題，目前為止並沒有任何方法可以發展出絕對的答案。

然而，由於這些問題實在太重要了，所以當然要進一步深入調查與討論。我們將在下一章繼續這個探索活動。

第二章

行爲財務學派的奇怪矛盾：「新古典理論是鯊魚理論」

行為財務學派主張多數投資人制訂決策與進行選擇的基礎，是建立在他們沒有能力或不願意以資本資產定價模型或效率市場假說裡所描述的冷靜、超然且完全明智的投資態度來分析情勢。富勒與泰勒所認定的精選類股恰好是這種雜訊交易人眼中的精選類股。我們在《投資革命》曾短暫提及這類投資者，那時我們是在討論費雪．布萊克於一九八六年發表的論文，內容就是討論這類雜訊交易人。誠如布萊克的描述，雜訊和資訊是相反的。雜訊交易人總是忙著根據他們所認定的明智意見和分析，不斷在市場上進進出出，但其實在多數情況下，他們的依據其實是錯誤資訊，至少就最廣義的角度來說的確如此。舉個真實的例子，一九九九年三月二十九日（星期一）當天，一個名為知識電腦公司的企業改名為肥腦達康公司（fatbrain.com），該公司股價在一天內大漲三六%，這就是非常典型的雜訊。

市場上存在那麼多雜訊交易人，照理說這些人將導致資產的整體定價錯誤，這意味曾閱讀卡尼曼與塔夫斯基及其追隨者的研究成果，並能加以融會貫通的「鑑賞家」們應該全都已經變成大富翁了。但是有多少人真正因身為富勒與泰勒公司的客戶而致富？布萊克本人秉持其特有風格，在一九八六年的一篇論文中指出「雜訊創造了許多可利用交易來獲利的機會，但同時卻也讓透過交易賺取利潤的難度升高」。

很多投資人可能在某些特定時段憑著一時的運氣打敗市場，畢竟「市場」代表每個參與者的平均成果，所以在一段時間內，一定會有人表現得比市場好，有些人則比較差。我們所談的「打敗市場」，是指在調整風險因子後依舊能年復一年打敗市場，這有很大的差別。過去的記錄顯示僅有少數投資人能恆久穩定超越市場，當然超越的程度也各有差別。我們將在接下來的章節介紹數個這類投資人，不過，重要的是，你必須瞭解，他們之所以值得我們特別提出來討論，絕對是因為他們全都是鳳毛麟角。他們的做法看起來通常都極為簡單，似乎任何一個人都能依樣畫葫蘆。不過，實際上卻沒有人能趕上他們。表面上看起來簡單的事情，執行起來卻可能不是那麼容易。

舉個例子，從一九七七年到一九九〇年間，富達麥哲倫基金在傳奇人物彼得・林區（Peter Lynch）的管理下，上漲達二七〇〇%，複合年度成長率為二九%。林區確實是一個傳奇人物，因為沒有人曾締造和他一樣輝煌的記錄，甚至可說連邊都沾不上。林區總是說他的選股條件全是一些「常識」，例如「我太太很迷那個公司的產品」之類的常識，所以他認為其他經理人輕易就能複製他的做法。不過，由於其他經理人並未能複製他的績效記錄，所以，這代表他的選股條件除了「常識」以外，一定還牽涉到其他要素。

外界對機構投資的研究一再顯示，無論是在股票或固定收益市場，積極度最高的經理人的表現都是落後。共同基金是公眾最容易見到的機構投資者，部分原因是共同基金的股東（受益人）動輒上百萬人，另一部分原因是它們必須對外公開績效記錄。雖然很多共同基金扣除手續費與其他費用以前的績效看似超越市場，但在扣除周轉成本、稅金和管理費等費用後，它們的績效就傾向於落後市場，因為這些費用全都必須從股東的報酬中扣除。

舉個例子，到二〇〇六年九月為止，晨星公司（Morningstar，共同基金調查服務公司）所定義的大型成長類股基金中，有二九九檔基金在前五到十年間的績效每年低於史坦普五〇〇指數三〇〇個基本點。十年間（在這段期間，指數的年報酬率是八・六%，這些基金則為五・六%）每年報酬率低於標竿三〇〇個基本點的意思是，如果投資一萬美元到史坦普五〇〇指數，十年後將成長為二二七五五美元（含股息），但如果投資大型股基金，這一萬美元只會成長為一七〇三九元，兩者相差二四%。這些基金的費用率就接近一・五%，而周轉率超過一〇〇%的情況也使得交易成本大幅膨脹，這應該是導致基金績效落後市場的主要原因。更糟的是，這些結果還沒有考慮到任何期初申購費用或實現獲利時將產生的資本利得稅。

這些結果看起來已經夠讓人沮喪了，但卻還是低估了真實的情況，真正的記錄其實更爛，因為這些績效資料只反應在該研究期間內還存在的基金。如果我們將那段期間內因績效太爛而關閉的基金全部計算進來，表現落後市場的程度將比上述的資料大得多。

二〇〇四年，普林斯頓大學的伯特．墨基爾，也就是《漫步華爾街》一書的作者針對一九七〇年以來曾經存在的所有共同基金進行研究，其中只有一三九檔基金存續超過三十年以上；在這當中，他發現有七十六檔基金表現年年落後市場一個百分點，只有四檔基金的表現每年超過市場二個百分點。墨基爾表示，就更廣泛的觀點來看，從二〇〇三年底向前追溯十年的期間裡，理柏分析服務公司（Lipper Analytical Services）所研究的積極管理型大型股基金當中，有八〇%基金的績效未能達到史坦普五〇〇指數在同一段時間內的報酬。墨基爾也指出：「幾乎沒有任何基金能恆久創造超額績效……經過了十年又十年，每段期間表現最優異的基金通常會變成下一期間表現墊底的基金……我們無法事先分辨哪些基金的績效將脫穎而出。」當然，存活者選樣偏差的問題依舊低估了實際的結果（其實應該更糟）。

即便事實顯示多數共同基金的表現落後，但究竟有沒有任何基金能顯著且恆久超越市場？如果有這種基金存在，我們又要如何事先找出這些基金？最近有兩份研究顯示這種恆久穩定超越市場的技巧確實可能存在，而且我們確實也可能事先找出具備這些技巧的基金。

倫敦帝國大學的柯索斯基（Robert Kosowski）和其他三位作者在二〇〇六年十二月聯合發表的一篇論文中，針對一九七五年到二〇〇二年的共同基金產業進行研究。這份研究採用了大量的績效衡量模型和一套稱為自序法的統計程序。作者們發現，「僅極少量經理人的選股能力好到足以彌補其成本。此外，這些經理人確實有能力創造優異的阿法值」。他們更進一步主張：「我們的自序測試一致顯示（表現最優異的）前一〇%基金在扣除成本後的高額正阿法值極端不可能完全導因於抽樣變異（運氣）。」

即使擁有優秀技藝的經理人確實存在，但我們能事先找到這些人嗎?波士頓富達研究協會的哈爾洛，和德州大學奧斯汀校區麥康伯商學院的布朗（Keith Brown）在二〇〇六年發表年的一篇論文中，確實提出一個「能將投資人找出優異積極型經理人的機率提升到六〇%」的經理人選擇流程（不過這份研究也再度印證一般投資經理人表現超越市場的時間不超過一半）。

哈爾洛和布朗認為，「究竟多數經理人能否超越某些標竿?」這個問題並不正確，他們認為這個問題應該這麼問：「是否能預先找出那些有能力提供合理機會，創造優異績效的積極經理人?」哈爾洛和布朗發現有許多要素可以用來解釋為何某些經理人過去能創造優異績效，其中尤以成本和周轉率這兩個要素的影響特別顯著；不過，他們最重要的發現是再度確認了柯索斯基及其他人所提出的事實，也就是：擁有這些特質的經理人通常能維持優異績效。換句話說，過去的阿法值傾向於可以預測未來的阿法值。

這兩篇論文好像和其他大多數共同基金績效研究主體的悲觀結論相互抵觸。這兩篇論文都提出令人信服的主張來支持他們的立場。柯索斯基及其他人提出了基金產業裡某一特定區隔的優異績效證據，但對投資人來說，除非能事先找出這些經理人，否則這項資訊並沒有太高的價值。不過，哈爾洛和布朗的研究解決了這個問題。

那麼，究竟哈爾洛和布朗是否解決了現實人生的問題，而不只是紙上談兵？問這個問題其實並不為過。因為哈爾洛和布朗是以基金「過往績效」的資料庫來做研究，這代表投資人還是無法取得「事先」找出優異經理人的系統。結果，當投資人利用哈爾洛和布朗的範例找出這些經理人後，我們卻依舊根本無從知道這些經理人未來的表現將會是如何。何況如果一般投資人能輕易分辨出優異經理人的身份，那麼，那些經理人將會被猶如雪崩般的大量資金給掩埋，並將害他們無法繼續執行過去讓他們創造優異績效的投資策略。不管投資技術或風格如何，每個經理人都有一個引爆點（臨界點），這也說明為何某些管理機構會為了防止大量資金流入而拒絕接受新資金。而一旦這些基金拒絕接受新資金，投資人就算能事先發現基金高超的過往技巧也沒有用，因為他們不是現有投資者，資金根本就無法投入。

綜觀共同基金的長遠歷史，創造優異績效（即便只是短期現象）的基金通常會吸引新資產的流入，導致基金所管理的投資組合規模大幅膨脹。當管理的資產規模擴增，交易成本通常也會上升，積極型經理人的優勢也將開始消失。

接下來是避險基金產業的問題。避險基金產業宣稱他們能創造高績效，而且避險基金對成功的基金管理者非常大方，給予非常優渥的薪酬，這個好處當然吸引華爾街最聰明的人紛紛投入這個產業。最有可能在調整風險因子後恆久超越市場的人選就是避險基金，因為很多避險基金的投資管理限制比傳統經理人少很多，這代表避險基金能將他們發現的所有可能獲利全部賺進口袋，因為他們無須遵守類似「大型股」、「高收益」或「國際股票」等投資範圍限制。他們能放空，也能做多，這也讓他們得以透過套利來賺錢，也就是說，他們可以賣出他們認定超漲的證券，同時買進他們認為低估的類似證券。在這種情況下，就可以持續累積許多小利潤，積少成多後就成為可觀的利潤。

不過，有兩個問題可能會讓我們難以認同「認知偏誤所引起的定價扭曲，將為那些『理當』聰明的投資者提供大量機會」這個說法。

第一個問題是，要計算避險基金績效是否打敗市場並非易事，不像計算共同基金或只能單向作多的積極型投資組合經理人的績效那麼簡單。因為避險基金和股票與債券不同，沒有「市場」標竿。那麼，這些基金的績效又是超越什麼呢？其實他們的績效可能不過是超越某些武斷的標竿，如國庫券加上特定百分點。而且，最後計算出來的結果可能並不可靠，因為除了資料本身很混亂以外，還會有存活者選樣偏差的問題。

第二點，「計算避險基金的風險」這件事本就是一個爭議性頗高的程序。傳統投資領域採用波動性指標來作為風險衡量指標，但這個指標卻不適用於一個可多可空的環境。再者，避險基金的報酬取決於胖尾或尾端風險，也就是說，避險基金出現極端負面報酬的機率比一般情況高很多。避險基金有時會放空，而放空必須承擔無限風險（股票最多只可能跌到〇，但卻可能漲到無限高），所以避險基金可能陷入被「軋空」的窘境；所謂軋空是指由於到處借不到股票，所以無法針對已放空的股票進行交割。在這種情況下，他們只好跳進市場，以任何可能的價格買進（回補）這些股票，當然，回補價格可能會遠高於他們放空的價格。

很多避險基金都會持有低流動性或只在某些清淡的市場交易的資產，這種資產產生大額虧損的機率當然大於傳統的投資方式，長期資本管理公司（Long-Term Capital Management）的悲慘經驗就是一個血淋淋的例子*。而如果基金本身還借錢做投資（這在避險基金產業為常態），那麼相關投資活動的風險就更高了。

❖

就定義來說，多數投資人的績效都無法超越市場，因為他們本身就是市場。但從另一方面來說，目前現有的事證顯示，如果市場不是那麼競爭，能超越其他人的投資者將會多一點。群眾所知道的所有訊息都已反映在價格上，不過，要突破群眾的想法卻也很難。

傑克・崔諾是發展資本資產定價模型的先鋒之一，他也長期擔任《財務分析師期刊》（*Finance Analysts Journal*）的編輯。他認為系統誤差能創造很多可賺取超額報酬的機會，他最喜歡使用的方法是告訴別人他認為哪些股票最具吸引力；如果別人馬上同意他的觀點，他就會認定該股票的價格已充分反應他的看好想法，於是就會將目標轉移到其他股票；不過如果朋友們不認同他的見解，他就會進一步研究這個問題，而且很可能會投資這檔股票。

崔諾是個典型的孤鷹操作者，他比較偏好他所謂的「慢工出細活概念」，也就是要花較長時間才能獲得成果的概念，所以這種概念很難吸引多數投資人的青睞。以較普遍的情況來說，投資人的投資期間都比崔諾短很多，技藝高超的投資人通常會採取極快速的行動，致使機會一閃即逝，也就是說，這些投資人會破壞彼此的佈局。誠如保羅・薩繆森曾形容的：「沒有輕鬆賺錢這種好事，也不會有確定賺錢這回事。」這也是為何富勒與泰勒公司會選擇在較小型類股尋找機會。相對的，雖然大量的大型成長基金都比較能輕鬆選股，獲利也比較確定，但卻幾乎無法創造超越市場的報酬，即使是尚未扣除稅金和手續費也一樣。

不過，上述結論有兩個重要且彼此關連的但書。這些但書值得我們盡最大力量加以留意。第一個和個股套利有關，第二個更嚴重，與整體市場缺乏效率有關（而非與個別證券缺乏效率有關）。這兩種事件是彼此密切相關的。

* 第六章將會更詳細討論長期資本管理公司。

在投資革命創意學說和行為財務學派假設之間的各項辯論中，套利扮演一個關鍵的要素。套利的意思是在買進一項資產的同時賣出另一項資產，期望買進的資產會漲價，但賣出的資產會跌價。舉個例子，同一檔證券經常會在兩個不同的市場交易，另外某一檔證券可能在某個市場以傳統的證券模式交易，在另一個市場則以衍生性金融商品，如期貨合約的方式交易。如果同一檔證券的價格不同，就會導致套利者賣出超漲的資產，買進超跌的資產，雙邊的價格差距就會收斂。本質上來說，這種情況下的套利是一種無風險的交易。

套利者可能也針對兩種極為相像，但關聯方式不同於股票／衍生性金融商品的資產進行套利，例如可轉換公司債和該公司債可轉換的股票。另一個風險較高的策略是針對兩檔特質相似的證券進行套利，例如兩檔高科技股；在一九九〇年的泡沫發展期間，很多避險基金非常偏好這種套利模式。事實上效率市場假說的很多論據（這些論據也認定價格不一致現象確實存在）假設套利是造成價值不一致情況存續時間非常短暫的主要原因，也是導致人類難以打敗市場的重要原因。

如果事實上套利機會隨時存在，而且如果所有套利者隨時都會注意到價格不一致的問題，並即刻在不需承擔任何風險的情況下消除這些訂價偏誤，那麼在關於效率市場假說的所有爭辯中，「投資人理性」的認定就會淪為次要的問題。因為在這種套利機會一直普遍存在的情況下，到最後就會變成一種所謂的無套利狀態，畢竟一個效率市場不可能存在套利的機會。

在沒有套利機會的情況下，投資革命創意和行為財務學學說之間的辯論將會消失。因為不管基於任何原因，訂價偏誤將會快速消失，沒有人能經常性的透過這些訂價偏誤獲取利益。也就是說，行為財務學的異常現象可能會突然出現，但在任何一個積極型經理人經常性的利用這些異常現象獲利以前，異常現象就會消失。

史蒂芬・羅斯（Stephen Ross）是投資革命創意理論中最傑出的學者之一，他以極為確定的文字描述無套利狀況對這場辯論的影響：

> 我從不認為人類──包括我自己──的行為完全理性，這麼想的人很多，我只是其中的一個。相反的，我經常對人們的所作所為感到訝異。不過，這絕非財務理論的重點。若要一個完全沒有套利機會的環境，必須要有足夠具良好財務體質與聰明才智的投資人在這些套利機會出現時立刻予以終結……**新古典理論是鯊魚理論，不是人類理性經濟理論，而這是財務與傳統經濟學之間的根本差異**……財務體質良好的套利者會掌握這些機會（因行為誤謬而產生），一擁而上，並以他們的行動終結**異常價差**。

哈佛經濟學家安德里・史列夫（Andrei Shleifer）和泰勒在芝加哥的一位同事羅伯・威斯尼（Robert Vishny）在一篇極具影響力，名為〈套利極限〉（The Limits to Arbitrage）的論文中，對羅斯的套利立場提出猛烈攻擊。史列夫和威斯尼的論點是以一個描述「理論世界與現實世界投資人制訂決策的差異」的主張為基礎：

金融市場的理論套利行為不需要資本，也不需承擔風險。但在現實世界中，幾乎所有套利行為都需要資本，通常也有風險。此外，只有相對少數的高度專業投資人會利用他人的資金進行專業套利行為。這種專業的套利行為將對證券定價產生許多有趣的意義，包括在極端情況下，價格可能會遠遠偏離基本價值，此時套利有可能變得沒有效率。這個模型也顯示出金融市場的異常現象可能在何處出現，也說明了為何套利無法消除這種異常現象。

簡單來說，現實世界並不像效率市場假說或羅斯的主張所形容的那麼單純。誠如史列夫和威斯尼指出的，多數套利行為並非由大量尋找訂價偏誤的投資者所發動，而是由較小族群、較老練、精於套利策略且管理大量金錢的專業投資者所進行。這些套利者充分瞭解套利行為所涉及的風險，所以他們有可能在旁觀戰，有的時候則會親自加入戰局，讓價值偏離情況變得更加嚴重。套利行為通常會涉及放空，而放空通常代表高風險，執行成本也很高。有時候，由於雜訊交易人長久都未能發現他們的錯誤，所以原本理當相等的價值有時甚至會偏離得更嚴重。套利者最大的風險是價格動能風險，也就是說，當投資者單純因為某個投資標的開始上漲而介入，這時漲勢就會一波接著一波，直到價值過度超漲時才停止。自古以來，「不要與趨勢對抗」就是華爾街的名言，不管經過多久的時間，這句話看起來都像是真理*。

從另一方面來說，雖然套利有其極限，所以市場效率的維持也因此會遇到極限的事實可能很重要（而且有可能攸關重大），但我們一定要瞭解，在現實世界中，具備這種本質且意義重大的情況真的非常罕見。舉個例子，皇家荷蘭石油先前發行的兩檔證券：在美國交易的皇家荷蘭和在倫敦交易的殼牌運輸股票，就其根本資產而言，這兩檔證券完全相同。根據它們對那些資產的持份，在調整匯率因素後，皇家荷蘭的權益價值理當等於殼牌運輸權益價值的一・五倍。不過，就這個標準而言，皇家荷蘭相對殼牌運輸的價格卻長期遭到低估，幅度甚至曾高達三五％。

另一個例子是知名的MCI通訊公司，該公司在那斯達克的股票代號是MCIC，日交易量比大眾共同企業投資者公司（Massmutual Corporate Investors，一檔封閉型基金，主要投資在公司債，其代號恰好是MCI）高一千倍。這兩個公司之間顯然毫無瓜葛，不過從一九九四年年底到一九九七年年底之間，尤其是在MCI過去十二個月內曾涉及合併協商的期間，這兩檔股票的日交易價格與交易量波動幅度卻顯得亦步亦趨。針對這個例子（顯示投資人搞不清楚狀況的例子）進行研究的作者指出：「MCI（大眾共同企業投資者公司）（相關交易活動中）很大一部分是……來自很多不是真正想交易該股票的行動，（這些人）極可能甚至不知道該公司的存在。」

＊ Gabaix、Krishnamurthy、Vigneron曾針對房貸標的證券的市場現象做過生動的描述。

那麼，為何套利者未能跟上腳步，消除這兩檔證券間的同步漲跌情況？答案是這種證券的市場非常小，所以借券的難度或成本相當高。因此，在某些特殊的情況下，價格不一致（價差）的問題可能延續一段很長的時間，在這種情況下，效率市場假說的失敗將非常明顯。

或許這些異常狀況讓人感到有趣，不過，這個特質也顯示，以市場絕大多數的情況來說，違反無套利條件的情況並不常見。這些大有可為的機會聽起來確實很吸引人，不過我們卻鮮少巧遇這種良機。

❖

套利極限以另一種面貌存在於第二組支持市場無效率論點的主要證據中，這項證據是——整體市場的不理性定價，這和個別證券訂價偏誤呈明顯對比。這個現象較為人所熟知的術語是「boom and bust」，也就是指大繁榮後出現大蕭條。我們將在第六章以一個不同的觀點來回頭討論這個現象。

歷史上展現市場無效率的例子非常多，雖然這些例子分別出現在不同時間點，但卻令人難以忘懷，深深烙印在我們的記憶裡，包括：一九二八年年中到一九二九年十月，股價大漲五〇%，接下來到一九三二年六月間，股價卻又重挫了八五%；一九八七年十月十九日黑色星期一當天，股價重挫超過二〇%；一九九八年發生長期資本管理公司危機，這檔避險基金瀕臨破產的消息拖垮了整個金融體系；從一九九五年年底到二〇〇〇年十月，股價大漲一四〇%，接下來到二〇〇三年二月則重挫了四四%。

整體市場的不理性定價不見得每次都是以「大繁榮後的大蕭條」模式呈現。例如一九七〇年代時，通貨膨脹和利率高達兩位數，在這種情況下。投資人受到驚嚇，也導致股票的評價降至幾近歷史低點，股息收益率則上升至接近歷史高點。誠如法蘭科・莫迪格利亞尼和理查・科恩在一九七九年所做的權威分析中所說明，投資人系統化的忽略通貨膨脹對企業資產與企業美元計價營收數字的正面影響，同時忽視通貨膨脹對企業負債實質金額的負面影響。當聯邦儲備理事會主席保羅・沃克（Paul Volcker）最後在一九八一年打贏這場通膨戰爭時，投資人才終於覺醒。當時股票市場嚴重遭到低估，這也是後續幾年股市出現史上最戲劇化且持續時間最長的多頭市場的主要原因。

從這些往事就可見得市場缺乏整體效率，這些證據已經夠殘酷了，不過，所謂的「理性泡沫」更是另一個可能引導整體市場趨向無效率的戲劇化發展。「理性泡沫」聽起來好像很矛盾，不過這個名詞卻可以用來說明一個現象：市場上一些「想必應該」聰明的人假設這種不理性繁榮是賺錢的大好時機，而且他們自認非常聰明，知道如何及時脫身，因此跟隨在群眾的後面追求泡沫（也就是說，所謂的理性投資人利用雜訊投資人所創造的訂價偏誤來為自己牟利）。

聰明投資人利用理性泡沫來牟利的情況早已司空見慣。麻省理工學院的彼得・譚明

（Peter Temin）和巴塞隆納龐皮歐法布拉（Pompeu Fabra）大學的漢斯—喬欽・沃斯（Hans Joachim Voth）曾針對倫敦一間大型銀行——霍爾銀行提出一份報告，該銀行曾參與一七二〇年和一七二一年的南海公司（South Sea Company）泡沫。從當代的文件可以清楚發現，南海公司的獲利根本不可能支撐得住它泡沫般的股價，不過霍爾銀行卻持續買進該公司股票，直到一七二一年八月才出清所有部位。而這個泡沫在十月份破滅。

普林斯頓大學的馬可斯・布蘭諾米爾（Markus Brunnermeier）和史丹佛大學的史迪更・納吉（Stegan Nagel）最近針對那斯達克泡沫所做的一份研究顯示，那斯達克的泡沫和霍爾銀行的泡沫如出一轍。當時，很多避險基金大量押注在科技股，而科技股泡沫在一九九八年到二〇〇〇年間達到最高峰。不過，這些避險基金早在股價崩盤以前，就逐一賣出每一檔股票，降低他們手中的持股。到最後，這些基金的績效當然超過一般的標竿，所以也變得特別搶手。布蘭諾米爾和納吉的結論是：「對理性投資人來說，（在不理性環境下）搭一段價格泡沫的順風車有可能成為最佳策略。」

❖

我們現在要回到一開始所提出的樞紐議題。外界對理性行為者模型的批評和這個模型在實證方面的失敗示範，是否會讓我在《投資革命》一書所提及的理論顯得毫無用處或甚至該被淘汰？或者，我們應該支持莫頓・米勒對行為財務學派的典型嘲諷：「要不然這些可憐的孩子們還能做些什麼？畢竟財務領域早已成為一個成熟的領域了。」*尤金・法馬對行為財務學派的態度也幾乎和米勒一樣輕蔑與不屑一顧：

異常現象是機會下的結果，這一點和市場效率假說一致，股價對資訊明顯過度反應和反應不足的情況一樣常見。而且在事件過後，延續事件發生前的異常報酬的頻率也大約等於在事件過後反轉的頻率。最重要的是，長期異常現象是脆弱的……事實並未顯示我們應該放棄市場效率。

我個人則認為行為財務學派並不像這些批評所說的那麼「膚淺」，只是批評者不願承認而已。誠如我們討論過的，卡尼曼個人已經用最鏗鏘有力的方式來表達他的論據：「理性模型的失敗在於……它所要求的人類大腦。」在那些情況下，評價錯誤是不可避免的，而且理性理論或無套利機會的主張也缺乏任何固有的論證能支持「所有錯誤一定可以彼此抵銷」的概念。

不過，問題並不在於市場的實際表現是否會完全等於投資革命創意的描述。問題是投資革命創意如何通過行為學派攻擊的考驗，順利繼續生存下來。回應必須是正面的，不能

*卡尼曼並非小孩子，他贏得諾貝爾獎時已六十八歲，而且截至目前為止，他在研究方面依舊非常傑出。

像法馬的見解那麼輕率，因為某些異常現象確實會互相抵銷，只不過是基於更深奧的原因。現代投資組合理論中深植一個發人深省的教誨：財務管理是一種高風險事業，而行為財務學派的貢獻讓我們更深刻瞭解投資人在不確定情境下如何制訂決策，如何彼此互動。

不過，我還要提出一個很好的問題：行為財務學派的貢獻是否僅止於此？或者更大？在二〇〇五年底一次由我主持的電話會議中，我和五位財務領域的諾貝爾獎得主*進行了一場範圍廣泛的討論。卡尼曼評論道：「我認為行為模型對機構的設計可能非常重要，**不過這些模型是否真的具備解釋資產價格的強大能力，目前則仍不明朗**。」簡單來說，除非供給與需求法則遭到否定，否則行為財務學不可能取代新古典財務學。

誠如我在前言中所強調，風險與期望報酬的取捨問題已成為當今所有投資決策的中心考量。即使自信有能力超越市場的人都承認要打敗市場不是件容易的事，否則他們也不會收取那麼高額的費用來做為他們投注那些心力的酬勞。阿法值和貝它值是這些複雜投資決策的根本要素。即使目前積極型管理依舊存在且仍盛行，但已有大約有三分之一的機構金融資產被指數化。客戶在評估積極型經理人時，依舊把市場和市場中的各個不同區隔當作主要的比較標竿。衍生性金融產品的驚人蓬勃發展更不用說了。最重要的是，我們並無法得知市場上的訂價偏誤是導因於行為異常或是其他動力——例如經理人或分析師們所提供的扭曲資訊。

另一個非常重要的額外論點並沒有獲得太多重視：行為財務學派已成為這整個流程中不可或缺的一個要素。終究來說，所有訂價偏誤（期望報酬與風險未能系統化連動之情況下的價格水準）之所以會產生，都是導因於投資人在進行金融資產評價這件令人氣餒的工作時所採用的那些經驗法則。更精確一點來說，阿法值出自於行為異常現象。傳奇避險基金——復興投資管理公司的總裁傑佛瑞・高爾德（Jeffrey Gould）用以下這些饒富趣味的文字來描述該公司對這個流程的觀點：「為了保護報酬，我們不會對任何人說明我們要做什麼或不做什麼，因為說出來就等於是幫了其他人一把，讓他們更成功。我們希望別人繼續做一些沒有效益的事，因為唯有如此，我們才能掌握更多阿法值。」

結果，行為財務學派的專家們提出愈多研究，積極型經理人就更有機會找出阿法值的可能藏身處。在這種情況下，行為財務學派以一種奇怪的方式，種下導致它遭到破壞的種子，套句巴爾・羅森伯格的話：「就本質來說，這些研究在搞自我破壞。」

❖

最後的結果將形成一個和理論模型較為接近的現實市場，如果當年卡尼曼和塔夫斯基沒有遇到對方，沒有彼此啟動他們在心理學研究與實驗方面的革新，就不會有現在這樣的

---

* 這五個諾貝爾獎得主是卡尼曼、馬可維茲、莫頓、休斯和夏普。

發展。例外與違反效率的情況一定會存在，不過也由於行為學派讓我們充分瞭解市場缺乏效率之所在，所以也讓驅動市場邁向效率化的基本動力獲得了很大的推進力量。正常的大腦總是會尋找更好的致富道路。

❖

在這個時點，我們的任務是要如何在資本市場體現這個豐富的投資流程。這些變革最驚人的層面是它們催生了一個完全強調實行面的環境，即使是投資理論的諾貝爾獎得主都不能免俗。現在我們已經有創意了，而眾人最新的焦點則鎖定在如何利用這些創意來協助積極型經理人追求阿法值。於是，在更深入瞭解投資革命創意後，配合行為財務學派的貢獻，世人已經發展出一個強有力的組合。目前包括理論家和實務界人士都努力利用這個組合，為投資管理界創造各種巧妙的應用模式，另外也創造了深奧的見解，讓人更瞭解整個投資流程。

計量財務策略公司（一檔避險基金）的董事長山佛・葛羅斯曼（Sonford Grossman，他同時也是華頓學院的財務學榮譽退休教授）早在三十年前就以較正式的方式提出這個主張：

當一個價格體系等於一個完美的資訊集合體時，這個體系就會把收集資訊的私人誘因消除。如果資訊的取得成本過高，價格體系就會充斥噪音，這樣交易人才能藉由資訊收集來獲利。如果體系中沒有噪音但資訊收集的成本卻很高，那麼完全競爭的市場就會崩垮，因為人們收集資訊的地方已經沒有均衡可言。

當我們按照對行為財務學派的這番檢驗來思量葛羅斯曼的評論時，就會產生一種奇怪的矛盾。就一方面來說，行為財務學已成為積極型經理人尋求掌握阿法值的主要工具；但從另一方面來說，由於我們渴望找出市場上訂價偏誤的情況，行為財務學卻也成為驅動我們走向效率市場假說的動力，因為行為財務學派對效率市場假說的攻擊從未手軟。

假定積極型經理人認定市場被許多聰明的交易人所主導，並因此而漠視行為財務學，那麼這些積極型經理人將淪為食客，成為指數型的經理人。如果每個人都成為被動型投資者，行為財務學研究的書籍將被塵封在大學圖書館裡，任其腐爛，再也不會有人想尋找訂價偏誤。

所以，接受市場有效率且偏好採用指數化方式的人將放任行為異常現象繼續存在於一個充斥無效率的市場。相反的，行為財務學派的倡議者，也就是批判市場效率概念最帶勁的團體，卻是對「讓市場效率成真」最有貢獻的人。

第 2 部
理論家

第三章

保羅・薩繆森：入世的哲學家

儘管時光飛逝，但財務領域裡的主要理論家卻從未失去他們的熱情，從未失去他們對革新的沈迷，也從未忘記他們所從事這些工作的驚人重要性。除了保羅・薩繆森（他現在已經九〇多歲，所以當然有權只發表評論，而不採取行動）以外，其他人全都有事要忙，有時候甚至非常沈迷於這些事，這些事是：讓市場運作更加良善，同時保護投資人免於因自己的缺點而受傷的革新運動。

這個雄心萬丈的目標代表一個力量強大的想法：他們將釋放很多動力來改善現實世界的市場與投資革命創意中所定義與描述的市場之間的功能性相似度。雖然現實世界可能永遠都無法出現和效率市場假說一模一樣的資訊傳播方式與對資訊的理解方式，但現實世界的風險／報酬相關性卻和資本資產定價模型裡所定義的情況卻愈來愈接近，而且是正面且系統化的拉近。

誠如我在第二章結尾對行為財務學派的看法中提到的，目前市場上各項動力也是朝這個方向前進。事實上，後續有關實務界人士革新作為的討論中，也將說明那些急於尋求超額報酬（也就是阿法值＊）的積極型投資人是怎麼發明出各種持續引導市場趨向均衡、趨向該理論中所預測的那些關係與回應的新穎策略和財務工具。

❖

保羅・薩繆森是眼光最長遠的理論家。為了寫這本書，我再度抵達他在一九八九年接待我的那間辦公室（當時是為了《投資革命》一書而拜訪他）。當我告訴他我計畫寫《投資革命》的續集時，薩繆森隨即表示，「在經濟學各個領域中，這個領域的理論與實務界人士齊聚一堂的程度最高」。†

薩繆森依舊認定股票市場沒有輕鬆錢可賺。即使某個人的紀錄顯示他調整風險因子後的報酬超越平均值（也就是贏得財務教授口中的正阿法值），但人們依舊很難找到正阿法值，所以當然讓人難以完全信服。所謂比較標竿的定義含糊不清，風險衡量指標的選擇也很武斷，而我們所謂的阿法值——也就是打敗市場的成果——通常不過是承擔系統風險（也就是貝它值）的報酬。而且即使有人能證明一個經理人今年獲得阿法值，也不代表他們明年也能再創相同的功績。

薩繆森在一九七四年秋天出版的《投資組合管理期刊》（*The Journal of Portfolio Mangement*）創刊號中，以辯才無礙的一段話說明了這一點，我在《投資革命》也引述了這一段話：

> 他們也為那些長抱股票的人提供服務；不過我猜想他們透過這種明顯且平庸的操作所賺取的費用還不如嘗試利用老式研究所教育學到的操作方法所賺得的費用……事實讓我不得不相信一個假說，那就是大多數投資組合決策者都應該停業，改做水電工、教希臘文，或者擔任企業主管，這樣多少還能貢獻一點年度國民生產毛額。即使這個詛咒般的建議是一個好建議，但顯然不會是大家願意熱切追隨的忠告。畢竟如果沒有人幫忙推一把，很少人願意去自殺。

薩繆森到底是個經濟學家，他對行為財務學派有著一種混雜的感覺，他挖苦的對我說出他對這個學派的定義：「這是針對不做最理性事務的人所做的研究，但所謂『最理性事務』的定義卻由一堆財務學助理教授來裁決。」不過，薩繆森和行為財務學派之間的淵源

＊阿法值代表超過或低於資本資產定價模型預測報酬率的報酬。就實務的角度來說，在今日的實務界人士世界裡，阿法值代表調整風險因子後超越標竿——如史坦普五〇〇指數——的報酬。

†除非有特別說明，否則引號中的所有內容全都來自訪談。

絕非如此淺薄。誠如耶魯大學的羅伯・席勒在最近一篇論文中所指：「這個時機正讓我們回想起，就某種重要意義來說（薩繆森）是跨期決策（intertemporal）模型的開山始祖之一，這個模型是構成新古典財務理論的重要基礎，不過，他同時也充分預料到行為財務學的進展。這代表這個世界是同時開始重視財務學與行為財務學的，就像姊妹一樣。」例如，席勒引述了薩繆森在一九三七年發表的一篇經典論文〈效用衡量指標筆記〉（A Note on Measurement of Utility），薩繆森在文中主張人類在不同時間點的行為模式並不一致。由於瞭解這個弱點，人類通常會試著以為限定未來可能情況而設計的決策來控制自己，例如「採用不可撤銷信託、將壽險排除在強制性儲蓄方案之外的人類行為。」*

薩繆森個人其實很欣賞卡尼曼，不過他卻認為那個領域裡的很多研究是「大噪音」。他認為要評斷行為財務學派的最終貢獻，必須看世人能否利用這些學說賺錢。薩繆森以一篇大師級的宣言來展現他對現實世界投資行為的敏銳體會，他指出，多數投資人「甚至不瞭解如何善加利用行為異常現象，即使是對效率有所懷疑的人和行為理論的支持者也都一樣。事實上，**他們的不理性有一部分導因於他們打從心底不願意接受波動性以及那種平均而言能創造獲利的風險**。」

誠如薩繆森的描述：「我瞭解千百萬個投資人都不是機率和投資組合最適化的專家。多數人是謹慎的風險趨避者，他們厭惡風險的程度遠遠超過對獲利的喜愛——只是儘管有這種傾向，他們卻還是會賭馬、賭狗、買樂透彩券或參加賓果遊戲。」接下來他還說：

「人們對賭博運動有一種獨立的熱愛。不過，他們對待賭博運動的態度和對管理財富（較嚴肅的任務）的反應是完全不同的。在管理財富時，趨避虧損的傾向就會顯露無遺。」

❖

從薩繆森的觀點，「正阿法值存在於某處」並不是一種反駁效率市場假說的異議，反而是證明該假說邏輯無誤的一種辯護狀。投資人因獲得正阿法值而成功的情況非常罕見——也就是說，很少人能藉由比其他人更早獲得資訊或發現其他投資人所忽略的訂價偏誤資產等方式創造出調整風險因子後打敗市場的報酬。不過，薩繆森認定「市場的效率足以使阿法值受到修正，因此這也合理顯示擁有較佳資訊的人一定能賺錢。雖然行為財務學派宣稱絕大多數的投資人都是隨著系統的非理性而起舞，但卻不能因此斷定整體市場會變得不理性。所以，即便市場上九八%的資金是非理性的，但效率市場假說卻依舊有效」。

薩繆森也同意我們不能將效率市場假說當作教條，不過，他也認為多數打敗市場的證據不過都是好運所造成。「熊彼得教導我，市場上沒有特權。你只能當一天的皇帝。」接下來，他又說了一些有關熊彼得的談話：「熊彼得曾說資本主義豪華酒店裡最貴的房間總

＊我個人有一個備註，我第一次和保羅・薩繆森見面時，大約就是在這篇論文問世時。當時薩繆森不過二十出頭，他也因為年紀輕輕就提出那麼多篇論文而為自己爭取到非常高的聲望。

是有人住，不過房客卻不是同樣的人。」

不過，在面對這個事關重大的問題時，薩繆森的態度並不會流於武斷。他比較喜歡用這個方式來說：「我另一個見解是現代忙碌不堪的交易所能展現我喜歡說的『有限微效率』（Limited Micro Efficiency）。只要極少數擁有大量資產的投資人能藉由和任性的無知賭徒「對作」而獲得利益，那麼，我們就可以透過這些實證觀察到市場有限效率。異常價格走勢的短暫出現會引誘高警覺性的交易人採取行動，他們將歡欣鼓舞的採取行動，消除這些異常情況。」他還用更饒富趣味的語言說明了同一觀點：「我對這個情況的陳述並不是完全針對實務界人士，甚至不是以實務界人士為主要目標。他們愈不成熟，對我們這些快樂的少數人愈有利。」

這種市場活動的結果比真正隨機漫步下的情況複雜很多*。誠如薩繆森所說：「在無數人謹慎衡量新資訊出現對未來的影響後，真正實用的可知資訊都已經反映在目前的價格型態上了。這讓投機價格表現得像數學家口中的「公平賭博」，在這種情況下，下一期間的價格變動超過或低於整體市場指數的可能性將是一樣的。這是一種矛盾，不過卻也是事實——股價難以預測，因為股價本身就是對未來的預測†。

市場行為的這種複雜性會引導股價在短期內朝某個方向波動，但隨著時間的推進，將會有愈來愈多資訊浮現，所以較長期後，股價傾向於逆轉這股動能。薩繆森是這麼描述這個現象的：「短期內產生影響的是正動能『藍色雜訊』（blue noise）而不是完全隨機的

『白色雜訊』（white noise），甚至個體經濟的，（不過）長期以後仍將朝平均值反轉，也就是說，市場將散發『紅色雜訊』（red noise），而非『白色』或『藍色』雜訊。」

這個觀點讓薩繆森同意席勒的看法，席勒曾發展出一個精闢的論點來說明市場整體缺乏效率（包括上漲的泡沫與下跌的泡沫，參見第六章）的情況為何會發生。薩繆森嚴肅看待這個現象：「即使是像我這麼自以為是的傢伙都不敢嘗試和史坦普五〇〇指數的總體向上與向下波動對抗，藉由推測買進時機來賺取利益。」

長期以後，市場將回歸平均值，因為投資人最後終於開始發現市場「過高」或「過低」。換句話說，市場上隨時都存在一股驅動市場趨向效率的動力，而且當價格波動偏離均衡狀態過遠，到達足以引誘投資人開始想改變市場方向時，這股動力的力量將達到最大。

關鍵的議題在於你是否能藉由辨識這些型態，在短期內賺到錢。薩繆森認為由於多數投資人極端迷戀平穩與成長的每股盈餘，所以終將失敗。「唉，知道（這些型態）好像也無法獲得優渥的操作報酬。聖經說：『有的時候要記住，有的時候要忘記。』唉，我們需

* 請見薩繆森最具影響力的鉅作之一〈Proof That Properly Anticipated Price Fluctuate Randomly〉，《*Industrial Management Review*》，第六期（一九六五年春季，頁四一——五〇）。

† 我很感謝法蘭克・菲波茲（Frank Fabozzi）提供這個高見。

要一本更好的書來通知我們何時應該改變我們的方向。」而他的結論是：「沒有任何書籍可以讓你致富，少有書可以讓你保持富有狀態，但卻有很多書加速你的財富虧損。沒有任何一個成功的操作者能教會他的大舅子如何享受電腦所提供的生存方式，這種生存方式得來不易，是一種罕見藝術。總結來說，為億萬富翁管理資金的人應該能比我們這些平凡投資人早一點領會更多事。」

薩繆森的最終結論有點老套，他仍舊相信「廣泛分散投資的投資組合是能讓你夜夜好眠的聰明方法，也是讓你保住一生儲蓄的好方法」。誠如哈利・馬可維茲在一九五二年所宣稱的：「我們必須像反駁一個假說及座右銘一般，抵制（一個）不具備分散投資優勢的行為法則。」簡單觀察多數投資人的經驗，就可以印證這個簡單忠告中所隱含的智慧。即使是請專家來幫忙管理財富的普通人，都會對多數情況感到失望。薩繆森也承認：「沒錯，能創造超越群眾獲利的貝比・魯斯（Babe Ruth，譯註：美國傳奇職棒球員）確實是少數。長期下來，能超越平均值的操作者確實也不多，甚至可說是非常少。問題是你我都無法找出這些特殊的少數人。」不過如果我們可以呢？「我們不可能用便宜的價格買到他們的非凡本領。如果堅持一定要找到他們，我們將所費不眥。」

❖

薩繆森的心靈充滿活力、生氣勃勃而且極端清澈，任何一個年齡層的人遇到他，都會對此感到訝異。他的研究與理論分析依舊走在時代的最尖端。不過，我們真的要極度感謝他能和我們常相左右那麼久的時間，因為他已為後代子孫們「留下」許多了不起的學生，這些學生都已成為偉大的學者。我將在下三章討論他的兩位得意門生，以及其中一位得意門生的門徒，包括哈佛商學院的羅伯・莫頓、麻省理工學院史隆學院的羅聞全，以及耶魯大學考爾斯基金會的羅伯・席勒。

莫頓是一個幹勁十足的數學家，他一開始擔任薩繆森的經濟與財務學助理，協助布萊克和休斯發展選擇權定價模型，他也因參與這件工作而獲得諾貝爾獎。不過，莫頓已經不想再發展新的理論架構。相反的，他投入一個以積極實現投資革命創意為目標的革新機構，幫助投資人克服我們在前兩章討論到的行為異常現象。他的數學技藝在此發揮了極大的功能，不過從很多方面來說，相對於他想要追求的目標，這些技藝都只能算是附帶的功能而已。

羅聞全是莫頓擔任麻省理工學院教職員時期最傑出的學生之一，而莫頓也是讓羅聞全開始對財務學感興趣的主要原動力（羅聞全選修了莫頓開的每一堂課）。從很多方面來說，羅聞全追求的目標和莫頓所重視的目標很類似，都著重於機構，不過他的方法卻有所有不同。他堅信演化動力的力量，所以，他對解釋機構的演變比較有興趣，對創造新的機構模式則較沒興趣。他的研究成果衍生了許多重要與原始的見解，並催生了許多重大發展，包括股票價格跳動單位降到以「一美分」為單位，不再像以前一樣，以〇・二五美元為進位標準；另外，他所引導的發展還包括避險基金的角色——避險基金是我們這個世代裡成長最快速的機構形式。

席勒長期以來一直非常醉心於金融市場的波動性。他曾說明為何這些市場的波動性高於基本面的波動性（理論上來說，基本面是決定資產價格的要素）。這個領域的研究工作自然吸引席勒注意到「大繁榮後的大蕭條」型態，最後更為他的著作贏得學術界內外的高度聲望，這本書是《非理性繁榮》，它出版於二〇〇〇年年底股票市場開始做頭之後。「大繁榮後的大蕭條」並非革命創意的一環，不過投資革命創意依舊是席勒分析基礎架構的一部分。

這些人與成就全都是保羅・薩繆森一手為世人培育。

第 3 部

法人投資機構

第四章

羅伯．莫頓：「風險並非附屬品」

羅伯．莫頓是薩繆森最有名的門生，當年我為了寫《投資革命》一書而訪問他時，他剛從麻省理工學院跳槽到哈佛商學院。目前莫頓依舊在哈佛商學院教書，不過這一次我們是在他設於紐約市的顧問公司辦公室見面，這個公司的業務實在繁忙。見面地點從哈佛轉到紐約，也更加凸顯出我們這次要討論的焦點。

從很多方面來說，莫頓已將理論甩在腦後：因為理論已經完成。現在他一心一意尋找重新設計金融體系的方法，將金融體系目前忙碌大雜燴的狀態轉變為一個力量強大且架構合理的機制，以期達到風險分享與發掘獲利機會的目的。

儘管莫頓已有了新目標，並不代表他失去了對投資組合理論、市場行為和選擇權評價等原始投資創意的推崇之心，他說：「它的力量在於它直搗核心問題的方式——問題核心在於資產定價與風險的角色。多美好的事物啊！這些事物儘管抽象，但你卻不會覺得不自在，因為它們的力量強大，可以在不參考機構的要素下，讓你瞭解很多東西。」*最重要的是，這些創意的核心都和風險有關。莫頓表示：「風險並非附屬品，它滲透了整個思想主體。」

莫頓總是以溫和的方式容忍外界對投資革命創意的批評。他早在一九七五年就曾說過：

> 外界對我們的基本「神話」的攻擊早已見怪不怪，尤其是我們的這些假設的確隱含著一種「象牙塔」的本質……這些（詆毀）言論就像是星期天早晨的佈道，扮演非常重要的功能。其中一個功能是，這些言論能夠壓抑我們的專業自負心態。另一項功能是，這些言論提醒我們，即使我們的專業同儕認定某一個貢獻非常重要，但對外面的現實世界來說，這項貢獻在實際操作上的重要性卻不見得等量齊觀。此外，這種言論也可以讓甫進入這個領域的人略感安慰，讓他們知道前人所完成的貢獻並不多，還有很多事情等待他們去完成。

在莫頓進入現實世界的商業界，開始設法將他所謂的新古典革命創意運用到實務運作時，他確實也發現了理論的嚴重缺點。投資革命創意是在一個靜態且完全沒有機構的環境下發展而成，這個理論環境充斥許多沒有臉孔的人，每個人都以個體的方式進行交易，當然不可避免的，每個人所持有的風險資產投資組合全都是一模一樣的。所以這個偏離現實世界錯綜複雜情況的抽象理論只適用於零摩擦的完美市場環境。

莫頓認為就本質上來說，行為財務學文獻中所隱含的缺陷和古典理論的缺陷其實很相似，因為行為學派的文獻也假設市場是由許多自動的個體所組成。所以，充其量它不過是另一個和效率市場假說或資本資產定價模型相同的不食人間煙火模型。莫頓對現實世界的觀點比較接近日常財務行為的現實情況。他看見一個由許多機構（代表個體做事）互相干預的世界，而這形成了一個不同且更有效率的市場環境。

一旦開始導入人類、機構的做法以及交易成本，也等於是導入摩擦與代理問題。這時投資人就不再是投資革命創意裡那些長得一模一樣，行事完全相同的群眾。每個人都各自持有不同的投資組合，多樣化程度幾乎達到無限多種。機構的特性和交易成本的本質也對市場的多樣化與面貌、投資人行為及財務工具的發展等產生極大的影響。例如大學捐贈基金和一個擁有401(K)計畫的員工就是完全不同的投資者。

從《投資革命》一書自一九九二年出版以來，金融市場的機構結構已經歷過一次根本的改造。這些變化包括：由於目前電腦與網際網路已極為普及，投資人可以得到大量的資訊，相較之下，一九九〇年代早期的投資人能取得的資訊量簡直就是現在的九牛一毛；另

＊除非有特別加註，否則所有引述內容都是來自個人的訪談。

外，有很多工具已經實際在交易，各個交易所也開始實行電腦化交易；股票交易所本身開始建立管理體制；全球連鎖關係的建立；較大型投資人的規模、老練度和導向；貨幣市場基金與共同基金和避險基金的蓬勃發展；風險分享工具的發展讓商業銀行或保險公司與資本市場之間的界線變得愈來愈模糊；退休基金從確定給付制改變為確定提撥制等。而即使我列出了那麼多革新作為，但卻依舊不完整。

莫頓強調形式（做法）是追隨著功能而產生。這些新穎的機構推動力並未改變財務理論，不過這些演變確實也以革命般的方式延伸了理論的運用範圍。做法與功能的雙雙改變是推動投資革命創意再進化的最強動力之一。就像行為財務學派要探尋阿法值的機會何在一樣，多變的機構結構和功能也具備深奧的意涵——這個意涵牽涉到市場的運作方式、投資人的行為模式、投資人應有的行為模式，以及我們應到何處尋找改善與強化的方式來因應當今圍繞在我們周遭的一切情況。

接下來我們將討論莫頓、席勒和羅聞全都在尋找新的使用方式，甚至思考發明新的機構來緩衝各種不同領域的風險，同時進一步改善投資成果。

❖

莫頓是偉大的社會學家老羅伯・莫頓*之子，他對莫頓個人與他理解問題的方法影響甚鉅。老莫頓的社會意識啟發了小莫頓，讓他著迷於機構不可或缺的角色，因為機構的功能實際上可能會改變整個投資流程的做法，而且機構能為散戶投資人執行一些散戶永遠都無法為自己執行的功能。

這個觀點並不是說機構就能免除行為上的缺陷。基金會、捐贈基金、退休基金和共同基金的決策也有他們本身的系統性怪誕行為。雖然我們都希望一群專家的個體行為會比一般未受過良好訓練的散戶投資人自行操作時的行為更冷靜、更重分析，但這樣的要求或許太高。

問題並不在於這些委員會的成員都和散戶一樣（都是人）。多數因集體決策而產生的訂價偏誤與異常情況，和散戶各自行動所衍生的異常情況有所不同，此外，代理問題也是無法逃避的。投資委員會對來自其他基金的同儕壓力通常都非常敏感，尤其是在表現超越他們的基金時。投資委員會也必須承擔來自贊助企業經營階層的批評，不管是退休基金、捐贈基金或基金會都難以規避這種壓力。另外，所有委員會成員都不可能永遠連任到基金結束為止，因為沒有人能活到那麼老；而由於他們的任期相對（基金的存續期間）較為短暫，所以自然會導致他們的觀點較偏向短期結果，而非以基金的期望生存期間為考量。

不過，關於機構對資本市場功能運作的長期影響，莫頓卻依舊懷抱樂觀的期待。他認為想追求利潤的機構——如共同基金和保險公司等——所發展出來的革新作為一定可以緩

＊老莫頓已於二〇〇三年過世。

和甚至克服現實世界裡散戶投資人所創造的行為異常甚至市場無效率。就經濟層面來說，決定價格的是最低成本生產商，而機構的革新與競爭則是敦促交易成本降低的動力，也會對行為失調產生分散的影響。隨著這些動力的影響力持續上升，「新古典模型（投資革命創意）的預測對資產價格與資源分配的影響將接近有效」。

莫頓曾針對這個見解寫過非常深入的探討文獻。他和波士頓大學的茲威・伯迪（Zvi Bodie）在二〇〇五年共同發表的一篇論文中歸納了他的很多見解和建議，這些內容將新古典、機構與行為財務觀點全部融合在一起。莫頓和伯迪將他們結合這三個觀點的目標稱為功能與結構金融理論（Functional and Structural Finance）。就他們的觀點而言：「這個分析對投資管理流程和資產管理產業的未來發展具備直接的意義。」

❖

不過，首先有一個重要問題必須釐清：為何要有這些機構？這些機構為何要採用現在的組織模式？莫頓的中心主張（起源於社會學的分析）認為，機構是內生的，是為了回應需求、異常現象以及失調偏差而在體系內自然發展而成。舉個例子，「我可以設計一個保險公司，但我能賺錢嗎？如果它不符合市場需求，就不能賺錢。這就是我所指的內生發展」。

多數散戶的資金太少，無法達到有效分散投資的境界，也無力支付強勢的投資管理公司所要求的費用。於是，他們將資產集合成具備經濟規模效益的共同基金。這麼一來，分散投資的程度將遠超過散戶自行管理的程度，而手續費與交易費用等成本也較低。同樣的，確定給付退休基金計畫讓個別員工得以擺脫自行籌募退休基金的工作與風險，並降低退休基金的投資成本，這是確定提撥計畫所缺乏的優點。

這種持續不間斷的機構創造力是催生變革與動態變化的推手。其中最頂尖的發展是衍生性金融商品，這是來自布萊克—休斯—莫頓選擇權定價模型的創見，目前這個模型已經三十歲了。這個模型創造了一個完全不同於投資革命創意的世界；在投資革命創意的世界裡，機構的結構並無變化：在那個世界，今日和昨日並無不同，無論是資產定價、投資組合形成、風險規避方式等都不會改變，結果到最後什麼事都不會發生。

談到籌募退休基金的問題，應屬莫頓的論點最為貼近現實人生。每個人都勢必要退休，只是形式不同而已，不過，隨著時間的演進以及不同國家的情況，人們在面對這個最終結局時，可選擇的機構有很大的差異。照顧退休人士的工作並未改變，不過負責這些功能的機構卻隨著科技的進步、不同的文化情況以及對未來（「一個讓我們朝思暮想的富有局面」）的動態觀點而有所轉變。

莫頓和伯迪指出，他們的功能性觀點提供了一個架構來研究這件事情。這個架構也說明了機構為何與如何演化，而這些機構正是某個問題的答案。所以，現在我們要做的是再回頭檢視投資創意，看看這些創意在機構環境下的運作情況，並思考我們要如何才能做得比以前更好。誠如莫頓看待這個問題的方式：「你可以從理論不切實際的世界（每個人都認同資產價格與風險）移動到現實世界（每個人認同使用機構）。」

從幾個例子就可以清楚見到革新機構改變市場的力量，莫頓和伯迪是以「財務革新螺旋」來描述這個現象。目前貨幣市場基金已開始和銀行及互助儲蓄銀行搶奪家庭的儲蓄。汽車貸款和應收信用卡款的證券化已經導致仰賴這些放款業務為生的金融機構間的競爭更加白熱化。高收益債券讓很多企業得以不需要面對其往來商業銀行的冷淡態度。在全國性的房貸市場方面，很多機構都已發展成不同於互助存款銀行的主要替代選擇。這些機構圈革新已改善消費者與企業的命運，讓他們付出的服務成本明顯降低。

❖

莫頓認為財務革新螺旋最豐碩的來源，將會來自選擇權評價，更精確一點來說，它是從「或有求償權」發展出來的。這是讓他獲得諾貝爾獎的財務理論。莫頓在一九七〇年春天加入費雪・布萊克和麥隆・休斯的行列，共同推敲選擇權定價方法，因為當時他們二人堅信他們能以資本資產定價模型導出正確的答案，但莫頓卻對他們的信念有所懷疑（見《投資革命》）。

莫頓向他們提出一個複製投資組合的概念，適時為他們解開了迷惑。所謂複製投資組合是指一個結合標的資產和現金或借款的投資組合。複製投資組合持有標的資產的比重將因資產價格波動高於或低於選擇權履約價而定。雖然複製投資組合的設計是為了模擬選擇權價值的變化，但除非它所涉及的動態交易可以在沒有摩擦的世界裡執行，複製的投資組合才能精確執行這項功能，而所謂沒有摩擦的世界就是即時反應、沒有券商佣金、沒有買進與賣出價差、市場不會收盤、沒有稅金。在這些情況下，挑選選擇權或複製投資組合是沒有兩樣的。事實上，如果所有投資人都能處在這種完全沒有摩擦的環境底下，選擇權就會顯得多餘。只要兩種資產就能創造出任何型態的或有合約，能創造各式各樣的收益型態。

不過，現實世界畢竟又是另外一回事。在現實世界，交易成本不可能消失，因為複製的投資組合會持續買進與賣出標的資產如股票與現金，結果，複製的投資組合根本無法精確模擬選擇權的價值，因為現實世界的情況是不一樣的。

一九八〇年代中期起，有人開始建構複製投資組合的實務運用，兩個學界人士提出一個他們所謂投資組合保險的策略（見《投資革命》第十四章）。投資組合保險的目標是要讓投資組合的績效表現得好像其持有者買進了史坦普五〇〇指數的賣權一樣。在這個策略下，一旦市場下跌，客戶的投資組合就會系統化的從股票轉向現金；而當市場上漲，就會從現金轉向股票。不過，一九八七年十月十九日大崩盤的打擊卻導致投資組合保險走入悲傷的結局。那一天股價崩跌超過二〇％。雖然有使用投資組合保險的投資人確實表現得比沒有保險的投資人好，不過，結果終究和他們原先所預期的相差甚遠。由於那一天根本難以執行交易，結果形成一股壓倒性的恐慌氣氛，並導致整個造市流程變成一場大災難。

由於實務運作上的困難，尤其管理複製投資組合的交易成本也過高，所以投資人最好是操作衍生性金融工具如選擇權或期貨合約即可，當然也要有這些工具可供操作才行。誠如莫頓的解釋：「因為交易成本的存在，布萊克—休斯才有價值。」如果任何人都不需付出交易成本，賣權與買權就完全無用，投資組合保險就會是一場榮耀的勝利，而布萊克、休斯和莫頓就得另外找事情忙，可能根本無法得到諾貝爾獎。

就現實情況而言，各方機構效率十足的創造了許多選擇權和其他或有求償權，並將這些工具出售給希望以低成本獲得複製投資組合的收益型態的投資人。這個方法幾乎為選擇權創造了一個無限大的市場，同時也創造了無數種的衍生性金融商品，就如同我們目前所見。對莫頓來說，這些市場是整個系統的「皇冠寶石」，因為衍生性金融工具讓風險分享的機會大幅度擴增、促使交易成本下降，也降低了資訊與代理成本。

不過，這當中的問題是：我們無法在不付出生產者成本的情況下交易這些工具，因為實質上來說，這些生產者是在為我們執行複製的工作。不過，也有好消息；競爭一定會迫使資本市場中的各方機構尋求降低交易成本的方法。因此，機構的變遷讓現代投資人獲得龐大的利益，過去的投資人根本無法獲得這種科技與競爭奇蹟下的利益。

舉個例子，Plexus集團的專長是交易成本分析，該公司預期純電子交易所如Instinet與擁有大廳仲介商的傳統證券市場（如紐約證交所或那斯達克）的合併，將促使交易成本大幅降低。Plexus於二〇〇五年一份先知先覺的聲明中寫道：「投資人將是最明顯的贏家。當成本因市場功能的強化而降低，就會有更多想法變得可行……真正的利益將來自更多新投資策略的使用……機構投資人能利用期望值較小的創意獲取利益，這對投資人是有利的。」

莫頓認為這些發展幾乎有無限多種的變異。他和伯迪點出幾種為降低交易成本而設計的新投資策略。其中一個例子是他們預見共同基金的角色將出現重大轉變，「從一個直接零售的產品變成一種媒介，或者是包含在更高整合性產品中的『基礎材料』型產品，而這種高整合性產品的用途是執行消費者的財務計畫。所謂『基金中的基金』（常見於避險基金界）就是一種早期但還很粗糙的例子。」

針對行為財務學研究中經常提及的各種「認知困難」，機構的因應做法有很多種，莫頓和伯迪為這些做法做了一個分類。在各種認知困難當中，其中一種是投資人對決策感到後悔所產生的影響。有些人可能因為擔心在買進股票後股價跌破他們的買進價而害怕買進股票，有些人則因害怕賣掉股票後股價又繼續上漲而不願賣出股票。於是，莫頓和伯迪提出了一個「回顧型」選擇權來作為因應這些不確定性的「保險」。回顧型買權讓買家有權以選擇權存續期間內最低交易價格買進標的證券；回顧型賣權讓選擇權持有者有權以選擇權存續期間內標的證券最高交易價格賣出這檔證券。這些選擇權當然不是免費的，不過一旦有這些選擇權，投資人就不需擔心會在上述情況下感到後悔。

莫頓大聲說：「就是這些個東西讓我感到興奮。我永遠都不要退休。」接下來，他又將話題延伸到以下內容：

> 對於我相信的事，我一定會去實行，例如將財務理論落實到工作這件事。不過，由於科技的相助，我們有了全新的典範，不，應該說是更豐富的典範。投資革命創意給我們的答案依舊有效——我並不是說這些創意是錯誤的，而我們做了一番革新。我認為重要的是去瞭解各方機構與它們如何讓這些創意變得可實行……
>
> 我喜歡將自己看做一個管線工人，我希望取得所有工具——政府、民間部門、家族機構，全都是我們需要的。工具的選擇取決於工作的內容……最美妙的事是發展新理論概念，接下來看著這些概念被落實到現實世界的運作，並開始產生影響。

❖

談到落實理論的層面，莫頓的思想向來非常宏觀。假設A國擁有非常繁榮的汽車產業，但卻缺乏電子產業；而B國的情況正好相反，它有電子產業，卻沒有汽車產業。這兩個國家都想分散產業發展風險。

傳統的做法是兩國分別設立新產業，不過這樣一來，兩者都不再擁有相對利益。但另一個方法的成本低很多，而且比較有效率：只要使用一個名為「交換」（swap）的簡單財務工具即可。如果採用這個做法，A國可以將汽車股全球投資組合所獲得的報酬支付給B國，而B國可以將全球電子投資組合所獲得的報酬支付給A國。這樣一來，就達到分散投資的目的，不過，每個國家還是因為繼續生產它們擁有相對利益的產品而受惠，這兩個國家只消在一張紙上簽幾個名就可以得到這些利益！誠如莫頓所描述：「在進行『交換』之前與之後，每一國的工人還是以原本的方式繼續著他們的工作……國內金融體系並不需進行任何變革，人們處理業務的方式也不需改變。所以，這個可能大幅度移轉風險的方法並不會對國內體系造成侵入性的影響。」

類似這種本質的一對一直接交換交易並不常見。舉個例子，一個投資人可能尋求以一個彼此同意的價格以及能節省彼此清算某個市場部位、再買進另一個市場部位的成本的方式，將他在歐洲股票市場的報酬用來和另一個投資人交換史坦普五〇〇的報酬。這個概念很簡單，但是要找到願意做另一端交易的人則不容易。此時，機構操作者就派上用場了，因為這屬於它們可以媒介的業務——為兩方的交易造市。莫頓說，到最後，交換的市場「已經從雙邊的往來交易變成一種標準化與宣告型的工具，只要用大約幾個百分點的成本就能執行一項交換，這些交換可以在幾秒之內完成，金額甚至可高達數兆美元。」當然，讓金融工具的結構與能力出現如此大轉變的全都是各方機構。

莫頓的過人眼光正在於此：這個過程並沒有界線可言，不管是在哪一個財務領域，它都不需要停止，也不會停止。隨著這個流程持續前進，今日的異常現象都將在機構間的競爭、新技術與交易成本下降（不可避免的趨勢）的影響下而逐漸萎縮。屆時，情況就會像我們先前指出的：「**新古典模型（投資革命創意）對資產價格與資源分配的預測將近乎有效**。」

❖

目前有一個有趣的實際案例正驗證莫頓的樂觀期待，也就是台灣的股市。台灣股市是全世界第十二大金融市場。台灣股市和紐約一樣，一九九〇年代末期的交易都非常忙碌，當時台灣的平均周轉率比紐約證交所的歷史最高水準高出三倍以上。那一段時間的當日沖銷交易（也就是在同一天之內買進與賣出同一檔證券）大約佔每天交易量的四分之一。

在台灣，機構是最明顯的贏家，比較不那麼老練的投資人則是明顯的輸家。加州大學達維斯分校的巴伯與其他三位同事在一篇論文中曾提出這個值得注意的現象。他們分析一組廣泛的台灣股市資料（這些資料涵蓋一九九五年到一九九九年間每一筆交易的資訊、每一筆交易的標的訂單，以及交易者的身份等），並針對分析結果提出報告。

在這段期間，企業、券商、外資和共同基金的總體投資組合，其年度獲利比隨著市場整體沈浮操作的報酬高出一．五％。相對的，散戶投資人的投資成果卻像災難，他們透過股票操作所獲得的報酬比直接採用「買進且持有」策略的報酬低三．八％。這個數字的絕對重要性非常驚人，因為這個數字等於台灣一九九五年到一九九九年名目國內生產毛額的

二．二％，也大約等於台灣衣物與鞋類消費支出的總額。

這個奇怪但卻持久不變的市場行為模式讓人想起丹尼爾．卡尼曼對這些現象的概略描述：「這個現象非常值得注意，雖然散戶是虧本的，但他們卻好像總是前仆後繼，永遠都打不死，因為這不是一種短暫現象。所以，儘管這當中的均衡是一種奇怪的均衡，但卻好像一直都存在著。」

台灣股市這種令人沮喪的表現究竟會持續多久？事實上，台灣的情況是否足以代表全球其他股市？有時候，可能有人會希望散戶們瞭解自己究竟發生了什麼事。巴伯等人提出的這篇論文以及其他所有類似的研究，應該遲早會形成一股刺激世人採取行動的動力。屆時散戶投資人將放棄自行管理資金的想法，將他們的資金轉給法人投資機構，由後者來為他們進行投資。到最後，台灣股市法人投資機構間的競爭將愈來愈激烈，而屆時隨著散戶投資人所營造的異常現象消失，要打敗市場將會愈來愈困難。到那時，莫頓的預期就會實現——機構的結構將持續轉變，「直到新古典模型（投資革命創意）對資產價格和資源分配的預測接近有效為止」。

莫頓對整個過程的發展一直非常樂觀。機構影響力將產生非常強大的動能，而這個動能將會冷酷的排擠掉目前普遍存在於台灣的行為異常現象，朝向一個近似權威投資理論所描述的市場架構推進。再重申一次，功能將繼續驅動投資流程形式（做法）的發展。

第五章

羅聞全：「經濟學裡唯一能實際運作的部分」

當羅聞全在一九七七年進耶魯念大學時，他一心一意想取得三個主修學位，分別是數學、物理學和生物化學，這三個領域是他高中母校（布朗士科學高中，「這是我一生中最重要的受教經驗」*）的熱門科目，而且他也希望追隨兄姐的腳步，他的哥哥是一個「火箭科學家」，而姊姊則是分子生物學家。

不過，後來的發展卻和他的規劃相去甚遠。在大學時代，羅聞全最後主修經濟學，後來繼續到哈佛攻讀經濟學，取得經濟學博士學位。目前他是哈理斯集團財務學講座教授、麻省理工學院史隆管理學院的財務工程實驗室主任，也是一檔避險基金的科學長（Chief

* 除非有特別註明，否則所有引述內容都來自個人訪談或郵件。

Scientific Officer）。在這一路上，羅聞全獲得許多獎項和獎學金，包括麻省理工學院的卓越教學獎等。

究竟是什麼因素促使一個剛萌芽的科學家轉變為財務領域的強人？答案是：一本奇怪的書和一次非正式的社交午餐，造就了今日的羅聞全，一個融合金融市場理論與實務的先驅理論家。

羅聞全就讀於布朗士科學高中時，曾讀過由科幻小說作家艾薩克·阿西莫夫（Isaac Asimov）所著的《基地三部曲》（*The Foundation Trilogy*）。故事主要是談論一位數學家，他發展出所謂「心理史學」（psychohistory）的人類行為理論。心理史學可以預測未來的人類事件發展，不過唯有人口數達到特定規模時才能準確預測未來，因為這些預測是以統計模型為基礎。羅聞全深受吸引，他發現阿西莫夫的故事內容實在太過生動，似乎終有一天會成真，而且他希望自己是實現這些預測的人。經濟學——尤其是賽局理論和計量經濟學看起來好像是追求這個目標的最好起步。於是，他在耶魯大學二年級時就毅然決定投入此一領域。

他在哈佛念研究所的第一個學期末，遇到布朗士高中時代的一個同學，她在麻省理工學院念經濟學。他們一起吃午餐，在聊天過程中，那位同學力促他到麻省理工學院修羅伯·莫頓教授的財務學課程，因為麻省理工學院和哈佛大學准許交叉選課。羅伯·莫頓？羅聞全從未聽過這號人物。財務？他早就知道要如何平衡他的支票簿。不過，由於他對那位朋友的判斷深具信心，於是他選修了莫頓的課。

這是一個轉捩點。羅聞全是這樣說的：「這一堂課改變了我的人生。我發現莫頓先生的授課內容緩解了我對知識的渴望，這是我一直以來所追求的。整整二十五年後，我依然可以清楚告訴你哪幾堂課談了套利的概念、哪幾堂課談到利用動態交易進行複製選擇權的觀念，以及馬可維茲最佳化平均值／變異數投資組合概念的公式等。」

當羅聞全發現財務不僅僅是平衡支票簿這麼簡單後，從此無法自拔。他選修了麻省理工學院史隆學院裡的所有財務課程，當然包括莫頓的每一堂課，同時他也選了費雪・布萊克和法蘭科・莫迪格利亞尼的課。

他之所以說財務是「經濟學裡唯一能實際運作的部分」，主要是因為財務結合了精確的數學和實務面的核心問題。在當時，也就是一九八〇年代初期，財務經濟學領域的學術界人士依舊將研究焦點鎖定在尋找馬可維茲投資組合選擇、效率市場假說、資本資產定價模型、選擇權定價模型，以及莫迪格利亞尼與米勒關於企業財務與套利中心角色等開創性觀念的完整理論意涵。

這種重視理論的氛圍讓羅聞全更加感興趣，因為他看見了一條清楚依循阿西莫夫所建議的道路。他將統計模型應用到現實世界的日常財務運作慣例，不僅因此將財務領域推離聚焦於理論的情況，更誘人的是，他也發現他一開始就在追尋的聖杯——阿西莫夫心理史學的解答。

自此他的進展神速，一九八八年時，他已成為麻省理工學院的非終身職教授，同時，他拒絕了華頓學院的一份終生教職。到一九九〇年，也就是他二十九歲那一年，他已獲得麻省理工學院的終生教職。

❖

羅聞全以稜鏡般的方式來觀察財務學，在這個稜鏡裡，財務理論本身只是其中一個元素。他將經濟、數學、自然科學、歷史和進化生化學以及社會學與心理學等學門和財務學調和在一起。由於他是從宏觀且多樣化背景的觀點來看待市場運作模式，自然而然的，他也開始對機構產生興趣。不過，由於他到後來才發現機構在這整個領域扮演如此策略性的角色，所以在此之前，他還是繼續深入研究理論層面。

他從這個複雜的觀點發現效率市場假說是個特別值得探討的領域。他指出，在效率市場假說尚未被發展出來的一九六〇年代以前，世間根本缺乏任何有紀律的方法可以分析金融市場行為。效率市場改變了世人看待市場的方式，將商業界的日常混亂局面以及範圍狹隘的理論議題改造為相對較為單純的一整套概念。金融市場的價格反映剛出現的新資訊，不過價格反映新資訊的速度實在太快了，所以任何人都無法用比其他人更聰明的方式賺到錢。羅聞全對此的評述是：「這是一個效力極為強大的創意，與過去斷然不同。」

羅聞全非常重視效率市場假說以及衍生出這個假說的基礎——理性預期理論，所以世人過於強調這些概念的學術層面的做法讓他非常痛惜。對他來說，效率市場假說的問題比較不在於理論本身，問題在於很多學術界人士根本忘記這些抽象概念其實是來自現實資本市場的騷動與混淆。他強烈反對當今經濟學家認為自己不需要瞭解任何歷史的想法。羅聞全大聲疾呼：「現實世界的經濟學和歷史的關係，比它和抽象理論的關係更密切……。這讓我感到無邊的沮喪。經濟學不是一種科學，要瞭解與運用經濟學，一定要瞭解歷史。」

❖

羅聞全主張效率市場這個池塘裡的魚已經被釣光了，世人必須另謀出路，但是，我們該何去何從？行為財務學派所發現的異常現象固然有意思，但羅聞全最終也發現行為學派的方法一樣令人沮喪。他認為行為學派的發現不過是「一些異常現象的集合，稱不上真正的理論。**想推翻一個理論，一定要用另一個理論才行**」。事實上，要推翻一個效力強大的應用，當然需要另一個效力更強大的應用。我們需要另一個更精密的觀點，這個觀點必須聚焦於組成市場的個體與族群的本質上。

在效率市場假說當中，所有可用資訊都已反映在市場價格上。不過當你開始尋找這些動態局勢的成因，搜尋躲藏在市場表面下的真正意義時，就會發現市場的情況和生物學與演化的動力非常相似——隨著時間的流逝，環境的競爭激烈度一如往昔，但參與者卻不斷改變。「舉個例子，在多頭市場中求生存，將改變你對市場的所有觀點，改變你的偏好，改變你對風險的接受度，以及你對可能結果的機率範圍的認定。每個人都會自我教育，而這些偏好將會在市場（包括債券、股票、選擇權）間與不同文化（中國人、瑞典人、美國人）間形成交互影響。」

投資人不是效率市場假說裡的自動化機械。每個投資人都有無數的不同點，更重要的是，不僅人與人之間不同，同一個人在不同時間也有差異。

這些觀點並非憑空想像。羅聞全以一種異常強烈與渴望學習的態度進行這些研究。他是在非常偶然的情況下才瞭解資本市場可能不是一種隨機漫步，事實上，他是在研究相反的假說（市場是隨機漫步的假說）時才瞭解這一點。當證據無法支持隨機漫步假說時，他並不放棄，反而更努力尋找這個問題的答案。

羅聞全向我敘述，經過六年後：「我終於判定市場不見得是依循隨機漫步的方式波動。這個概念是一個了不起的理想，不過卻不真實。而這件工作讓我得到麻省理工學院的終生教職！」他長時間投入研究與實驗，成果非常豐碩，其中一個成果是一本標題非常巧妙的書《非隨機漫步的華爾街》（*A Non-Random Walk Down Wall Street*），由羅聞全與克瑞格・麥金雷（Craig Mackinlay）所合著，於一九九九年出版。

羅聞全對行為財務學的缺點感到沮喪，但他也確信效率市場假說的理論架構在現實世界中確實也含有許多深奧的缺點；於是他又恢復對艾薩克・阿西莫夫與心理歷史的原始迷戀。現在刺激羅聞全各項研究工作的動力包括人類行為、過往經驗的影響，以及精確的數學與科學分析等。他的中心概念在於變化與動態發展的見解。

❖

關鍵的問題在於什麼因素形成改變，什麼因素驅動動態的發展。羅聞全的答案很簡短，那是從達爾文演化理論與物競天擇的生物發展過程中引申出來的一種歷史觀。達爾文在《物種起源》一書裡說明物種為求生存，如何在環境變化的情況下調適它們的生活規律。這個過程帶有一點「試誤」的本質。能成功適應的物種將成為倖存者；無法適應的則被拋在一旁，最後逐漸消失。於是，地球上的所有物種不斷改變，而在無限的未來，物種還是會繼續改變。

羅聞全發現資本市場也上演著演化和變化的過程，他稱這個概念為適應市場假說（Adaptive Market Hypothesis）。不過，雖然物種起源和資本市場的相似性非常顯著，但自然界的演化與人類發明之機構的演化也存在一種根本的差異。演化具備一種不可避免的本質——物種是在它們無法掌控的動力下被迫改變與發展，但人類卻和物種不同。

人類機構的發展和自然現象不同，是取決於最初建立這些機構的目標或目的。很多機構並不是在某人腦力激盪後就馬上出現的。相反的，機構是一種試誤的結果，不可能達到完美境界，不過就算不完美，通常卻已足夠。機構將隨著其使用者（人類）的重大決策而改變，不過，也會因演化的動力而改變。

舉個例子，比較目前和幾年前的證券交易情況，股價改成以「一美分」（也就是一百分點）為跳動單位是最主要的演化驅動因素（原本以一二‧五美分為一跳動單位）。這個調整看起來雖然很微小，但卻導致交易型態產生顯著的變化。在以前，事先知道或掌握一筆待執行交易單的交易大廳券商或其他代理人，若想在執行這筆交易前先以較有利的價格為他們自己的帳戶進行交易，至少會產生一二‧五美分的交易成本；但目前執行這種交易的成本只要一美分。於是，想規避來自代理人的這種不當競爭的買方和賣方，每次都只會向代理人透露總交易單的一小部分數量。此外，為回應市場情勢的改變，以所謂系統交易（algorithmic trading，也就是以電腦程式來執行的交易）模式所執行的交易量也增加了。這個過程跳過造市者，導致它們的利潤受到壓縮，甚至使得流通性降低。

報價單位從八個百分點降到一個百分點的變革將形成類似生態系統演化的效果，導致某一個物種消失，但也會有其他物種出現填補這個空缺。唯有能持續適應環境變化者才能繼續生存。誠如羅聞全挖苦般的評論：「這些現象難以利用效率市場假說的觀點來分析，不過卻能以一種生物學的角度來進行分析。」

羅聞全說，舉個例子：「當你觀察避險基金，就會理解革新、演化、競爭、適應、誕生與死亡的速度和整個演化現象的範圍，一切都是在極快的速度下發生……避險基金是財務界的達爾文之島……談到生物，我們很少會聯想到經濟，不過事實上經濟交易……實質上是一種演化過程的結果，而這個演化過程和某些種類的黑猩猩為取得食物而以一小段稻桿從腐木中引出白蟻的情況很類似。」

羅聞全對避險基金產業的情況有著切身的感受，因為他是一檔避險基金的經營合夥人。他不僅賺錢（這很好），更將他在避險基金的經驗回饋到課堂上。他告訴我：「當我在傳授一項我所未親身從事的投資時，我都會覺得自己是個窺淫者，不是個正牌教授。現在我可以用不同的方式來教導學生，最重要的一點是，我教導學生必須對任何事情抱持懷疑的態度。他們所要追求的答案或許存在於效率市場假說、投資組合理論或分散投資當中，但並非絕對。」

最後這個限定性條件意義深遠。這讓我想起萊布尼茲（Gottfried von Leibniz）在一七〇三年對瑞士科學家與數學家白努利（Jacob Bernoulli）所做的評論：「大自然根據各種情況建立了一些型態，不過，終究只涵蓋到多數情況。」任何模型的 R^2 都不會等於一，所有問題都不可能存在肯定的回應。萊布尼茲的忠告「不過終究只涵蓋到多數事件」以及羅聞全「未必盡然」的感嘆，說明了為何打從一開始就存在「風險」這玩意兒。若沒有這樣的限定性條件，任何事情都將是可預測的，而在一個每件事都和某些過往情況完全相同的世界裡，將不會有任何變革。

第六章

羅伯・席勒：人類的風險經理人

耶魯大學考爾斯基金會的羅伯・席勒教授早在三十多年前就取得麻省理工學院的博士學位，以當時的年紀來看，他的表現確實讓人有點訝異。當時他跟著保羅・薩繆森和法蘭科・莫迪格里亞尼做事。在接下來三十年間，他陸續發表了超過二〇〇篇研究論文和五本書，其中包括一本全球暢銷書《非理性繁榮》。他所發表的研究全都和財務學有關。他指出：「財務就像是經濟的活血，財務是改變現實世界的要素……財務充滿了有趣的問題。」*另外，席勒也將房地產視為財務的一部分，他認為房地產的重要性不亞於股票市場、債券市場和衍生性金融商品市場。

* 除非有特別註明，否則引述內容全都來自個人訪談或通信。

席勒向來認為財務領域充滿著令人興奮的事務，也因如此，這位認真嚴肅的學者才免於成為頑固保守的學術派人士。席勒堅信財務學的效力強大，是一種足以改善全世界人類生活的工具。不過，雖然他對財務抱持如此熱情的信念，但他卻未曾將他那廣泛的理論研究成果和一絲不苟的實證分析轉化為讓他自己在股票市場致富的方法，因為他對此完全不感興趣。他說：「我不是每天都看報紙的股票版。」

席勒看待投資革命創意的觀點以及這些觀點在財務領域所扮演角色的方式，混雜了離經叛道與堅守正統兩種特質，這是一個奇怪的組合。他的理智好奇心讓他不會無條件接受任何表象。對他來說，分析與吸收一個概念就好像是一次吃一大盤的冰淇淋那般過癮。同時，席勒也百分之百尊崇基本理論和這些理論為各種創新思想與應用所建築的架構。所以，他認為投資革命創意的基礎架構「如果使用得當，可以作為某些明智研究的僕役。重要的是，它也可以是一個起點——一個用來構思其他理論的參考點」。

在此同時，席勒也認定世人在做研究時，一定要對人類行為抱持務實的觀點。除非能充分瞭解人類的複雜性和影響人類決策與選擇的無數要素，否則任何人的研究都是沒有意義的。他警告：「當一個人根據任何傳統思想來創造一個模型時，一定要先瞭解該模型的極限，模型近似值的合理性，以及該模型所建議的應用方式的敏感度。」

席勒的財務觀點緊密結合了投資革命創意的基本理論以及他對這個世界的貼身觀察心得——後者對人類行為的假設比較務實一點。他不僅結合理論與觀察心得，更將這個組合塑造為發展各種新穎見解的跳板，藉此來瞭解市場運作方式與人類如何利用市場與各種財務工具來管理各式各樣的個人風險，從而改善自身的福利（席勒認為這一點最為重要）。於是，儘管席勒極端醉心於理論與數學，但他最後卻與莫頓及羅聞全站在同一陣線：聚焦在機構以及機構的行為、做法和機構變革的原因。

❖

席勒從準備博士論文時就踏上了財務研究的道路，他當時的指導教授是麻省理工學院的法蘭科・莫迪格里亞尼。他選擇理性預期理論作為論文的題目，因為這個理論在當時非常熱門，不過卻也是經濟學家眼中最具爭議性的一個概念。關於這部分，最關鍵的文字是「理性」，很多經濟學家認為「理性」這個名詞朝一個令人興奮的新方向延伸了正統的觀點。

理性預期假說假設個體不僅僅是單純依據過去的經驗來建構對未來的期望，因為這個流程經常導致他們脫軌。所以，個體在建構對未來的期望時，會參考所有可取得資訊，這些資訊由許多要素所構成，當然也包括過去的經驗。

如果個體將所有可取得資訊全部列入考慮，而且如果我們進一步假設他們瞭解如何解讀這些資訊，那麼，所有人對未來的全體意見就會非常接近正確的觀點。全體的意見不盡然每次都是正確的，因為未來總是充滿了許多意料外的事（也就是新資訊），不過，全體的意見絕對不會產生系統性錯誤的問題，也就是說，這種意見通常不會每次都對未來過於樂觀或過度悲觀。

沒錯，這些內容聽起來的確很像效率市場假說，也充分反映了資本資產定價模型、莫迪格里亞尼—米勒對企業財務的觀點，甚至布萊克—休斯—莫頓選擇權定價模型中的諸項根本假設。所有投資革命創意都是以理性預期假設為其理論研究工作的基礎。當然，這並不代表諸如比爾・夏普、法蘭科・莫迪格里亞尼或費雪・布萊克等人就打從心底認定世界就是如此運作。相對的，採用這些假設只是為了讓理論家們可以建構一些較工整的模型，這些模型的界線分明，毫不模糊，整體與局部都保持一致，而且容易以數學來表達和計算。事實上，在非常多（多得令人訝異）情況下，這些假設也的確能忠實呈現現實情況。

席勒在準備論文時，一開始先測試理性預期模型在債券市場的有效性，就債券市場而言，該理論主張任何一個時點的長期利率都充分反應投資人對債券存續期間內的平均利率水準期望。在研究過長期利率的實際型態後，他發表了他的結論：「這個模型看起來很荒謬。」他說：「債券價格每天都會大幅波動，所以，影響債券價格的因素絕對不只是人們對未來長期利率的期望而已。」

席勒自此頓悟，這個領悟對他往後從事的所有財務研究工作形成重要的影響。在進行所有研究工作時，他都把波動性當作最關鍵的變數。波動性（當我們因實際發生的事物而感到訝異時，就會牽涉到這個奇特的字眼）是一個活生生的指標，它展現出我們對未來有多麼無知，也說明當未來屆臨且情況和我們的期望相悖時，我們的回應有多麼情緒化。

誠如席勒對波動性的解讀——波動性代表人們無時無刻在改變對未來的觀點。為何人們會有如此表現？原因是剛出爐的資訊和人們原本預期的資訊不同。不過，我們也沒有理由相信新資訊絕對是正確的資訊、能令人隨即理解的資訊，或甚至是人們正好要找尋的資訊。席勒認為，投資人用來做為決策依據的「所謂資訊」是由一大堆要素所組成，這些要素的涵蓋範圍絕對超過經濟基本面或最新企業盈餘報告等實際現況。

理性預期模型或許可以說明人們應該如何看待不確定的未來。不過，這個模型卻無法讓我們洞悉世人在持續推動日常業務的過程中，對未來的真正想法是什麼。想釐清未來可能發生什麼情況，勢必得耗費極為驚人的心力，因為我們絕對無法事先知道未來將發生什麼事，只能猜測。我們絕對無法取得所有可用資訊，即便取得所有可用資訊，很多人也無法正確解讀這些資訊的意義。所以，這整個流程可謂困難重重，犯錯的機率也高得令人望而卻步，於是，情緒上的焦慮就會開始造成干擾。最後，我們經常會直接放棄，或者以近乎投擲錢幣的結果來做為決策的依據；另外，我們也經常會選擇仰賴行為財務學研究者口中各種不同的捷徑和經驗法則。

席勒還對理性預期模型提出一個有趣的批評。他認為這個模型不僅無法明確解釋人類的決策行為，該模型的核心也非常枯燥乏味。「這個模型沒有創業家的刺激。這個理論無法正確呈現出人類的情緒。人類實際上根本不會談論這個理論所說的那些廢話。要為退休存多少錢——一個關鍵的重要議題——根本也無法勾起人們的興趣。該理論主張每個人的風險趨避程度不同，不過，我倒認為他們對風險的接受度隨著他們對股票市場的興趣而不同。」

❖

波動性充分展現了資本市場的雜亂決策過程，要觀察這個特質，關鍵在於證券價格波動幅度相對根本基本面情況變化的程度。席勒將這個現象描述為「超額波動性」，而他也舉了一個很不錯的例子來說明。

假定有一天，一個氣象播報員說他認為今天的氣溫將是華氏一五〇度，但又認為隔天的氣溫將是華氏負五〇度。就這個例子來說，即使他的氣象報導和實際的氣溫確實互相相關，我們也能感受到他的預測一定出了什麼問題。當他預測氣溫將是華氏一五〇度時，氣候通常應該是炎熱的；而當他預測氣溫為華氏負五〇度，氣候通常應該是寒冷的，也就是說，他的預測裡一定隱含某些資訊。但是，所有預測值的波動性都不應該超出（他想預測的）實際的溫度波動性。事實上，如果他的預測果真正確，其預測值的波動程度就不應該那麼大（從正一五〇度到負五〇度），因為如果他對情況的瞭解很有限，就應該提出一個接近歷史平均值的預測才對。以股票市場來說，過去的『預測』和這個假想氣象播報員所提出的負五〇度與一五〇度溫度預測非常相像……，所以說，最適預測的根本原則是：預測值的變異程度必須低於他想預測之變數的變異程度。

每一個投資決策都是對未知將來的一種賭注，就像氣候預測一樣，價格走勢則像是一種溫度記錄，為投資人提供預測的基礎。不管你喜不喜歡或有沒有發現，其實所有投資人都在從事預測事業。

接下來，席勒提出的問題是從以下疑問所衍生：在預測的過程中，投資人是否使用了尤金・法馬在一九六五年提出的效率市場理論裡所假設的資訊？「效率市場是能充分處理資訊的市場。任何一個時點的證券價格都是以當下所有可取得資訊的正確評價為基礎。在一個有效率的資本市場中，價格一定充分反映所有可取得資訊。」在此，有一個重點非常值得強調，由於人們經常批判理論的務實度，也經常責怪理論家不食人間煙火，但法馬終究並未宣稱這個理論表徵實際的運作模式，他只是解釋「在一個能有效處理資訊的市場裡」的可能運作模式罷了。

席勒在比較過股價波動情況相對基本面的變化後，他發現沒有證據可以證明市場行為與效率市場的假說一致。如果價格充分反應所有可取得資訊，也就是像多數天氣預測一樣，股價的波動性就會比較低，至少不會明顯高於根本基本面的波動性。不過，席勒的試驗顯示超額波動性的情況一直都存在。

席勒在他所著的《非理性繁榮》第一版中針對這個議題發表堅定的意見，非常幸運的，這個意見是在二〇〇〇年年底大崩盤的前夕提出：

事後來看，過去一個世紀以來美國市場的漲漲跌跌幾乎完全沒有任何意義可言。但奇怪的是，人們對這個簡單事實的瞭解竟少得可憐。很多人老是不停的說什麼生產力、獲利和整體股市的價格云云，好像這些名詞之間可以劃上等號似的。這些名詞的英文字都是以「pr」開頭，不過，它們的相同點到此為止。這些名詞所表徵的意義大不相同，但對股市抱持約定成俗觀點的人不是不瞭解這個事實，就是存心漠視這個事實。對編造故事的人來說，編撰和新世代有關的情節會比較簡單也比較方便，因為在新世代中，每一件想像中的「好康」都會變得更加令人垂涎。

這段引述文字清楚反映出席勒對波動性的研究絕非出於一時興致，也絕非毫無目的。波動性的評估數值是市場行為的關鍵指標，因為「超額波動性」表示市場會出現「超漲」或「超跌」的情況。如果真的能在股價超漲或超跌時察覺這些現象，那麼我們就有能力預測市場的未來動向！

席勒和經常與他聯名寫作的約翰・坎貝爾（John Campbell）在一九九八年所發表的一份研究論文裡用以下方式來說明這一點：「雖然一個人可能認為預測近期的未來比預測遙

遠的未來更容易一點……但實際資料卻與這種直覺正好相反。」

不過，即使某件事是可預測的，我們也無法保證自己有能力正確預測這件事。誠如羅聞全與克瑞格・麥金利在合著的《華爾街非隨機漫步》一書寫道：「預測股票報酬……可能受非常多的預測偏誤影響，這樣一來，『超額』獲利機會和市場無效率就不盡然是可預測得到的結果。」

這番評論讓我們想起一個微妙但卻非常重要的觀察，這和席勒的「超額」波動性研究有關。超額波動性就某種意義而言，代表波動性超過它「理當」的範圍。不過我們絕對無法得知波動性應該是多大，甚至連它可能多大都不知道。

美國股票市場曾經歷過許多危機，但最後都順利通過考驗，歷史上，股市的很多情節發展也都符合席勒對超額波動性的定義——價格變化程度遠高於根本事實的變化。儘管各個市場的波動劇烈，但（到目前為止）美國的波動性卻從未達到一個會讓它消失無蹤的程度，不過，其他國家倒是曾發生過這個情況。但是這種倖存者身份卻導致很多試圖解釋市場行為的努力被搞得一團混亂。

充其量來說，預測重大市場動向（也就是捕捉進出市場的時機）根本是一種極端令人難堪且苦惱的工作，就算你預測正確了也一樣。要等待市場自行修正完成，花費的時間可能非常長久，遠超過一般多頭或空頭的預期，而漫長的等待將導致這些人過早放棄希望，進而加入另一方的陣營。不過，嘗試利用選擇個股牟利的做法有時會有立竿見影的成效，但有時也可能導致你馬上慘遭淘汰。

❖

關於投資人如何使用資訊這個問題，席勒的答案和史丹佛大學數理經濟學家莫迪凱・克茲（Mordecai Kurz）的一項重要研究密切相關。克茲提出理性信念理論，這個理論的精神和丹尼爾・卡尼曼對我說的「理性模型的失敗在於……人類的大腦無法配合這個模型。誰有能力設計出一個能完全依照這個模型所指示的方式去做事的大腦？（在這個模型下）世上每個人都必須能夠立即且完全知道並理解所有事情」的那一番評論大致相同。

同樣的，克茲也主張投資人之所以理性，是因為他們確實會像效率市場理論或資本資產定價模型裡所描述的一樣，詳細思考風險和報酬之間的系統性利弊得失。不過，人們面對的其實是一種不可能的任務。這個世界絕對不可能靜止不動，而投資人手中所掌握的資訊也過於複雜。我們因經濟學家所謂的「非靜止狀態」而痛苦不堪。如果這個世界真的是靜止的，每個人一定都能做對所有事情。而在一個非靜止的世界，每個人都會犯錯，當然有時候多少會因運氣好而做對某些事情。當投資人找不到理想方式來估計未來事件的發生機率時，一定難免會有所偏誤或者感到意外。他們的信念也許是理性的，但信念歸信念，行動卻又是另一回事。

克茲的理性信念理論說明為何會發生波動性，也解釋為何席勒有辦法證實超額波動性的普遍存在——因為光是「資產價格波動區間遠比經濟基本面大」這個事實就足以說明一切。克茲將因「意外」而產生的波動性定義為「內生波動性」，意思就是這種波動性起因於投資流程中心所發生的預測偏誤。不過，克茲並未能強調一點：若要產生波動性（大規模的上升或下降走勢），所有投資人對未來必須抱持相通的共識，這樣，賣方才會難以找到願意接受賣方最新出價的買方，而買方也難以找到願意接受買方最新出價的賣方。若要獲致穩定的價格，買方與賣方對未來展望一定要產生歧見才行。

根本基本面如企業盈餘、股利和利率的波動性則是「外生」的波動性，也就是發生在市場之外的波動性。內生的波動性就是席勒所謂的超額波動性。席勒和克茲都同意，內生波動性大約是外生波動性的三倍。

❖

席勒對波動性領域的研究心得讓他開始針對效率市場假說進行另一個重要的研究，這份研究的結果最後顯示：效率市場假說獲勝的機率是一半，而行為動機型市場的倡議者則打贏另一半的戰爭。

---

* 若想取得這些重要概念較清晰易懂的討論內容，請詳 H.W. Brock（2006a）。關於克茲有關「提高阿法值」的研究，請詳 Brock（2006b）。

刺激席勒著手進行這個分析的是保羅・薩繆森幾年前在寫給他的信裡面所表達的一個觀點，而席勒也在他《非理性繁榮》一書的第二版中引述這個觀點：

現代的市場顯露出大量的個體效率（因為利用個體理論掌握到細微偏差的少數人可以從那些情況賺到錢，但在透過這些情況賺錢時，他們也傾向於消除所有無效率情況，使之無法持久）。我假設有很多總體無效率存在，這句話和前一句話並不衝突，因為證券價格的綜合指數經常長時間低於或高於各種不同定義的根本價值。

席勒和同事鄭吉曼（Jeeman Jurg〔音譯〕，在韓國首爾祥明大學〔Sangmyung Universigy〕擔任助理教授）在二〇〇五年四月共同發表一份研究，當中提出一系列的試驗，這些試驗的設計正是為了測試薩繆森的假設。這篇研究報告一開始先解釋他們為何預期他們的證據能支持「薩繆森格言」（他們確實是以這個字眼形容薩繆森的觀點）。

他們在一段冗長得像馬拉松賽跑的文句裡指出：「若顯示市場與個別企業未來根本成長性有關的資訊呈現很大的變異性（有些強烈正相關，有些強烈負相關），那麼這些變異也有可能大到足以清除存在於其他要素裡的時間變異對價格的影響，例如高投機性的『大繁榮後的大蕭條』，促使簡單效率市場模型成為近似個別企業（的股票）的一種模型。」所以投資人在研究個別公司時，可能傾向於以企業股票未來可能現金流量的可靠預測值來設定價格。

不過，整體市場終究是另一回事。投資人研究個別公司的資訊後，歸納出對未來成長性的判斷是一回事，但要投資人針對所有企業的總和（也就是整體市場）從事相同的工作，卻是另一回事——「因為企業個別情況之總和的平均值以及總體變化較為詭譎，投資大眾比較難以理解這一切，這和全國經濟成長、穩定性經濟政策等因素有關。」在這些情況下，影響整體市場股價走向的是許許多多來自不同領域的資訊，絕對不只是基本面資訊而已。於是，「諸如股票市場大繁榮後的大蕭條等要素將消除未來股利資訊對股票定價的影響力，並導致簡單效率市場模型難以翔實反映整體股票市場的情況。」

在引述一些能支持其結論的相關研究成果後，鄭吉曼和席勒開始著手研究個股股利／價格比率（通常稱為股利收益率），每一檔股票的未來股利成長率之間的關係。由於他們希望獲得立論最紮實的研究成果，所以盡可能拉長分析的期間。他們製作一份很不錯的整體市場月份價格指數，這個指數回溯到一九二六年，不過，要找到從一九二六年到二〇〇一年間都一直存在的企業並不容易，最後他們只找到四十九個，這個樣本實在很小。幸好這四十九個企業遍及非常多種產業，所以讓他們得以順利繼續這份研究。

如果市場就像薩繆森所言那般具備個體效率，那麼鄭吉曼和席勒應該會發現股利收益率愈低（也就是說，股價相對當期發放股利金額愈高），未來股利成長率就會愈快速。也就是說，如果投資人預期一個企業的未來成長率很高，他們將會願意用比較高的代價來換取目前的股利；相對的，如果投資人預期未來成長率低迷，他們願意付出的代價就比較低，而如果最後證明他們的預測是正確的，市場就是有效率。於是，他們就會採用「所有可取得資訊」來歸納出他們的判斷。

鄭吉曼和席勒針對一段十年的期間來測試這個假設，接下來又針對更長期間進行測試。他們針對這四十九個企業的結果進行個別分析，以便檢驗個體效率假設是否貼近現實，結果他們的研究證明個別股票股利收益率與後續股利成長率確實呈現負相關，而且這個負相關具備可靠的統計重要性。十年期的分析結果比更長期間的分析結果更為顯著，不過，在這四十九家企業當中，只有七個企業的股利收益率和未來股利成長率未呈現逆向關係。結果顯示「（股利收益率）非常精確的預測了未來股利成長率……（它也證明）我們大致上可以利用市場效率來合理解釋價格相對股利的變異性。」所以說，有一半要歸功於效率市場假說。

接下來鄭吉曼和席勒將這四十九個企業彙總在一起，編製了一個每股權值均相等的股價指數，並針對指數（約當於「市場」）的股利總和相對未來股利成長率進行測試。結果，股利收益率和未來股利成長率的關係竟變成正相關——當股價遭受壓抑後，股利成長率較高，期初股利收益率也較高；而經過低股利收益率與股價繁榮期後，情況則相反。不過這個發現的統計重要性並不顯著。鄭吉曼和席勒的結論是，整體市場股利收益率和後續的整體市場股利成長率之間並不具可靠的關係。

鄭吉曼和席勒將支持其論點的所有證據全部歸納在一起（包括他們在這篇研究報告中

所引述的其他人的研究成果——也包括席勒更早以前的研究），最後他們將自己的研究結果解讀為「證實薩繆森格言是正確的……沒有證據可證明總體效率存在」。用較簡單的方式來說，鄭吉曼和席勒的研究證實了席勒的以下論點：整體市場普遍存在超額波動性。**不過關於個體效率的論點——也就是效率市場假說——則順利通過考驗**＊。

雖然這是一份令人印象深刻且成果清晰有力的研究，但它卻還是有三個缺點。第一個缺點是，以所有上市公司的總數來說，那四十九個企業只是一個很小的樣本（有人甚至認為它是一個「微型樣本」）。第二，這個樣本忽略了已經不存在的企業，最後的結果當然會偏離實際的情況。最後一個缺點是，效率市場假說涵蓋了市場開盤後和投資人進行交易的每一個時刻，但薩繆森所提及的大規模總體波動走勢卻屈指可數。不過，無論如何到目前為止，這個論點也已經夠強大了。

在《非理性繁榮》第二版（二〇〇五年春季出版，距離初版五年的時間）中有一個小小的表格，這個表格反映出對這項研究的反諷。席勒在這個表格中提出他在一九九六年針

＊請見拉蒙特與史丹（二〇〇六），當中有另一個支持「薩繆森格言」的論點，這個論點也非常令人信服。另外，也請詳一九九〇年代末期那斯達克泡沫期間有關「市場缺乏效率」的論點，當時，儘管那斯達克指數接近頂點，但放空的意願（放空股數）卻一路下降，效率市場假說的預測和實際事件的發展順序恰恰相反。

對散戶投資人所做的一份問卷調查，他詢問這些散戶有關投資信心水準的問題。當他要求受訪者完成「妄想事先掌握進出市場時機，在市場下跌前出場，與在市場上漲前進場是……」這個問題時，只有一一％的受訪者勾選「這是聰明的行動；我合理預期自己會成功」。不過當席勒要求受訪者完成「嘗試選擇個股，例如嘗試預測福特汽車股票於何時將上漲，或ＩＢＭ股票何時將上漲是……」這個問題時，卻有四〇％的受訪者選擇「這是聰明的行動，我合理預期自己會成功」。散戶族群認為無論何時，選擇個股的成效都會優於企圖捕捉進出市場時機的成果。這個市場觀點和「薩繆森格言」（市場是總體無效率和可能具備個體效率）正好相反。

❖

我們現在要暫時離題一下，討論一九九八年八月份時的高總體波動性，這個例子非常重要。該月股價下跌超過一四％，是一九八七年著名的崩盤走勢以來最大單月跌幅。當時，亞洲各國籠罩在金融危機的陰影下已長達數月，但八月十七日俄羅斯政府突然無預警不履行其債券義務、放任盧布大幅貶值二五％，同時宣佈延期償付俄羅斯銀行業的海外負債達三個月的時間。在那一年的七月二十四日，俄羅斯共發行高達三十五億歐元的歐元計價債券。這個災難最驚人的特色在於，這次無論是以盧布或外幣計價的債券全都遭到違約。其實在金融史上，外幣計價債券違約的情況可說是稀鬆平常，但本國貨幣計價債券的違約情況並不常見。當然全球金融市場價格也都因這個令人震驚的事件而大幅下挫。

一九九八年的事件對本書所要描述的一個故事獨具意義，因為那一場危機導致長期資本管理公司（ＬＴＣＭ）的避險基金幾乎破產，金融市場更因此陷入危機。這一檔避險基金是在一九九四年二月成立，諾貝爾獎得主羅伯・莫頓和麥隆・休斯都是ＬＴＣＭ的合夥人，而該基金的總經理約翰・莫瑞威勒（John Meriwether），他曾是所羅門兄弟公司的傳奇債券交易員。當時全球各地金融市場都一致認為ＬＴＣＭ可能無法履行債務，且其後續衝擊將非常嚴重，尤其莫頓和休斯都參與這檔基金的事實更令外界不安。最後，紐約聯邦儲備銀行不得不出面提出一個紓困計畫，防止這個持續擴大的災難進一步惡化到難以收拾。這個紓困計畫隨即扭轉了當時正急速下跌的市場走勢。

有一派人認為導致ＬＴＣＭ垮台的原因在於該基金主事者的自負和傲慢，不過。另一派人則認為該基金也是受害者，因為當時的環境根本就超出它所能掌控的範圍。

在支持第一個觀點的主張當中，最具說服力的看法是由金融作家羅傑・羅文斯坦（Roger Lowenstein）所提出的。羅文斯坦在其《天才殞落：長期資本管理公司的興衰》（藍鯨出版中譯本）一書中所發表的意見大致被歸納為該書書衣上的短短一段文字：「羅文斯坦解釋了造成ＬＴＣＭ興衰的因素，問題不僅在於這檔基金賺錢與虧錢的運作方式，其他因素還包括ＬＴＣＭ合夥人對數理確定性的自負和華爾街在九〇年代末期的文化。」

其他觀察家諸如愛丁堡大學的唐納・麥肯基（Donald MacKenzie）則認為ＬＴＣＭ是

因市場上大量玩家複製其做法而受害，而且：「賭博——有自覺但魯莽的風險承擔行為——並非LTCM會在一九九八年遭遇如此災難的原因，原因也不在於（因為它）對數學模型的盲目信心。就LTCM的交易來說，模型所產生的關鍵影響性並不像一般所知的那麼高……所有參與過的人都知道模型只是近似現實的東西，它只是策略的指南，而非決定性要素。」*

LTCM的主要業務活動是從事債券市場套利——賣出一檔證券，並買進一檔相關或類似的證券，期望市場能及時縮小這兩種資產之間的價格落差。套利是一種行之有年的金融操作，而這種策略也非創新。LTCM的投資者之所以期望該公司能在這場遊戲中創造過人的優異表現，主要原因在於該公司成員的經驗和智慧過人。在「慘劇」發生前，投資人其實是很滿意的，因為在成立後三年半，該公司的資本就從十一億美元大幅擴增到六十七億美元，一九九五年和一九九六年的報酬率分別超過四〇％，而且基金的波動性甚至低於史坦普五〇〇指數的波動性。在那段期間，該基金出現負績效的時間只有八個月。一九九七年十二月三十一日當天，該基金還以退還資本的方式，將七十五億美元資產中的二十七億美元退給合夥人，並宣稱基金的運作非常成功，以致有「超額資本」。

二十七億美元的退款資金來源是以LTCM的資產作為擔保借款而來，此舉導致公司的負債／權益比從一八・三％上升到二七・七％。在接下來幾個月，LTCM更進一步將借款／權益比推升到三一％，而這麼做的目的是為了提高每一筆交易的報酬率，因為每筆個別交易可實現的利潤其實都很微薄。

不過，到了一九九八年七月，也就是退款給股東後不久，該公司的資本隨即從四十七億美元降低為四十一億美元，但儘管如此，至少在七月上半月，在LTCM從事多數交易的市場裡並未出現任何明顯的異常現象，但其實問題正悄悄醞釀。一九九八年八月二十一日，LTCM虧損了五．五億美元，大約是剩餘資本的一五％。

當時，他們根本無法透過交易來脫身，因為市場上所有交易員都不願意承接LTCM想賣出的部位，尤其他們的部位規模其大無比。事實上，就在災難發生前的幾個月，很多債券交易商和基金為了創造和LTCM一樣優異的報酬，紛紛模仿它的做法，建立和它一模一樣或幾乎完全相同的部位。麥肯基將這個情況形容為市場上存在一個「超級投資組合」。在這種情況下，一旦問題發生，所有持有人全都搶著將手上的部位轉為現金，但沒有人願意承接這個超級投資組合。

誠如一般人的期待，既然莫頓和休斯擔任該基金的合夥人，基金本身理當會設定一套詳盡的風險控制方法才對。沒錯，該基金的風險管理結構極端精密且多元，若硬要挑毛病，唯一的系統誤謬就是過於謹慎。然而，事件的發展清楚顯示，所有主事者都從未預期到市場上竟會出現這麼一個超級投資組合，會有那麼多交易員建立和LTCM完全相同的

＊請見第四章有關莫頓對投資革命創意模型的觀點。

部位，也沒有人預期到俄羅斯會在亞洲金融風暴後發生如此嚴重的危機。當危機爆發，LTCM的經理人根本沒有辦法出脫基金的部位，尤其如果他們開口要求銀行提供信用供他們度過難關，只會讓每個人知道基金的情況變得多麼糟。

我對LTCM危機的這一段概要描述實在過於簡短，所以根本無法釐清究竟LTCM是當時環境下的受害者，或者是被所有人（包括他們自己）認定為天才的傲慢所害。不過，這個問題和現在的內容無關。

我要討論的問題在於LTCM的案例是否顯示出投資革命創意的失敗。答案是：就這個層面而言，投資革命創意看起來並不那麼脆弱。理論從未排除金融危機的可能性，而且也認定市場隨時會因反映基本面的意外轉變而出現劇烈的走勢。雖然行為財務學派確實曾精準預測到那種吸引其他公司模仿LTCM做法的羊群行為，但一九九八年七月和八月間股價重挫的原因無疑和變幻莫測的經濟基本面有關，當時的經濟基本面早已透露出許多訊號，這些訊號早就形成一股漸進式與整體性的衝擊。所以，問題一發生後，市場隨即翻轉。不過，在聯邦儲備局出面解決此一緊急事件下，市場又隨即開始回升，股價在九月開始上漲，並於十一月再創新高點。

總之，後續的發展恰如法馬對效率市場的定義（我先前曾引述過）：「一個有效率的資本市場能有效處理資訊。在任何時點，證券的價格都是以當時所有可取得資訊的正確評價為基礎。在一個有效率的資本市場中，價格將充分反映所有可取得資訊。」

席勒在他於一九八一年發表的一篇著名論文中，第一次提出要證明與定義他「超額波動性」概念的目標。他做了以下計算：以一個等於自一八七一年起算的幾何平均實質報酬率的固定折現率，將一八七一年以後史坦普普通股股價綜合指數每年的實質股利現值予以折現。計算結果顯示未來股利的折現值呈現穩定上升的趨勢，而股價指數則是「沿著這個趨勢大幅上漲與下跌，呈現迴旋的走勢」。

席勒後來又進行一份類似的分析，他分析股價相對利率與個人消費支出變化的相關性，結果也是一模一樣。於是，席勒針對波動性寫了一本專書，最初在一九八六年出版，他透過這本書提出他對債券市場甚至房地產市場進行同一項分析的結果。不管是市場上的投資人或者為自有房屋評價的人，都和那位預測明天氣溫將介於華氏一〇〇度到負五〇度的氣象報導員很相像。

❖

對席勒來說，超額波動性意味「就算完全沒有基本面理由也一樣會出現的變化」。股價的波動似乎是反映投資人對眾多要素的注意力，而非反映未來股利收入的現值；所謂眾多要素包括一時的風尚與流行、恐懼與希望、流言與心神不安、近期的股價表現，以及「股市長期表現將保持亮麗」的古老格言等。

雖然由於投資人注意力極端分散，導致價格不是只反映法馬的「攸關資訊」，但這卻不能用來斷言投資人「非理性」。誠如席勒對這一點所發表的看法：「普遍性的思考失當不能完全歸咎於……投資人的變幻莫測。相反的，這些思考失當反映出人類注意力缺乏條理，也未能自動信賴大眾化或直覺性的模型。」席勒堅持人們所表達的觀點（即使是在恐慌狀態下）通常「難以察覺其不理性。有些人可能會批評投資人立場曖昧、印象派且受陳腔濫調左右」。誠如丹尼爾・卡尼曼也說過，這種觀點和「不理性」的差距甚大。其實這種觀點和人們不可能知道未來將發生哪些事，以及這些事件將導致股價上漲或下跌有關。

凱因斯在一九三〇年代中期就曾評論過，達成理性預測的複雜度實在過高（即使「所有可用資訊」確實可取得），以致很多投資人會先試著判定其他投資人可能做出什麼判斷，再以他人的判斷來作為自己判斷的基礎。對凱因斯來說，這說明為何真正的長期投資人會如鳳毛麟角般稀少。即使是最冷靜的投資人都難以躲避股價波動性的考驗。當你知道的資訊只有那麼一點點，而且你又明知自己的知識極為有限，你一定會傾向於相信其他可能知道更多資訊的人，尤其是市場正朝某一個方向（上漲或下跌）強烈波動時。

❖

席勒認真研究「薩繆森格言」的做法顯示他並未低估財務理論對金融管理與投資實務的貢獻。然而，他的研究也促使他對許多財務學術界同僚未能真正將理論應用到實務的態度提出批判。投資革命創意的效力強大，在許多領域都能進行各種令人興奮的不同應用：

「不過財務界從事理論工作的人從未曾想過會有那些應用。由於他們過度投入理論，反而忽略了較大的格局。他們所建構的世界並非人類居住的世界。他們不是不知道理論的極限，就是對修正這些極限不感興趣。不過，我卻有興趣。」他後來進一步延伸這番批判（他知道自己有點誇大）：「他們寫效率市場假說財務學，但在閒暇時間卻又嘗試打敗市場，根本就沒有把這兩個活動整合在一起。酒過三巡後，就會變成和在教室裡完全兩樣的人。」

席勒的財務觀點是以一個不同的基礎為出發點。他將重點放在「教室裡的經濟與財務學」和「現實世界的經濟與財務事務」之間的互動關係。這兩者的互動非常關鍵。他同意莫頓的觀點，唯有瞭解理論能闡述幾分的現實，以及現實讓理論獲得多少啟發後，我們才能設計一些金融機構與財務工具來協助人類管理他們的生活。他強調：「最終來說，重要的是人。」「企業要能幫助人類，才具重要性。人類是以一種極為約定成俗的方式來思考投資這件事。適當的財務工具將可以幫助人類克服這種狹隘的觀點。」

不過，他也發現這是一個令人沮喪的流程。他和同僚設法幫助的那一群人其實是最抗拒思考風險（泛指他們所面對的風險）本質的那一群人。席勒在他的書《總體市場：為管理社會的最大經濟風險而創造機構》（*Macro Markets: Creating Institutions for Managing Society's Largest Economic Risks*）以及最近剛出版的書《新金融秩序》（*The New Financial Order*，鎖定較廣大的讀者群）中主張，過去幾個世紀以來，風險管理的進展一直都受到阻礙，因為相關的思考流程和這個議題格格不入，而且很多假設也導致人類不去從事風險管理。這個令人灰心的觀點是刺激席勒積極投入財務革新領域相關事務的重要因素。

他抱怨：「主張每個人都理性最適化的模型衍生了極大的誤導效果。令人難以理解的是，為何光是設計一個適當的機構來實現這些目的，就要花那麼多時間。政府方面做了很多努力，像是社會保險、失能保險以及醫療保險等。不過，龐大的民間部門卻通常好像忽略了某些最有創意的概念與最強大的革新。」為何民間部門在風險管理的革新方面進展那麼慢？他評論道：「問題和民間部門企業的經理人較無關，問題在於財務革新的公共化本質。由於財務革新通常無法申請專利，所以財務革新者並不願意花費大量金錢和時間來發展一些別人也能使用的新產品。因此，要民間部門企業根據我在《總體市場》與《新金融秩序》兩本書裡所建議的方向來發動重要的創新作為其實是很難的。」

席勒問：「為何所有退休人士不能擁有一個隨通貨膨脹調整的年金？」「這個需求非常顯而易見。雖然大眾並未主動要求年金，但也沒有理由不設法為他們提供年金。經過一九七〇年代可怕的通貨膨脹經歷後，為何要等到一九九七年，美國政府才開始提供隨通貨膨脹調整的國庫券？英國早在一九八五年就推出這種工具了。」席勒搖搖頭，他的結論是：「難以置信。」

❖

如果羅伯・莫頓能將自己形容為水電工，那麼羅伯・席勒就堪稱修補屋頂的工人。他對波動性與波動性所代表之風險與不確定性的濃厚興趣，讓他遠離諸如股票和債券等傳統的資產市場。他預期未來衍生性金融商品佔據人類生活的比重將愈來愈大，因為就充當避險工具的角度來看，這些商品的效率相當高，而且很容易就能針對這些商品創造市場。衍生性金融商品的最基本功能是在波動性中創造市場。席勒最主要的目標之一是發展能讓人類保障或規避他們在日常生活中一定得承擔的巨大風險（例如自有住宅的價格波動性）的工具。

誠如我們先前討論過的，席勒一開始是對債券市場波動性的本質產生興趣，這讓他逐漸注意到股票市場的行為。接下來，他的注意力又從股票市場轉移到房地產市場，這看起來是個順理成章的發展：「房地產是一個龐大的市場，它也會產生和資本市場幾乎一樣的大繁榮後的大蕭條。」他和同事卡爾・凱斯（Karl Case）及亞倫・衛斯（Allan Weiss）已成為美國房地產價格歷史的權威專家，也堪稱房地產價格變動對整體經濟乃至個別家庭財富之影響的主要專家。席勒其實也最想成為這個領域的先鋒。

除了極端富有的人以外，多數人都是將最大比重的財富投資在他們的住宅。故以最簡單的方式來說，多數人並未充分分散投資。一旦發生某些可能導致房屋轉售價值降低的事件，如房價的全面性下跌、鄰近地區本質出現激烈變化或者當地產業發展萎縮等，都可能突然威脅到人們持有自有住宅的權益，甚至影響人們繼續繳納房屋貸款的能力。如果他們沒有能力繼續繳納房屋貸款的月付款，銀行將會取消房屋的贖回權，並從他們手中搶走這些房子。一旦如此，人們的所有生活方式都可能遭到破壞。

很多擁有房屋的人未曾思考過家庭資產負債表的這種不平衡現象，因為他們壓根就沒有想過要分散與管理風險，至少就住宅的部分而言的確如此。他們傾向於採用所謂的「心智會計」（mental accounting），意指他們會在心裡把住宅和房貸視為一個獨立的籃子，把401(k)視為另一個籃子，儲蓄帳戶、消費者信用以及子女教育成本等又都分別屬於完全獨立的籃子。在他們心目中，這些籃子之間毫無瓜葛。於是，他們鮮少（甚至從未）花時間針對所有籃子裡的資產和負債進行整體性的考量與規劃。就算曾這麼做，他們橫豎也不知道應該怎麼辦。於是，注意力自然就轉向其他問題。

但是，風險過於集中在房地產上意味一旦他們遇到麻煩，就必需賣掉房子來解決問題。這種情況其實可以不用發生。席勒和山姆・馬士奇（Sam Masucci，擔任公司執行長，衛斯為董事長）、亞倫・衛斯以及總體市場公司裡的同事們嘗試設計一種風險管理工具來保護人們免於面對到這種可怕的情境。他們的方法可分為兩種形式，一是為個別家庭所擁有的自有住宅產權創造某種型態的流通市場，另一種是創造一些能協助他們規避這個龐大的未分散風險（因其住宅而衍生的風險）的工具。

解決方案的第一步是編製一個盡可能包含所有地區房價的實用指數，即使是全國性指數都能達到目的。席勒開始調查有哪些房價指數可用，但他發現在一九六〇年以前根本就沒有任何型態的價格可言。於是，他隨即著手建構了一個可以回溯到一八九〇年代的全國性房價指數。

一旦有了廣受認同的指數，就有可能創造一個以該指數為標的的期貨市場，就像目前市面上已經有很多極活躍的全球利率期貨、股票市場指數期貨、匯率期貨與很多原物料商品如玉米及銅的期貨市場一樣。在金融工具的期貨市場裡，交割都是以現金進行。當標的工具的價格上漲，持有多頭部位（買進該工具的期貨）投資人的帳戶將會增值，而當標的工具價格下跌，其帳戶的價值就會降低。如果投資人為保護自己免於因指數下跌而受傷，選擇放空期貨，那麼情況將完全相反：當指數下跌，他們的帳戶將增值；但當指數上漲，帳戶價值則降低。而在清算所裡，儘管標的價格不斷波動，但增值與減值的金額卻將互相抵銷，這個情況的原理和莫頓假設A國與B國進行產業交換的情況相同。

談到這裡，席勒又把話題轉回投資革命創意，並提及資本資產定價模型所主張的根本邏輯：所有投資人都應該擁有「市場投資組合」。「我們勉強發展出一些受限的複製市場投資組合產品，像是史坦普五〇〇指數、依據威爾許五〇〇〇指數（Wilshire 5000）的一籃子股票，或依據薛森—李曼（Shearson-Lehman）債券指數的一籃子債券所組成的投資組合。」不過市場投資組合的範疇絕非如此狹隘。所謂市場投資組合是指範圍涵蓋全球，且包含所有金融資產的投資組合。對席勒來說，房地產和通用汽車的股票、國庫券或歐元期貨合約一樣，都是一種金融資產。

就現實面來說，沒有人可能持有像CAPM所認定的那種完整市場投資組合，而且到目前為止，也沒有人能擁有一個稍微近似的投資組合，因為世界上沒有任何足以表徵房地產這項龐大資產類別的指數型基金或其他型態的可用工具。當然，市面上有一種名為房地產投資信託（REIT）的工具——代表房地產信託的權益，但這些產品佔整體市場的比重非常低，而且對個人資產負債表過於偏重其住宅價值的屋主而言，REIT並不具重要功用。

房屋擁有者也不可能透過期貨市場針對其住宅的當期價值進行避險，因為這個流程過於複雜，且對多數人來說，光是最低交易金額就已高不可攀。不過，對於這個問題，席勒自有其解決方案，而就哲理來說，這個解決方案依舊接近莫頓的解決方案。

席勒是從布萊克—休斯—莫頓選擇權定價模型或有求償權的基本見解出發，他一直想設計一種能保證屋主保有預設房價的保單，有了這種保單，屋主就不需要擔心地方住宅型房地產市場的任何變化。保險理賠的清算方式可以依照個別鄰里或小範圍地理區裡的房價指數來結算。在這種狀況下，雖然發行這種保單的保險公司將會暴露在房價風險下，但它們也可以利用新的期貨市場來消除這項風險。所以說，席勒的這些不同創意正好能滿足彼此的需求。

現在這個創意已經成為事實。總體市場有限負債公司已經和芝加哥商品交易所簽訂合約，為該交易所創造以房價為標的的期貨與選擇權市場。這種合約從二〇〇六年三月起開始交易，初期是以美國十個城市和一個全國性指數為交易範圍。這些市場已經算很成功了，因為媒體經常提到這些期貨工具所隱含的房價預測能力。現在每個擁有住宅房地產產權的人都可以得知各大城市、各種不同類房屋最即時的預期房價。這些資料將透露出市場認定房地產是處於繁榮或蕭條，另外，價格訊號也能幫助建商規避經常導致建築產業受傷的「大繁榮後的大蕭條」循環。

席勒的期貨與保險保單不僅能保護個別屋主，也能保護整個鄰里的房屋價值。假設有一個家庭擔心鄰里的某些改變將會導致房屋價值降低，在這種情況下，他們可能會決定以跳樓大拍賣的價格在市場上賣出原有的房子，並躲避到房價較高的其他鄰里地區。不過，一旦有了房屋產權保險，或者屋主能以放空的方式來避免房價下跌導致房屋價值縮水的問題後，這個家庭和他們的鄰居就比較可能暫時按兵不動，在逃離該地前先謹慎觀察後續的發展，房價下跌的機率也因此降低。

如果房價還是下跌，保險公司就必須支付理賠金給房屋產權持有人，它們會因此被困住嗎？保險公司要如何避免在這種情況下走向破產？保險公司是大型且老謀深算的投資人。當它發行這種保單的同時，就可以根據已發行的保險金額去放空房價指數期貨。

另外，席勒想像力豐富的心靈還想出更多非常規的方案，希望幫助房屋所有權人降低他們所承擔的房屋價值風險（普遍過高）。他提出一個可以讓屋主將其房屋價值波動用來和股票市場投資人（主要投資股票，希望分散對股市的投資，但卻又基於潛在的資本利得稅而不願意出售持股的投資人）的獲利進行交換的工具。這項工具將讓房屋所有人取得股票市場部位，同時又能讓為規避資本利得稅負債而進退兩難投資人的風險暴露程度降低。

席勒說：「我們很想做這些產品，不過機構的進展卻其慢無比。這就是我針對這些概念寫兩本書和許多文章的主要目的。來自公眾的阻力很大，人們對『哪些種類的證券應該存在』抱持非常狹隘的思維。大家在口頭上擁戴抽象的分散投資，但實際上卻不認同這種態度。分散投資就是無法激起世人足夠的興趣與好奇心，讓他們願意去尋找更有效率的方法來達成這個目標。」

❖

席勒最大膽的建議是創造一些總體型的市場——一種可供世人買進與賣出以國內生產毛額等總體要素為標的的證券。國內生產毛額，也就是GDP，是衡量整個國家商品與勞務產出價值的最廣泛指標。舉個例子，在我寫這本書時，美國的GDP大約是十二兆美元，中國大約是二．五兆美元，而巴西則直逼八千億美元。多數企業的獲利能力和許多人的工作保障都和GDP成長率的波動息息相關。雖然整體經濟的波動性比資本市場的波動性溫和許多，但GDP即使小幅降低，都可能導致失業率上升，企業利潤大幅下降。

誠如席勒對這些風險的看法：在現實世界，多數人仰賴勞動收入過活，或受某種特定收入左右。一旦經濟陷入衰退，多數人就會暴露在風險中，只是目前並沒有任何方法可以保護世人免於受到那種特殊風險的傷害。他們需要擺脫這種風險，真正分散投資到一種類似市場投資組合的標的，所謂市場組合是一種紙上投資組合，代表全世界其他所有國家的GDP。他們所賣出的證券代表本國GDP；那麼，誰會買這些證券呢？當然是持有整體市場投資組合的投資組合投資人，所謂整體市場投資組合就是資本資產定價模型裡所定義與指定的那種投資組合。

還有另一個更簡單的方法可以分散過度依賴某國繁榮來維持生計的風險：買進其他國家的股票，放空本國股票。因為長期來說，股票市場的確能翔實反映本國的財富水準，所以正好適用於席勒所規劃的目標，而且做法更加簡單。

❖

然而，儘管席勒匯集很多不同方向的見解，他卻清楚的抱持和莫頓相同的觀點，他認為財務學是可以從很多不同面向讓人們的財務情況變得更安全的一種工具。對席勒來說，這個領域也是沒有疆界的。就某種意義來說，他堪稱人類的風險經理人，他足智多謀與求新求變的心靈似乎永遠都沒有休息的一天。

第 4 部

工程師

第七章

比爾．夏普：「將風險視為一個數字是很危險的」

比爾．夏普在一九九〇年獲得諾貝爾經濟學獎，但讓他獲得此一殊榮的主要成就卻是一篇他遠在二十六年前（一九六四年）所發表的論文。原文刊登於《財務期刊》（*Journal of Finance*），標題非常冗長：〈資本資產價格：風險狀態下的市場均衡理論〉（Capital Asset Prices: A Theory of Market Equilibrium Under Conditions of Risk）。夏普在這篇論文中提出資本資產定價模型（也就是後來簡稱的CAPM）的論點，學者們為了念起來省點力，都以「CAP-EM」的發音來表達這個字眼。

而目前比爾．夏普對CAPM的看法是什麼——包括它的意義、在市場裡所扮演的角色，以及這個理論多年來不斷暴露出的實證弱點的爭議性？現在夏普是以一個不同的觀點來看待CAPM。誠如本章將說明的，他已將自己從一個諾貝爾獎理論家改造為開創性十足的財務工程師。夏普就像一邊望著河流對岸，一邊在心裡設計過河方法的工程師，他在尋找能協助散戶投資人安全「渡河」的方法——讓他們擺脫一些自我傷害決策的不良影響，並讓他們學會如何分析投資問題，以及去何處尋找問題的解決方案。

我稍後將闡述他對CAPM的觀點，不過，在此之前，我要先快速檢視一下這個模型的內涵。

❖

實質上來說，這個模型建立在哈利・馬可維茲「分散投資」的關鍵見解上：一個投資組合的風險低於所有構成這個投資組合之個別資產的風險總和。即使一個投資組合是由許多高風險資產所組成，但如果投資組合裡個別資產報酬的相關性低，那麼這個投資組合的風險可能不見得是高風險的投資組合。不過，整體投資組合的期望報酬率將等於該組合內所有個別風險資產的加權平均報酬。這樣說來，一個經謹慎建構而成的投資組合簡直就像是免費的午餐，投資人可以利用它來降低風險，但又不須犧牲期望報酬。但是，這也意味投資人必須謹慎評估要將哪些資產列入投資組合，包括這些資產的期望報酬與個別對投資組合整體風險水準的貢獻程度。

CAPM主張一項資產的期望報酬將等於市場的期望報酬（超過無風險資產報酬的部分）乘以這項資產相對市場的同步波動幅度。後面這個衡量指標就是所謂的「貝它值」，代表個別資產對投資組合整體風險的貢獻程度。所以說，貝它值是衡量個別資產系統風險的指標，也就是這項資產的風險程度相對於投資人投入市場時所承受的整體市場風險程度*。

在此同時，多數個別資產的報酬並非永遠都和整體市場報酬維持精確的一致性，於是這會產生非市場或無系統風險。阿法值就是我們所謂的期望差，也就是實際報酬和「與其貝它值一致的報酬」†的差異。所以，CAPM可以決定資產在均衡市場裡的定價方式，它假設所有投資人都會採用這個定價程序來評估個別資產價值，並進一步建構最適投資組合††。

雖然CAPM很慢才為人所接受，但目前已成為評估風險資產價值和調整投資績效的標準，無論就整體或個體而言均然。貝它值是一個大眾化的評估風險指標，而我們將在後續章節大量且詳細討論到，貝它值和阿法值是很多投資組合策略的出發點，無論是簡單的策略或複雜的策略。除了在投資世界所扮演的角色以外，CAPM也是計算企業營運資金

---

* 就數理觀點而言，貝它值等於該資產報酬相對市場報酬的共變異數除以市場的報酬變異數（也就是該資產報酬與市場報酬的相關性乘以該資產報酬的標準差除以市場報酬標準差的比率）。

† 就更專業的層面來說，人們通常是利用個別資產歷史報酬相對市場報酬的情況來進行迴歸分析，以便估計CAPM。這時貝它值就是個別資產報酬相對市場報酬的比率，阿法值則是落在迴歸計算之外的殘差。

†† 關於這個模型、相關歷史及其重要的完整與一流描述，請見Perold（二〇〇四）。

成本不可或缺的一個步驟，在CAPM發展出來以前，計算企業營運資金成本時並未將風險這等「小事」列入考慮。

在實務界人士眼中，CAPM的生命力實在非常充沛，因CAPM在各式各樣與許多統計測試裡經常失敗，但似乎愈挫愈勇。從實務的角度來看，當今沒有人將取自於模型的估計值視為評估資產價值或判斷投資組合績效的正確答案。然而，貝它值卻普遍被視為系統風險的衡量指標，而阿法值則成為投資管理行業眼中的聖杯——也就是調整風險因子後超越市場報酬的超額報酬。

❖

當夏普回顧CAPM時，他承認：「沒錯，我仍舊認為要追求較高報酬就必須承擔較高風險的假設是對的。如果你承擔的風險不僅是市場本身的風險，你可能不會獲得回報，因為以選股的方式來投資很少會讓你賺錢。那又何必這麼做？」*所以，CAPM的概念甚至當中的字彙會成為投資實務界人士最喜愛的對話話題與指標，夏普一點也不感意外。

然而，夏普本人卻和他的創見漸行漸遠。他在描繪整體的投資革命創意——尤其是CAPM的特性時表示，「這整套的研究」可能已經滲透到投資產業和商學院，不過，他在思考資產評價方式與如何在風險與報酬的得失間取得最佳平衡時，還希望追求更豐富的假設，他斷然的回應：是的，法馬可能會說：「沒錯，持有股票的報酬超過把錢存在銀行的報酬。不過，在扣除通貨膨脹因子後，平均超額報酬大約是五％到六％，可是報酬的標準差卻達一五％到二〇％。在這種情況下，一個人可能會有二十五年到五十年的期間報酬都低於〇，有誰會要這種報酬？所以，如果我們無法期望從實際環境中取得股票風險溢酬確實存在的實驗證明，那麼，我就不認為受託人應該繼續對客戶灌輸『股票長期投資穩贏不輸』的基本前提。」

夏普認為太多實務界人士（以及教導這些實務界人士操作方法的眾多商學院教授）傾向於遺忘所有資產定價模型完全都和預期心理有關。但在這個世界上有任何可以衡量未來（而非過去）預期心理的指標嗎？我們不能根據過去的歷史來追溯當時的預期是什麼——或將是什麼。這整個問題牽涉到未來。所以，我們一直以來所倚重的歷史資料可能對資產定價毫無用處：因為我們絕對不可能確知未來的情況，我們只能猜測未來各項事件的發生機率。

所以，夏普的結論是：「它被貶低為一種宗教聲明。長期以來，我見到很多看似牢靠的實驗結果，但一旦在不同國家、以不同的統計方法或在不同的期間進行試驗，結果還是令人失望。也許這就是費雪·布萊克認為我們應該直接信賴邏輯和理論，不要去理會統計

＊除非特別說明，否則所有引述文字都來自個人訪談與通信。

實驗結果的原因。」

❖

夏普目前比較偏好的另一個替代方法是「狀態偏好理論」，又是另一個冗長的名稱，這個理論是在三十年前由史丹佛大學的肯尼斯・艾羅（Kenneth Arrow）和加州大學的吉拉德・德布魯（Gerard Debreu）發展出來的，他們二人在一九七二年同時獲得諾貝爾經濟學獎。艾羅的理論精髓在於：由於我們對未來可能發生結果的期望是落在一個區間內，所以同一項資產的特性可能會因此改變。

夏普是這樣描述的：

基本前提是非常簡單明瞭的。請想像一個世界，在這個世界裡，你可以訂立一種合約：如果明年景氣衰退，你可以取得一美元的購買力。以目前來說，訂立這種合約的成本是$pd。另外，如果明年景氣繁榮，訂立一項可取得一美元購買力合約的成本為$pb。如果這兩項合約的成本相同，人們選擇簽訂這兩項合約的數量將相同。不過，這卻不可行，因為在景氣衰退的情況下，真正的可用資金會少很多。於是，如果要讓市場得以清算，pd就必須高於pb。

我們不可能取得這種型態的單純證券，不過我們卻可以將股票市場投資組合視為好時機時的收益高於壞時機收益的一大組請求權。以無風險證券來說，不管是在好、壞時機，其收益都相同，這兩者的價格必須持續調整，直到人們願意持有這些股票為止。我們可以將其中任何一個的價格想像為一個可以在不同的未來情況下收到付款的請求權組合。此時原則還是適用的。時機不好時的收益比較昂貴。用另一種方式來說，要在不好的時機透過投資取得一筆付款，期望報酬必須低於在時機大好時為取得一筆付款而做的投資。*

狀態偏好理論的使用可能比計算貝它值複雜很多，不過，夏普認為艾羅為世人指點了一個更好的方法來思考風險與制訂最適投資決策的問題。相反的，「CAPM其實只是一個特殊情況」。CAPM起源於單一期間的均數／變異數估計值，它只牽涉到一種資產及其評價，而且它主張投入市場是唯一會獲得回報的風險；在這個架構下，投資人不是不承擔風險，就是承擔入市的風險，此外，期望風險和報酬永遠都呈正相關。夏普補充說：「這些真的都是很極端的假設。」

一旦擺脫CAPM對現實世界的制式化觀點，投資人就能採用更多樣化且務實的選擇

*夏普對這個問題的完整與延伸觀點請詳夏普（二〇〇六）。最近涵蓋這個主題的研究也請詳 http://www.standford.edu/~sharpe/wp

方法。狀態偏好理論讓我們可以在各種不同的可能多樣化結果下為資產訂定價格、在風險與報酬得失間取得最佳平衡點，同時也能將每一個可能結果的發生機率列入考量。所以，這個方法可能包括很多不同於鐘型常態分配形式的報酬分佈情況。誠如夏普對這個方法的描述，它也讓投資人去考慮「至少一個有限範圍內的更複雜偏好，這類似丹尼爾‧卡尼曼曾說過的那種情況（或）……在這個世界裡，人們對未來發生特定結果……的可能性沒有共識……當然，在現實世界的我們知道這些事情全都會發生。」

夏普做了一個結論：「將風險視為一個數字很危險，至少整體而言是如此……每個人都必須面臨一個問題：未來可能發生的情境非常多……真正的問題在於，在這些情境中，你的所有最終結果是否相似？或者是分歧的？最終來說，這取決於你的偏好，也就是經濟學家口中的效用函數。所以，可以做的事情真的很多。」

夏普像個工程師般，努力設法去完成其餘該做的事，例如修正CAPM和馬可維茲的均數／變異數方法，讓投資人可以在狀態偏好理論的不同情境下使用這兩個方法。另外，夏普也使用一個在功能上與馬可維茲模擬器（將在第八章討論到）類似的模擬器，而不是以正式的理論來測試他的想法。

❖

如同我先前已提到過的，夏普是以理論家爭取到今日的聲望，不過，一直以來，他也醉心於理論概念的實務應用。從一九六〇年代以來，他參與過許多和其理論研究有關的企業。現在他把精力集中在一個新財務領域的理論與實務問題——退休經濟學，這是要解決年齡介於六十五到七十歲的甫退休人士可能將面對的問題。他採用了各種工具，範圍涵蓋基礎理論到機構組織等，試圖釐清各行各業的人如何面對「在不可避免的退休時刻來臨時擁有足夠資金」這個令人望而卻步的問題，並做出最適當的決策。他強調：「這個問題很嚇人，如果我們能早一點死，我們的小孩才會有好日子過——況且我有五個孫子。」

夏普認為當今的退休領域存在一個很大的諷刺現象：

> 在以前，既定的決策就是政府和雇主為我們的退休生活存錢，當那一天真的來臨，他們會給你年金。以前都是這樣做的。但現在的既定決策則是自己必須先判斷需要多少錢、要投資多少錢、怎麼投資，以及是否要在退休時接受年金——可是，很少人真的有辦法存下足夠的錢來支應退休需求，也很少人知道要投資多少錢、投資什麼，結果很多人最後就選擇直接領走一整筆退休金，而不是選擇年金。我們以前都錯了，現在也一樣。

對夏普來說，退休經濟學並不是什麼新學問。在一九九八年時，他擔任財務引擎公司的聯合創辦人，該公司是一個成功的矽谷商業合資案，專門協助個人制訂退休計畫的相關決策，尤其是資產配置和風險管理策略。財務引擎使用一個電腦化的程式，這個程式是以夏普對投資組合理論與資產定價的研究成果為基礎。程式的最後產出能為散戶投資者提供類似機構投資者、高階企業主管以及有錢人一直以來都在使用的複雜建議。舉個例子，透過E*Trade就能取得財務引擎軟體，而擁有Admiral帳戶的先鋒投資人也能使用它，另外，很多企業和財務顧問也將它當作一項福利，提供給員工使用。

這個軟體一開始會先要求你提供年齡、性別、目前持有資產與資產分配情況、你的薪資、你的納稅州別，你的預期社會保險收入，以及你期望在幾歲退休等資訊。接下來這個程式會開始預測（調整通貨膨脹後）你的退休收入、你的總收入以及投資組合價值。所有資料都會被輸入所謂的蒙特卡羅模擬，此時，你的資料將和其他各式各樣不同金融資產的未來期望報酬率、利率和通貨膨脹率等因子全部結合在一起，進行成千上萬筆計算，每一筆計算都代表著不同的資產類別、利率與通貨膨脹情境。結果的預測值將會被歸納為三類：最有利的五%結果、平均結果，以及在最糟期望狀態下的五%結果。

這套程式也能預測你達成目標的機率是多少，而如果你想改變根本假設，它也能告訴你結果將有何不同，所以有人稱它為「結果投資」。追溯結果投資的根源，其實來自投資革命創意，它根本就等於機構投資人所謂的均數／變異數分析，只不過更白話一點而已。這是一種計算特定風險暴露水準下最高期望報酬的數學系統。財務引擎公司和一般經常刊登廣告的財務顧問公司及券商不同，該公司並未提供絕對的答案，明確告訴你是否將擁有足夠的資金來支應退休需求。相反的，財務引擎根據許多能讓人接受的各種結果，為散戶投資人提供個人決策的可能後果。

這個程式非常精密，很令人興奮，它所提供的資訊異常清晰，而且很多技術高超的員工會持續修正與改善這套程式。身為一個財務顧問公司，該公司並沒有利益衝突的問題，因為它對任何人都沒有義務，事實上，它是專業財務規劃師常用的工具，能取得這個程式的散戶投資人也經常使用它†。

最初採用財務引擎的雇主是希望讓那些因面對複雜的401(k)計畫與無數種投資產品而頭痛不已的員工也可以使用較老練的投資人所能取得的專業工具。在這些安排下，加上又有線上服務，員工每年都可以收到一份完整的個人化規劃，告訴他們目前整個計畫的情況，內容不僅是報告年度投資成果而已，還會讓員工們知道自己目前達成終極退休目標的進度。

即使財務引擎模型能提供這麼多協助，目前多數人依舊覺得這些問題太過複雜，因而失去興趣。就其他議題而言，就算失去興趣也無傷大雅，但就退休這個議題而言，一旦員工失去興趣，員工及其家庭的未來卻將因這些決定而陷入困境。任何非專業投資者（甚至連多數專家）都需要取得所有協助。所以，財務引擎最近開始介入管理的服務，不再只是

†先鋒的Admiral顧客可以免費使用財務引擎的設施。其他人使用這套程式的費用是三〇〇美元。

針對這些個別投資組合提供建議。若企業員工想選擇和維持這個程式所建議的適當共同基金組合，必須支付一筆直接手續費給財務引擎公司。

這個發展（介入管理業務）已經促使夏普和他的合夥人改變這個公司。誠如夏普的描述：「從一個熱門的先驅型軟體集團變成一個更沈穩且審慎的集團——我們希望更進一步確保自己不會犯任何錯！」他又說：「世人真的需要協助，而我們必須確定他們的做法是正確的。」

就其本身的條件而言，夏普的評論其實很有趣，不過這也展現出他的目標裡更重要的一個層面。誠如我先前指出的，他實質上是一個工程師，不過他卻希望做更多事，不光是造橋讓人們順利過河。在這個過程中，夏普、馬可維茲和席勒等財務工程師就像是行為財務學派及各方機構一樣，他們讓新古典財務學變得更穩固，並以新穎與更優異的技術來提昇企業的收益，從而讓新古典財務學更向上提升。

第八章

哈利・馬可維茲：「你擁有一個小小世界」

哈利・馬可維茲在訪談一開始就向我宣告：「如果我告訴你我最近的研究，你一定會非常訝異。」他確實說對了*。

如今馬可維茲已非那個在一九五二年以投資組合選擇理論啟動後續各項投資革命創意發展的哈利・馬可維茲。過去的他透過這個理論詳述如何在風險與報酬得失間取得最佳平衡點，及如何將取捨結果建構成一個分散投資組合的流程。儘管馬可維茲的觀點激發比爾・夏普開始鑽研個股與整體市場之間的關係（這是衍生單一指數模型及資本資產定價模型的重要步驟），但他已不是當年那個哈利・馬可維茲。現在的馬可維茲對他所謂的傳統

* 除非有特別註明，否則所有引述內容全都來自個人訪談或通信內容。

新古典「均衡模型」已失去信心。他宣稱這些模型「對行為者做出一些不切實際——乃至荒謬——的假設。舉個例子，人們可以用無風險利率借到任何金額的錢。另外，他們可以不斷修正其投資組合。若能想出一些包含更具體可辨識的經濟行為者的系統，一定會更好。」

此外，目前這個世界變化極為快速，市場瞬息萬變，各項投資革命創意的基礎——也就是均衡——將永遠也不可能出現，就算出現，存續時間也極為短暫，所以根本不具重要性。

儘管哈利・馬可維茲對人們「應該如何採取行動」，依舊抱持非常強烈的定見，但他對「可辨識的經濟行為者」實際上如何制訂決策與採取行動並不抱持任何預設成見。畢竟誠如他所指出的，你可以每天看著股票價格上下擺盪，不過，你所觀察到的現象並不代表表象底下的真相，例如投資人任由過度自信與虧損趨避（這些都是行為財務學派的特殊見解）心態擺佈的程度有多高。馬可維茲一直都希望詳細探究在一個同時存在行為怪誕投資者與冷靜理性投資者的市場裡，股價行為將會如何變化。另外，他也很有興趣研究當一個市場中不同投資人選擇承擔不同風險時，股價又會如何演變？

馬可維茲認為這些問題全都無法以建模的方式來推演，光是觀察股價，並試著從中釐清驅動股價的因素，也不可能完成這些研究。他和夏普一樣，已成為一個財務工程師，他認為我們需要一個可以逆轉整個流程的實驗室：先以一組和「可辨識的經濟行為者」有關的假設作為起步，觀察股價的行為模式以及這些可辨識的經濟行為者開始在市場上交易後，將會發生何等變化。接下來，改變上述假設，並不斷重複進行模擬，模擬次數應該盡可能多一點。馬可維茲將理性投資人、不理性投資人及一組額外的務實假設結合在一起，他希望利用這些個體背景歸納出整體市場所代表的真正意涵，包括對法規變更的回應。

❖

關於這個新的實驗，馬可維茲是和布魯斯・傑科伯斯（Bruce Jacobs）及肯尼斯・李維（Kenneth Levy）合作，他們是一個領導性投資組合管理公司的合夥人，在計量研究方面各自擁有一片天，全都非常知名。馬可維茲、傑科伯斯和李維建立了一套他們名為JLMSim（以他們姓氏的第一個字母組成）的電腦程式，並以這套程式來進行演練。他們現在採用的工具是一種非同步分離事件模擬器，這個模擬器不像它的名稱那麼令人望而生畏。創造這個模擬器也許很難，但解釋起來簡單多了。

模擬是指從一份預先設定好參數的分配中，隨機挑出一些數字，再從中匯集未來可能結果的一系列程序。長時間下來，非同步模擬作業的流程偶爾會改變，也就是說，流程會在各種不規則的時間間隔內出現變化，這和股票市場的運作模式非常契合。目前為止，所有個別市場都不是二十四小時運作，也不是每天開盤，而且即使在交易時間裡，任何一檔股票都有可能完全未發生任何變動，而且每筆交易之間的時間間隔也可能出現非常大的差異。另外，投資人常常得在下單後等待一段時間，交易才能獲得執行。同時，市場上也可能發生許多呼應其他投資人交易單的一系列交易。

馬可維茲及其同事所使用的那一種電腦模擬作業隱含驚人的力量，他們利用這個裝置完成許多精密且詳盡的實驗。他們採用的模擬器本身並不是一個市場模型，而是一個可以幫助研究人員利用其自身所選定的輸入值來創造一個市場模型的工具。投資人不是這齣戲裡的唯一演員，所謂的演員是指組成這些模擬的輸入值的要素。假想參與者中還包括證券分析師和統計員、投資組合經理人和交易員。馬可維茲和他的同事為每一類參與者設定一套決策規則，例如某些行為財務學派的模式、交易頻率以及投資人對交易員與統計員的依賴程度等。模擬作業裡也包含交易單和將會被交易或將被納入投資組合的個別證券。

模擬作業裡有一個特性和投資人有關：他們全都讀過馬可維茲一九五二年的那篇投資組合選擇研究論文。所以，所有人都不會在完成均數／變異數分析流程以前貿然採取行動，也就是說，所有人都會在期望報酬與風險的得失之間取得最佳平衡點後才開始採取行動。每一個投資人都會在個別風險趨避的基礎上，選擇一個理想的投資組合。

在投資人決定如何將目前的投資組合逐漸修正為理想的投資組合後，他們就會下單給交易員。如果此時正好有可以彼此搓合的交易單，交易員就會執行這些交易單，否則，這些交易單就會被放進交易員的帳簿中，等待願意以特定價格進行交易的買方或賣方出現，這一點和現實世界的情況相同。

修正投資組合的流程將導致證券從具備某一種風險趨避特質的投資人手中，流到另一種風險趨避特質的投資人手上，而所有投資人全都是以均數／變異數分析為基礎。每一個投資人進行這項作業的頻率和將原有投資組合轉變為新投資組合的速度，將決定一個投資人下單給交易員（接下來執行交易）的次數。

這個程式可以任由使用者指定要在特定的模擬作業裡納入多少個投資人群組和類別。馬可維茲和他的同伴將投資人分成八個不同族群，每一組有一千個人，分類的方式取決於他們多久進行一次最適化分析、他們的風險參數，以及他們依賴交易員與統計員選擇與執行交易的程度等。這些交易員全都是投資組合理論的老手，採用不同規則來設定交易單的限價。

❖

當馬可維茲告訴我他正在從事的這個複雜電腦遊戲時，我根本想像不出這些複雜的輸入值將創造出什麼樣的電腦產出。馬可維茲向我保證，這些產出真的只能用鉅細靡遺來形容，不過，他和他的朋友卻對這件工作樂在其中。

電腦創造了不同種類的產出，馬可維茲告訴我，這些產出「看起來都相當漂亮」。舉個例子，其中有一個模擬作業假設市場上有十六檔個別證券。這個例子的某一組產出包含提供每一檔個別證券及由這十六檔證券所組成整體市場的「高價—低價—收盤價」價格和成交量資料。電腦也提供一份報表，當中包含每一檔證券在一天之內一千筆個別交易的彙整內容。

在這份龐大的列印資料裡有一個每日的Excel檔案，這個報表包含十六檔證券的個別收盤價、由這些個別證券所組成的市值加權指數、市場總成交量以及顯示八組投資人現況的圖片──「有多少人已經破產，有多少人的財富增加」。這個模擬也製作了一份「市場衝擊列印資料」，上面列出了八組投資人企圖執行的二十五筆最大交易單、何時開始執行交易、每一筆交易單的買進價與賣出價，以及他們能完成多少交易單。

當我表示也許任何人都能設計出和這個軟體一樣複雜的東西時，馬可維茲提醒我，他在一九五二年發表「投資組合選擇」後，花了很多年時間來寫電腦程式，好不容易才有今天的成果（所以並非那麼簡單）。接下來他又說，雖然它是那麼簡單，但「你必須設想一個市場──這個市場裡的主體和它們的特質；你必須考量買賣交易單、接下來又必須考量各式各樣的事件──包括重新進行最適化作業，下單，檢討交易單以及一天結束時應處理的事件等。你必須考量融資的規定，以及投資人違反規定時該怎麼辦。完成這一切後，就好像是建構了一個小小世界。」

這些模擬呈現許多不同的發展，其中較有趣的發展之一是當中所發生的回饋流程。在某一次模擬中，所有投資人都參與均數／變異數分析，不過卻依照歷史平均報酬來建立他們的期望報酬，這個系統最後變得幾乎快爆炸。馬可維茲對這個結果做了一番說明：「一開始模擬的證券是十六檔，所有證券的價格大約都是一百元，但幾年後，某些股票的價格可能漲到二千萬元。假定這是真實的，那該會是什麼情況！」

這個系統因正面回饋而爆炸。每個人都想利用過去的歷史來找出平均績效。如果某些股票的表現特別好，每個人都會想：「我們必須提高這檔股票的期望報酬率。」於是，每個人都會一窩蜂的想買進這一檔股票，這些行為將會推升價格，而價格上漲會導致平均報酬率上升，進而又提高投資人對未來報酬的期望，變成一個週而復始的循環。

所以，他在市場裡加入了另一類投資人，這類投資人不會根據過往價格波動來估計每股股票價值。於是，當股價上漲，這類投資人會覺得該股票比較不吸引人，因為他此時必須為同一最終結果付出較高代價。於是，馬可維茲和他的同事發現，如果不同種類投資人之間存在一個適當的平衡，模擬的市場波動就會較貼近現實情況。不過，「市場的確持續波動，而我們也瞭解到，這些模擬裡發生的情況瞬息萬變，真的和單純的均衡狀態有所不同」。

這的確是一個小小世界。

❖

馬可維茲目前也參與了另一個較大的世界。在二〇〇五年九／十月號的《財務分析師期刊》中，馬可維茲鎖定資本資產定價模型——股價與投資組合朝整體均衡波動之理論的兩個根本假設發表意見。第一，CAPM假設投資人能以無風險利率借到無限多資金，而且完全不管他們目前有多少資源。但是對任何一個放款人來說，借款人的現有資源非常重要。第二個假設是，投資人可以無限制放空，並利用這些收入來建立多頭部位，這意味投資人只要存一千美元到券商，接下來，他能放空一百萬美元的證券，並作多一百萬零一千美元的另一檔證券。

這些假設完全不切實際。任何一個坐擁大量現金的放款人都不會隨便把錢借給看起來沒有能力還錢的借款人。另外，沒有人能以低於美國政府債券利率的代價借到錢。再者，根據聯邦儲備的T法規規定，如果一個投資人只有一千美元，他最多只能放空約當二千美元的證券，或者同時作多一千美元與放空一千美元。這和前述一百萬／一千美元的假設相去甚遠*。

根據馬可維茲的說法，若將這兩個假設修正到較接近現實的情況，結果變得很令人震驚：「**市場投資組合不見得是效率投資組合**†。」事實上，「**脫離效率的程度有可能非常大。在擁有相同期望價值的可行投資組合裡，市場投資組合的變異性將達到幾乎無限多種**」。

這一點對投資策略的影響大得驚人。如果市場投資組合不是一個效率投資組合，指數化就會完全失去意義，那麼，也許所有廣泛分散投資的策略全都沒有意義。

為了解釋為何會產生這些違反直覺的推演，我們必須稍微離題一下。一九五八年時，詹姆斯・托賓曾證明投資組合選擇是一個極端簡單的事務。整個流程起始於效率前緣，這和馬可維茲在一九五二年選擇模型中所說明的一樣††。托賓的主張和馬可維茲相同：位於前緣的最高風險投資組合（也就是在最頂端的投資組合）並未分散投資，這種投資組合只持有一檔證券。而順著效率前緣逐漸往下，投資組合的分散投資程度就愈高。也就是說，這些投資組合持有的股票檔數將漸漸增加。

在這個流程中，馬可維茲假設投資人能以無風險利率借到現金或無風險借款，托賓也做此假設。不過，托賓卻看見其他要素。一旦無風險放款開始成為一種資產，成為所有可取得資產中最低風險者後，就沒有其他投資組合可以再列入效率前緣了。所以，在這個點之上的前緣是由一些現金金額不斷增加的投資組合所組成。

＊在討論富國銀行時已提過這個觀點的另一個變型，我們將在第十章再次討論。傑柯伯斯、李維和馬可維茲也發展出一個包含作多與放空部位的投資組合最適化技術，這個技術也遵守T法規的限制。請詳傑柯伯斯、李維和馬可維茲（二〇〇三與二〇〇六）。

†效率投資組合是在特定風險水準下投資人期望獲得最高報酬的投資組合，也可以說是在特定報酬水準下，最低風險的投資組合。

††效率前緣是將效率投資組合從最低風險排列到最高風險，或從最低期望報酬率排列到最高期望報酬率的區間。

比爾・夏普在一九六四年提出的資本資產定價模型研究報告，又在馬可維茲和托賓所發展的理論之上加入了另一個假設：人們能以無風險利率借錢，而且要借多少就有多少，你也能以無風險利率放款，金額也沒有限制。在這些情況下，投資人只會選擇一個風險投資組合，那就是市場投資組合，接下來，再將這個投資組合和無風險利率借款或放款組合在一起，以便創造前緣。

這就是馬可維茲、托賓和夏普發展效率前緣結構的條件。不過，現在馬可維茲卻宣稱市場投資組合不是一個效率組合！為何他會這麼說？因為當我們將現實世界的限制套用到借錢或放空的情況時，這些有關效率前緣的傳統計算方式就會產生非常深奧的變化。套入現實限制後，效率前緣上較高風險的投資組合將只會持有少數幾檔波動性較高的證券。而在效率前緣的較低位置，投資組合分散投資的程度可能會更高，但持有的低波動性證券卻又會過多。這些扭曲的結果將對以均數／變異數計算為基礎的投資組合選擇造成重大的衝擊。

分析投資人公司（Analytic Investors）的羅傑・克拉克（Roger Clarke）和兩位同事最近針對效率前緣左端（風險最低處）的本質提出一份前瞻性的研究，他們指出，在這個點上，證券比重和期望證券報酬無關。這意味投資人只需要考慮可能被列入之證券的共變異數矩陣（covariance matrix），而這部分必須參考期望報酬率。這個奇怪的情況可能衍生一些風險低於市場投資組合，但期望報酬率卻較高的投資組合，這有點像是一種免費的午餐，它讓投資人可以提高對股票的配置，但整體投資組合的風險卻不會上升。

根據托賓最原始的解釋——不管投資人是風險趨避者或喜歡承擔高風險——每個投資人都應該以市場投資組合的形式持有風險資產，或者投資類似史坦普五〇〇指數那麼分散投資的指數型基金。因投資人對風險的感受不同，所以必須調整投資組合，而這裡的調整投資組合是將較高或較低比重的總資產投入市場投資組合。風險趨避型投資人將會把餘額投入無風險資產如美國國庫券；喜歡承擔風險的投資人則會把超過一〇〇%的資源投入市場投資組合，差額部分以借款方式來補足。

這個見解和當時約定成俗的觀點完全相左，因為托賓認為所謂的「室內裝潢者」——例如主張孤兒寡婦適合保守的股票投資組合，而企業高階主管則適合較積極的投資組合——將產生難以令人滿意的結果。

不過，當我們針對借款和放空做更務實的假設後，現在馬可維茲證明托賓的觀點站不住腳。在那些情況下，「前緣較高處將多半以商人風險型證券為主，但較低位置的則多半是所謂的寡婦或孤兒型證券，其持股超過應有的比重」。所以室內裝潢者才是正確的，不是錯誤！約定成俗的觀點終於有一次是合乎正軌的。

不過，一切都未脫離CAPM，馬可維茲在《財務分析師期刊》那篇文章的結尾寫道：「CAPM是美好的事物。」我們不能忽略這個理論的教誨，更不應該將它丟到垃圾桶，因為這麼做的代價太高了。

世人應該傳授CAPM，它就像假設地球沒有空氣，並根據此一假設來研究地球上的落體一樣。做了這個假設後，計算與結果就會簡單很多，不過，到了某些時點，人們終究會提出「在地球上，砲彈和羽毛的下降速度明顯不同」這個事實，並加以解釋……。相似的，到某個時點，我們必須向財務系學生說明實際面限制的替代效果（無限額借款與放空），同時解釋「在那種情況下將會如何」。

儘管馬可維茲不斷探索市場行為模式，也不斷研究投資人應如何投資才能追求最適成果，但他對投資分析的計量方法卻依舊非常熱中。有關財富管理的專業報刊《退休金與投資》（*Pensions & Investments*）在二〇〇五年十月報導：「在投資風險領域，馬可維茲先生……指出目前許多退休計畫贊助者定期使用數學方法來分析其投資經理人的投資組合……馬可維茲先生表示：『我真的非常樂見此一情況。』」

❖

二〇〇六年，有一份美國財務期刊以英文節錄了一篇最初於一九四〇年在義大利發表的文章，自此，這個和馬可維茲理論密切相關的奇特觀點才公諸於世。這篇文章的作者是卓越的義大利數學家與學者布魯諾・費奈第（Bruno de Finetti）。該文的原文長達近九〇頁，文章裡指出均數／變異數分析是在風險與報酬得失之間取得最適均衡的方法。

費奈第的分析路線和馬可維茲十二年後自行發展的理論極為相近，而且馬可維茲還因此獲得諾貝爾獎。費奈第認為在判斷一個資產投資組合的風險程度時，必須將效率前緣與各項報酬相關性的重要性列入考量*。誠如我們將在後續章節討論的，均數／變異數最適化流程目前已在機構投資管理的資產配置決策中扮演一個主要的角色。

費奈第文章的某一個章節被刊登在《投資管理季刊》的二〇〇六年秋季號當中，那一篇專文另外還刊登了加州大學柏克萊分校的馬克・魯賓斯坦及馬可維茲本人的背景評論。馬可維茲的評論使用了一個令人感興趣的標題：「費奈第搶在馬可維茲之前」，內容詳細討論費奈第與他的研究之間的異同處。

魯賓斯坦一開始是在二〇〇五年從一個朋友那裡知道有這樣一篇研究論文，他似乎是英語系國家的財務經濟學家裡第一個知道這篇研究論文存在的人。魯賓斯坦提出幾個理由解釋為何長久以來費奈第的研究工作都不為英語系經濟學家所知，最重要的是，馬可維茲對此也毫不知情。誠如魯賓斯坦所指，費奈第主要是要研究機率與保險領域的問題（他是一個精算師），在這份研究報告當中，他想解決的問題和再保有關，與投資組合選擇無關。這種聚焦點的差異也許就是費奈第在一九四〇年發表這篇文章後就未再針對這個洞見

---

* 英國學術家羅伊（A.D. Roy）也在一九五二年發表過一篇類似路線的文章，發表時間比馬可維茲晚一些。不過當時很少人受羅伊的研究所吸引，而且他對這個問題也未進一步深入研究。

進行後續研究的主要原因。不過，他的名氣也很大，他在一九五〇年時曾受知名美國數學家李奧納多・薩維（Leonard Savage）之邀，在柏克萊的一場座談會上發表一篇有關機率的演說。

魯賓斯坦也猜測：「組成精算科學和經濟／財務學術領域的知識份子差異甚大，而且費奈第的論文只有義大利文版本（而且是新式義大利文），知道費奈第研究成果的人和財務經濟學家之間也沒有交流，甚至連在義大利都是如此。在馬可維茲的研究成果問世時，多數人都已忘記費奈第了。」魯賓斯坦也提到費奈第女兒對她父親的看法：「他的個性通常不喜歡大肆宣揚自己的優點，但是他卻會為了自己心目中的正確概念和他所認定的謬論奮戰到底，直到勝利為止。」

有沒有可能是某人在馬可維茲於一九五〇年努力設法建立自己的均數／變異數分析（後來被運用到投資組合的資產選擇上）時，將費奈第一九四〇年的研究透露給馬可維茲呢？雖然馬可維茲是在芝加哥大學取得經濟學士學位，但他卻是在非常偶然的情況下，於一九五〇年接觸到投資組合選擇的均數／變異數概念，當時他想為他的博士論文找一個標題。對當時的馬可維茲來說，一般財務學與投資組合資產選擇都只是一些例子，本身沒有用處，不過卻是有用的工具，能闡明馬可維茲方法論可以達成什麼目標。我們從過去五十幾年來所發生的後續事件中瞭解到，馬可維茲很快就沈浸在財務領域，從此以後，財務一直是他最主要的研究重心。

我問馬可維茲，如果真的有人在他撰寫博士論文時把費奈第的研究交給他，他會怎麼做？他的回答非常坦然：「我應該一眼就會看出費奈第和我的投資組合選擇研究有關，不過卻非完全相同。我想我會在我的論文中以註記的方式提及費奈第這個人。」

這個回答讓我鬆了一大口氣，投資領域中能欣賞投資革命創意之價值的人應該也和我有一樣的感受。因為馬可維茲的投資組合選擇研究堪稱後續許多財務理論的基礎，尤其是資本資產定價模型。

第九章

麥倫・休斯：「Omega自有其價值」

麥倫・休斯一九六二年從安大略省漢彌爾頓的麥馬斯特大學（McMaster University）畢業後，他的家人要求他加入家族的書籍出版事業。當時休斯對經營事業完全沒有興趣，於是，他到芝加哥大學商學研究所就讀，這就是讓他後來在學術界取得優異成就（包括以他對布萊克—休斯—莫頓選擇權定價模型的貢獻而獲得諾貝爾經濟科學獎）的基礎。

雖然休斯絕對有資格被列為這本書裡的優異理論家，但他目前所走的路線和其他理論家同儕們所選擇的道路卻大相逕庭。除了薩繆森以外，其餘每個人都涉獵某種商業營運，但也依舊從事各種和商業利益無關的活動——包括教書。不過，休斯的主要活動卻完全聚焦在商業上。他有時會周遊列國，針對他的研究發表演說或提供建言，他也依舊會去探索理論的許多層面，不過，身為白金樹林資產管理公司（Platinum Groves Asset

Management，一檔避險基金）的共同經營合夥人，他的主要重心是擺在避險基金上。他告訴我：「這是一個很棒的經驗，這個經驗涉及許多很好的經濟想法，而且我還一面能繼續從事商業營運。」

這檔基金是一項很嚴肅的事業。休斯是在長期資本管理公司意外結束營運之後（他曾擔任該基金的委託人），於一九九九年組織了白金樹林公司，因為他想看看自己是否能同時兼顧管理風險、保本，並賺到足夠的錢，讓這個專案的存在變得有價值。後來，休斯先前的一個學生（後來也是同事）黃奇輔（音譯，Chi-fu Huang）加入白金樹林公司的行列，他曾在史丹佛大學就讀，後來成為麻省理工學院的教授。黃奇輔則引薦了他在麻省理工學院的學生亞伊曼・辛迪（Ayman Hindy）。休斯說：「於是，我們就像是學術界的祖父、兒子和孫子般齊聚一堂。」

到目前為止，基金的營運情況都還算不錯。目前該公司一共有六十五名員工，基金自設立後，每年扣除費用後的報酬率為九・六%，年報酬率超過常用的約當現金標竿LIBOR（倫敦銀行間拆款利率）六・五%。基金的年度波動性僅四・五%，低於報酬率的一半。而且該基金和債券市場或股票市場的相關性幾乎是零。

❖

雖然白金樹林也持有放空部位，但該基金和其他避險基金的共同性僅止於此。白金樹林不會針對系統因素（例如貝它值和阿法值）進行預測——而且他們根本不想從事這種預測。休斯和他的同事藉由提供休斯所謂的「流動性與風險轉嫁服務」在資本市場裡進行交易並賺取利潤，這種服務牽涉到承接各種不同投資人和企業不願意承擔的風險，由於不想承擔這些風險，所以這些投資人和企業願意付錢找人來承接這些風險，而白金樹林公司就是藉此機會賺錢。

這些都不是面對面的交易，而一個年輕人因擔心自己在未達預期平均壽命之前就不幸身故而投保壽險來保護家庭免於因此而受創，則是屬於面對面的風險移轉。白金樹林傾向於投資一些其他投資人或企業為規避他們不想承受的風險而使用的金融工具。這種工具的賣方並不會對交易價格斤斤計較，相對的，他們比較重視一筆交易能否平衡其業務或投資組合的風險。於是，白金樹林善加利用這個特點，藉由接手其他人或企業想擺脫的風險，從中獲取利益。

休斯以「omega」（希臘字母表中最後一個字母）這個字眼來描述藉由承擔他方風險來獲取利益的機會。提供這些服務時並不須預測總體要素或現金流量，而這些是預測貝它值和阿法值的要素，另外，阿法和貝它是希臘字母表中的前二個字母。誠如休斯的描述：「Omega自有其價值。其中最棒的是，omega不是一場零和遊戲，追求阿法值才是零和遊戲。我們提供的是一種服務，不是要追求資訊處理的優勢。簡單說，處在交易此端的我們因承擔其他人不願意負擔的風險而得到收入。」

休斯很喜歡希臘字母表的最後一個字母（omega）與前兩個字母之間的對比關係，不過他選擇omega的理由其實更嚴肅。他是以歐姆定律來思考，歐姆定律是電壓等於電流乘以電阻。希臘字母中代表阻力的字母就是omega。當代理人在市場上尋找其他可供轉嫁風險的對象時，投機者將會抗拒接受這種流動（也就是電流），除非他們因低價而獲得適當的補貼。對休斯來說，omega代表他的公司所扮演的角色，也就是說，他們尋找市場上某些人或某處為了將風險轉嫁給市場而導致資產價格遭低估的各種機會。

雖然休斯明確的將阿法值與貝它值排除在其避險基金管理的考量之外，還有，雖然他宣稱追求omega不是一場零和遊戲，但其投資策略的根源似乎又紮根在投資革命創意的基本架構中。風險及其他所有風險表現形式是這檔避險基金的投資中心考量，風險／報酬的取捨當然也是他們所有決策的基礎。他很少使用資本資產定價模型，不過他應該是相信市場效率這個基本假設，因為他堅持該基金的投資不是以「定價偏誤」為基礎，而是以投資人為擺脫風險而衍生出來的價值為基礎——擺脫風險的行為讓願意接手這些風險的人獲取利益，這就是該基金得以增值的主要來源。他的基金經常使用選擇權定價模型，所以，該基金的基礎自然不辯自明。

❖

休斯的談話內容聽起來很白話，中間穿插了一些希臘文，讓他的談話增添了一些趣味，不過，他這一番談話的意義卻非常深遠。他在市場上交易但卻不考量阿法值和貝它值，這代表他是處在一個和積極型投資者，如耶魯大學捐贈基金或高盛公司等（後續章節將討論這些機構的活動）完全不同的世界。不過，從很多方面來說，他的世界和金融市場的關係似乎更為密切。

多數人都知道金融市場在我們的經濟體系裡扮演一個重要的角色（事實上，金融市場也是人類社會中重要的一環），因為一般認為金融市場像是經濟體系裡的潤滑劑，它讓企業的大輪得以順利運轉。不過，很少人曾停下腳步，思考市場裡的瘋狂行為所代表的真正意義，也未曾思考金融市場如何或為何能擔任經濟流程裡那麼多重要的角色。

最明顯但也是最重要的一點是，金融市場是「市場」，買賣雙方為了交換企業所有權、民間與公共負債和衍生性金融工具等，而在市場中進行許許多多交易，不同交易間更存在無數的差異。每一方都希望能藉由另一方來滿足各種不同的目標，不過，市場讓各方人馬得以用雙方都能滿意的價格成交。事實上，如果這兩方之間沒有抱持不同的觀點，買方就永遠也不可能找到賣方，反之亦然。經濟體系之所以會發生大繁榮後的大蕭條，就是因為每個人對未來都抱持完全相同的看法*。

---

* 羅伯·帕瑞區（一九九二）批評我未能將這個重點寫進《投資革命》，我非常感謝他的指教。

由市場所設定的價格也許可說是經濟體系裡最重要的一項資訊。這些價格代表著真正的數字，不是某些政府機關的估計值。這些價格讓我們知道看法相左的兩方人馬如何就某些產品、服務或資產的價值達成共識。有了這項資訊，我們可以擬訂計劃、進行預測、採取行動或按兵不動，也可以藉此適當分配資源。

不過，這並不代表價格永遠「正確」或是「最好的價格」，因為唯有買賣雙方都取得所有和交易有關的可用資訊時，「正確價格」才會出現。聽起來有點矛盾，不過如果走到哪裡價格都永遠「正確」的話，人們將會放棄尋找有助於瞭解真相的更好資訊，此時蒐集資訊的成本也會很高。不過，實際上人們花費很多時間、精力和金錢來收集資訊，而這也顯示價格從未完全正確，也就是說，價格沒有充分反應所有可用資訊。另外，這也是一件好事，因為收集資訊的所有努力通常會把價格推向均衡水準*。

我們憑著直覺將金融市場視為買方尋找價格低估資產與賣方尋求擺脫價格高估資產的中心。換句話說，市場上的價格鮮少是「正確」的。不過追求價值——也就是阿法值——的行為只是金融市場活動裡的一環而已，而且通常只能算是非常微小的一環。由於目標不同，市場裡的交易也可能大不相同，因為流通在外資產的所有權人可以利用金融市場將這些資產轉換為現金，金融市場也是擁有現金者為其長期資金的使用找尋目標的地方。以這個角色來說，利用現金購買可創造未來現金流量的資產的投資人就等於是轉讓一個選擇權給那些資產的賣方，這個選擇權讓他們可以在當下實現這些未來現金流量的折現價值。

不過，金融市場中還有更深奧的活動在進行。以這種角色來說，金融市場變成一個時間機器，讓賣方投資者可以將未來壓縮為現在，而買方投資者則可以將現在延展為未來。如果沒有金融市場，所有資產都會被投資者買進且長期持有，資金成本就會遠比目前高很多。在這些種類的交易中，有一些交易之所以發生，是由於某一方認為自己發現物超所值的買進機會，或能以超漲價格賣出資產的機會。不管是哪一方，賣方都是藉由籌集資金而將未來壓縮為現在，而買方則是以付出現金的方式將現在延展為未來。

金融市場將買方和賣方聚集在一起，它的功能不僅是創造一種將今日貨幣換成明日貨幣的時間機器。這些市場也會創造流通性，它們為企業提供籌集營運活動資金的機會，而且金融市場無時無刻都會透露市場對一個企業或任何其他工具（一直有價格的工具）的評價。這些功能在在都說明著為何金融市場會那麼活絡，而我們也必須瞭解，如果金融市場無法在同時間扮演那麼多不同角色，它們也無法像現在這樣運作了。

由於買方和賣方將金融市場視為一個可以「兩面押寶」（也就是將某一方風險轉嫁給另一方）的場所，所以他們會被吸引到金融市場上。金融市場向來都是可進行「兩面押寶」的場所，不過，過去三十幾年來，衍生性金融工具市場的發展更讓那些機會得以獲得延伸與顯著的強化。

---

* 有一篇非常棒的研究和這個矛盾有關，請見Grossman and Stiglitz。

計量投資策略和華頓學院的山佛・葛洛斯曼對市場這項特質的感受特別深刻。早在一九八九年，他就曾說：

如果人們從事交易的唯一原因是他們認為自己知道得比下一個人多（例如擁有更多資訊），那麼，交易就不可能產生獲利……所以一定要有其他願意從事交易的理由。雖然某些價格波動的發生是出於資訊的變化，但其他價格波動則是導因於特定投資人風險承受度或流動性偏好的改變。

葛洛斯曼舉了兩個因風險承受度或流動性偏好改變而發生的價格變動。第一個例子是一個退休基金為改善其資產與負債比例，而將股票部位轉換為無風險的債券投資組合。第二個例子是一個希望可以取得「立即執行」能力的投資人。為了實現他們的目標，這些投資人必須接受不利的股票價格，以說服其他投資人和他們合作，接收他們手上的股票。葛洛斯曼的說法精確勾勒出一個能讓休斯及其避險基金蓬勃發展的環境，一個能讓其他投資人轉嫁風險的環境。

❖

市場上有關風險轉嫁的例子中，最古老的例子是：一個磨坊主人向農夫購買小麥後儲存起來，事後再將小麥加工成麵粉並予以出售。這個磨坊主人必須承擔兩個主要風險來源。

第一個來源是特殊風險，也就是磨坊事業獨具且無法規避的風險，如果你選擇以這項活動為生，就無法逃避這項風險。舉個例子，地方上是否對麵粉有需求？鄰近地區是否會有其他競爭者開立新磨坊？某個大客戶是否會陷入財務困境？如果選擇經營磨坊，這些風險都是無可逃避的。

磨坊主人的第二個風險來源是總體或整體風險，也就是非專屬磨坊事業的風險——這是每一個從事農業原物料商品相關業務的人都會面臨的風險。當磨坊主人向農夫買進穀物且將之儲藏在倉庫裡的那一刻起，總體風險就開始產生。如果在買進穀物、加以儲藏到以麵粉形式將之出售到市場上的期間內，穀物價格是下跌的，那會發生什麼事？答案是，如果價格下跌，磨坊主人可能必須承受嚴重的虧損。如果價格跌幅很大，甚至可能導致磨坊走向破產。

此時磨坊主人可以大幅提高磨坊事業的權益，以避免發生這個悲慘的結局。但這個決定明智嗎？他並不是在原物料商品市場從事穀物價格期貨投機操作的業務，而且如果他無法賺到相對高於風險的優異報酬，大幅提高額外權益的代價其實非常高昂。相對的，他只希望藉由將穀物磨為麵粉、出售麵粉的方式來賺錢。所以，他將會尋找一個能規避價格風險的方法，也就是說，將價格波動的風險轉嫁給願意承擔這種風險的其他業者。

金融市場提供了媒介的功能，讓磨坊主人可以將價格風險轉嫁給他人。磨坊主人在將穀物儲存到倉庫的那一刻同時賣出一個期貨合約，這個合約讓他能以交易進行時所設定的的一個固定價格，於未來某個特定日期交出穀物。請再注意，「時間的移轉」在這筆金融交易中是一個固有的要素，而時間也反映出他所承擔的風險將會被轉嫁出去的這個本質。

現在，這個磨坊主人已經獲得保障，不會因價格下跌而受傷，因為這些虧損將由買下這個期貨合約的投機者承擔。但如果在這段期間內穀物價格上漲，磨坊主人也無法從中賺到錢，不過，他應該會說服自己，他要做的不是價格投機操作業務。他的業務是儲存穀物，隨後將穀物磨成麵粉，再將麵粉賣給他的消費者。這個磨坊主人將風險轉換成基差風險（也稱殘餘風險），也就是他的庫存小麥的價格不會隨一般小麥價格同步波動的一種風險。不過，由於局部與整體價格波動的相關性很高，所以這已經是相對極低的風險。避險合約和求生的相關性必須很高，而且必須可以成為有用的避險工具才行。

不過，又是什麼因素促使投機者願意買進磨坊主人所賣出的期貨合約？答案是：唯有合約價格夠低，讓他們覺得期望報酬將超過這些資金目前所能賺得的利息（如果這筆錢沒有用來買進期貨合約的話）時，投機者才會介入買進這個期貨合約。同時，投機者也可能會另外設法降低他們的風險，如在其他市場進行避險或以各種策略來分散風險。磨坊主人充分瞭解他所接受的價格代表對投機者接受價格波動風險的轉嫁的一種補貼。轉嫁風險的服務和其他所有服務一樣，都必須有利可圖，否則沒有人會願意提供這項服務。

休斯對風險轉嫁的根本意義有著非常敏銳的感受。誠如他對我解釋的：

❖

風險轉嫁是持有資產，接下來將資產或證券或風險從現在轉移到未來的一種時間序列。也就是說，必須及時將多餘的存貨轉移到未來，即新的需求者進入市場之後。投機者將目前的時間轉移到未來的時間，以滿足他們的需求。事實上，將目前的時間轉移到未來的時間是券商／仲介圈、銀行或避險基金的根本功能，因為這些投資者藉著「持有特定證券的存貨，等待未來需求者出現」的方式來賺取生活費。我個人認為多餘存貨的賣方和原物料商品市場裡的避險者一樣，都知道他們所收到的價格包含一筆對投機者的報酬，這筆報酬是作為投機者願意承接存貨持有期間的風險的一種補貼。

從休斯的觀點而言，風險轉嫁對投資流程與風險管理的重要性不亞於分散投資與風險／報酬得失的最適取捨。也許風險轉嫁對整體經濟的重要性更甚於前述幾個元素。

為了幫企業所有權人賺錢，每一個事業都必須專注於其產品線與其他活動。而且每一個企業也都會面臨一個關鍵的選擇。從一方面來說，企業可以繳納足夠的權益資金來吸收所有該事業可能衍生的風險，甚至包括沒有期望超額報酬或零現值的風險（對這個企業而言）。不過，企業也可以藉由規避零現值風險的方式來降低所有權人需要繳納的權益資本。權益和避險都會產生成本，不過，避險是比較有效率的做法。企業很清楚它是為取得避險服務才付錢給投機者，而企業樂意這麼做的原因是，終究來說，避險的成本比持有額外權益的成本低很多。

誠如休斯對我說的：「企業最主要的任務是判斷如何賺錢。接下來，它必須決定需要承擔哪些風險，應該將哪些風險轉嫁出去；通常避險的成本遠比繳納額外權益的成本低。轉嫁整體風險如價格或利率波動風險的成本遠低於轉嫁企業本身特有風險的成本。關鍵在於『分離』二字：讓一切以企業決策優先，接下來再設法改變事業所面臨風險的本質。」

❖

白金樹林公司的業務是以有利可圖的價格承接其他人希望擺脫的風險。誠如休斯自己的描述，白金樹林的業務和預測資產價格無關。相反的，白金樹林的業務是依據許多本質差異極大的問題來塑造它的策略。舉個例子，為何會有風險轉嫁機會存在？為何將付款日從今天轉移到明天的價格會有所變動？白金樹林必須在多久以後將存貨交給或提供給市場？哪些總體因素可能改變其持有期間的長短？這個機會是否能創造高於風險的期望報酬，是否能創造足夠支持存貨風險的營運資金？而且，一旦判斷出這個問題的答案，那麼，在現有期望報酬下，應該要承接多大的部位？

風險轉嫁和提供流動性很類似，不過絕非同一件事。流動性代表人們為了立即可取得資金而願意接受較低報酬率，所以流動性溢酬是願意犧牲即刻取得現金權利的人所能獲得的較高報酬。舉個例子，租房子和擁有房子這兩件事，最終來說，這取決於你對流動性的感受。為希望取得流動性的人提供流動性，可能是有利可圖的，而這就像風險轉嫁一樣，不是一種零和遊戲。休斯說：「提供流動性也可以賺取omega。」

休斯認為這些都是最重要的議題。他告訴我：「當我們在觀察整體資產定價時，如果忽略流動性的價格或風險轉嫁的價格如何與何時發生變化，就會忽略市場價格行為中非常大的一個要素。當投資人需要更多流動性或尋求轉嫁更多風險給其他人時，資產報酬間的相關性就傾向於上升，到最極端時，連相關性通常很低的多種資產類別都會開始同步同向波動。」

❖

我問休斯，白金樹林每天是怎麼運作的。他回答：「我們從事互動式業務，我們會等待機會出現。我們是典型的投機者。市場上有眾多團體藉由壓縮時間的方式來讓市場更有效率，而我們只是其中一個。就某種程度來說，我們以負面回饋系統為支柱——當相對價格過低時，我們會買進，而當相對價格過高，我們則賣出——這完全是根據『脫軌價格總有一天會回歸均衡水準』的假設。你應該可以從我的研究報告中看出，替代作用會在市場上產生非常強大的力量；也就是說，風險特質相似資產的訂價將以能創造相似期望報酬為基準。」

為了更詳細說明這一點，休斯提出一個實際的例子，那是一筆白金樹林和CTA（在期貨市場從事交易，且在商品期貨交易委員會登記有案的商品交易顧問）有關的交易。二〇〇六年時，日本央行看來好像即將終結它長期以來所維持的寬鬆貨幣政策與幾乎零利率政策。當時很多CTA認為這是賣出（也就是放空）十年期日圓債券期貨合約的好機會。因為如果日本央行的政策轉變，將會導致這些債券在市場上的殖利率上升，債券價格就會下跌，當然，債券期貨合約的價格也會同步下挫。這樣一來，這些CTA就能以低於放空這些合約的價格回補這些期貨合約。

實質上，這些CTA等於是透過賣出期貨合約的方式賣出長期債券，造市者則製造了一個買進價，向他們買進這些期貨。這些CTA也瞭解所有造市者提出的證券買進價格都會低於他們所提出的賣出價格，因為這些造市者是靠買進與賣出價的價差為生。但無論如何，如果CTA的預測正確，他們將來能賺到的錢一定遠比支付給造市者的交易執行成本多。

現在，造市者手上持有很多可能跌價的期貨合約，如果日本央行一如預期的改變政策，虧損就會發生。為了規避這項風險，造市者反過頭來放空七年期的日本政府公債；選擇七年期而非十年期的原因在於對買方而言七年期債券的交割價格正好較低。於是，造市者不僅賺了買進與賣出價差，也藉由放空七年期公債的方式將利率風險轉嫁給市場。

由於CTA賣出長期債券期貨，而造市者賣出七年期債券以達避險目的，所以期貨與「最便宜可交割債券」（cheapest-to-deliver）的價格雙雙下跌。而休斯的避險基金察覺到這當中的一個機會。該基金的模型顯示七年期公債比十年期公債和五年期政府公債便宜。於是，白金樹林買進七年期公債並賣出五年及十年期公債，買賣的比例正好足以規避所有整體利率變化，不過，如果七年期公債的表現真的超越另外兩者，他們就一定會獲利。

這和風險轉嫁又有何關係？CTA藉由賣出債券期貨給造市者的方式，表達他們對市場未來的看法。造市者則賣出七年期債券來規避它們因買進CTA的十年期公債而承擔的風險。而白金樹林則是以造市者能接受的價格，進場承接造市者的風險，因為這樣一來造市者就不再需要承擔利率上升的風險。CTA已經下注，而造市者認為可以從買進及賣出價差獲益，同時已將交易所涉及的風險轉嫁給白金樹林。就某種意義來說，CTA就像是將穀物賣給磨坊主人儲存（最後製為麵粉）的農夫，造市者則扮演磨坊主人的角色，而白金樹林就像是向磨坊主人買進期貨合約（磨坊主人儲存了農夫賣出的穀物，為了規避穀物價格波動方向可能不利於他的風險，所以賣出期貨合約來規避風險）的投機者。

❖

接下來，休斯提出另一個和債券市場有關的例子。這個例子的所有要素都是假設的，不過，卻更能讓人理解白金樹林為市場提供風險轉嫁業務等相關活動的本質。

在二〇〇四年秋天，一個投資銀行團設計並銷售大量的結構債（連動債）給客戶。乍看之下，結構債看起來很像是傳統的固定收益工具，這種債券有到期日，也有利率。不過，結構債還包含額外的特質，這也是它們的殖利率比一般陽春負債工具高的原因——很多結構債當中隱含非常複雜的選擇權，即使是形式最簡單的結構債，都可能牽涉到資產的買權和賣權，而這些選擇權可能和債券的原始發行者無關；另外，結構債也可能包含縮短或延長債券到期日的選擇權。

投資人也能利用結構債來讓一個投資組合免於受系統風險的打擊。舉個例子，假定有人擔心加拿大魁北克的分離主義者在一場主權公投裡獲勝，因為這個情況可能導致加元在外匯市場上大幅貶值。此時，就可以設計一種結構債，當中隱含對加元的賣權，如果分離主義者獲勝或發生其他情況，就可以執行這項賣權*。

休斯所提的這個例子裡，結構債票面利率是七%，其實算相當高。如果利率維持在特定水準之上，這些結構債要三十年後才到期，不過，投資銀行也可以贖回這些債券，在到期日以前完成還款。由於到期日相似的美國政府公債利率僅四・二五%，所以這些結構債當然非常受歡迎，很多有錢人和部分機構——尤其是亞洲、中東和歐洲各地的機構都趨之若鶩，因為油價大漲使他們的外銷表現亮麗，這些投資人手上都握有很多現金。他們比較重視是否能找到高收益率的產品，但卻比較不擔心其中隱含的選擇權和風險。

這些結構債聽起來是不是好到有點不真實？的確，它們確實不像表面上那麼好。原因是，除非在支付票面利息那一天，美國三十年期公債殖利率高於十年期公債殖利率，否則這些結構債持有人根本無法得到七％的票面利率，如果屆時三十年期債券殖利率低於十年期殖利率，這些持有人就無法得到利息。其實這些結構債包含兩種選擇權。投資銀行團已經就「只有且唯有長期利率期限結構的斜率向上時，投資銀行才必須支付七％的票面利率給債券持有人」賣出了一個選擇權，也就是所謂的數位選擇權；在這個情況下，債券持有人「只有且唯有在發息日當天，三十年期／十年期殖利率差為正數，且債券尚未被贖回的情況下」，才能就這一系列選擇權得到付款。相同的，債券持有人也賣了一個選擇權給發行銀行，根據這個選擇權，如果三十年期公債殖利率等於或低於十年期公債殖利率，銀行就不需付息給債券持有人。

在這個情況下，投資銀行所承擔的風險是：長期債券殖利率高於短期債券殖利率，不過，他們當然也不想因銷售這些債券給追求高收益率的投資人而虧本。由於這些銀行是以他們自己的名義發行這些債券，所以他們可以選擇直接承擔「可能必須支付七％利息給債券持有人」的風險，也可以將這個風險轉嫁給市場。最後，投資銀行團決定規避風險，鎖住藉由銷售這些結構債所獲得的利潤。他們的避險方式是隨著利差擴大，機動賣出長天期

＊賣權是指一種可以在特定日期前以特定價格賣出標的資產的選擇權。

的工具、買進短天期的工具，而當利差縮小時，則機動逆轉上述避險行為。

投資銀行對風險的看法和上述例子裡的農夫或磨坊主人很類似。他們會為了賺錢而選擇要承擔什麼樣的風險，並以零現值來規避這些風險。投資銀行團的業務是設計並賣出新證券，不是利用債券市場的漲漲跌跌走勢來進行投機交易，所以它們非常樂意付錢給投機者來幫它們承擔風險，而且它們願意接受的付款金額對一定另一方有利。和其他例子一樣，這些投機者從事風險轉嫁服務，並以有利於他們自己的價格進行交易，藉此獲得報酬。

如果三十年期公債殖利率相對十年期公債殖利率上升，債券持有人的選擇權的價值將上漲，因為投資銀行很可能必須支付七%票面利息。不過，在此同時，三十年期債券的價格相對十年期債券的價格將會下跌，所以銀行的避險部位也將同步出現獲利的情況。如果相對的波動方向呈反向進行，銀行可能會因選擇權價值下跌而獲益，但這些獲利將因其避險虧損而被抵消掉。

情況的發展將產生一系列有趣的後續事件。每次只要銀行找到七%結構債的新買主，它們就會賣出三十年期工具、買進十期工具來進行避險。長期下來，這些交易將對三十年期工具構成持續性的下跌壓力，但對十年期工具產生持續性的推升壓力。結果，三十年期殖利率與十年期殖利率的利差將持續擴大，因為前者持續上升，後者持續下降。而當七%結構債的潛在顧客研究過整個情況的發展後，他們會歸納出一個結論：從那個點之後，長期債券殖利率相對十年期債券殖利率進一步上升的機率將逐漸降低，於是，市場上對七%結構債的需求就會快速下降。

於是，故事到此結束。

❖

在休斯以長篇大論耐心解釋白金樹林的業務後（他還另外舉了非常多例子，不過我沒有一一列舉），我依舊不知道他究竟是如何區隔白金樹林為提供風險轉嫁服務而進行的交易，以及一個聰明絕頂的集團基於其優異的預測或它在市場上發現優異價值機會而進行的交易有何不同。

當我直接了當向他提出這個問題後，他不厭其煩的詳答我的疑問：

其他投資人確實會表達出他們對「有利價值機會」的預測。不過，他們有時候也必須表達和「不利價值機會」有關的預測。這就是我們的機會所在，這時他們對我們的服務有需求，願意為了得到我們的聰明才智而付錢給我們。

我們在提供風險轉嫁服務與流動性時，不會藉由預測現金流量或利率升／降等來尋找機會。這部分屬於那些參與貝它值和阿法值遊戲的人。我們的戰場截然不同，即使我們確實需要一些方法來找出機會，而且我們也必須進行價值的研判，以評估為何有人需要我們的風險轉嫁服務、需要多久的時間，以及需要多少資金來支持這些部位。

以我們的情況來說，我們多半會在七大工業國的債券市場中買進較便宜的證券，並賣出價格偏高的庫存證券，當然，這些動作都是依據我們的評價模型。我們也會針對貨幣政策的更迭進行預測，所以，有時候我們確實會為了提升我們的報酬而調整部位。我們也需要藉由周轉存貨的方式來獲取報酬。當我們預測到周轉率將上升，代表我們的資金年度報酬率也會上升。在那些情況下，我們就會投入較高部位。

每一個投機者都必須擁有能辨識出機會何在、架構存貨部位、規避外生風險、調整部位、在各項互相排擠的替代方案中進行最適化調整，以及擬訂因應打擊的計畫等技術。技術必須有知識、門路和能預測存貨投資期間何時將結束的經濟理解力來作為它的基礎與強化效果。不過，我們的預測和其他人為賺取報酬而做的預測大不相同。

最後，休斯針對白金樹林的本質作了一個總結。「我們一直都需要提升我們的技術，並進行必要研究來強化我們的模型。有了更好的技術後，我們就可以更有效率的辨識出機會何在，同時監督相關活動。有了新的研究，我們不僅可以強化現有技術，也將在不同的市場提供媒介，從而擴展我們的業務。除了有助於擴展我們的規模以外，和相關人士的討論也讓我們對資本市場的運作有了更敏銳的瞭解，讓我們知道應該針對何處進行研究，提升哪些媒介服務的技術。」

休斯以一席對其目前業務深具信心的談話結束了我和他之間的討論。他指出：「這是一個很棒的事業，我們可以教導追隨在我們之後的下一世代人類如何推動業務，這個機會鮮少有其他機構介入，因為其他機構比較重視直覺，而我們不是。而且隨著我們瞭解愈深，我們就能更有效率的進行業務的系統化與整合。我們認為若缺少了直覺，模型也一樣不完整，不過，如果沒有模型，直覺也是不完整的。唯有兩者並存才會完美。」

「這兩者的結合讓我非常興奮。雖然我們是在業界，希望最終可以賺到錢，但我們也複製大學組織的模式。我們進行研究，我們會討論這些研究並加以改善，而且我們會建立模型，並就模型進行實驗。到了某種程度，我們會發表這一切，而當我們在市場上測試這些模型時，就可以驗證這些模型的成效了。」

第 5 部
實務界人士

第十章

柏克萊全球投資管理公司：「它是一項福音事業」

儘管領導階層乃至信條出現種種變化，但麥奎恩（McQuown）、維汀（Vertin）及福斯（Fouse）所創造的動能……仍強大到足以繼續向前推進。想到這些人在這麼早之前就已經在這場戰爭中射出第一發子彈，想到當初世人對他們所提出的理論所知、瞭解或讚賞都那麼有限，我們就可以體會到他們的成就的確非常偉大。他們是名符其實的學以致用者。

——《投資革命》

這一章將述說一個革命時期的故事，在這段時期，人們將理論創意化為商業上的成就，而我也將述說在追尋這個目標的同時，一個在學術方面極端優秀但經濟極端拮据的團體，如何自我改造為一個在學術方面極端優秀但在經濟上也能賺錢的團體。隨著本章內文的起承轉合，我們將見識到冷靜沈著的領導人物們最後如何在挑戰最激烈的競技場（你爭我奪的商場）上展現財務理論的生命力。事實上，強烈聚焦於獲利能力的態度讓所有創意得以結合在一起，成為多種新產品的創新基礎。

富國投資顧問公司成為當今投資管理業「舉足輕重的勢力團體」的故事可以追溯到一九七一年七月，當時該集團的名稱是富國銀行信託部，他們自信滿滿的推出了全世界第一檔指數型基金。這一步只是個開端（詳《投資革命》第十二章）＊。一九七七年時，該信託部進一步著手開發第一套電腦驅動型的策略性資產配置方法。兩年後，它提出一個和指數型基金主題有關的變型產品，這項產品將指數型基金架構和一個加強風險控管的積極型管理策略結合在一起。在此之後不久，該信託部又推出一個以期望報酬率（利用股利折現模型計算出來的期望報酬）為基礎的成熟積極型策略。一九七九年時，富國銀行推出「收益率傾斜基金」（yield-tilt fund），它近似指數型基金，不過偏重較高收益率的股票。一九八一年，富國銀行又推出了第一檔國際股票指數型基金，並緊接著在一九八三年推出一檔債券指數型基金。

當時富國銀行早已開始為非美國客戶管理資金，另外也銷售一檔名為驛馬車的基金，就那麼巧，這一檔基金正好又是費雪・布萊克和麥隆・休斯所設計。這些創新產品全都根植於財務理論的基本基礎：分散投資、風險與報酬得失的最適取捨、市場效率以及資本資產定價模型。

看看這些成就，你能想像得到這些業務在一九八三年賺多少錢嗎？當時他們管理的資產一共增值到令人難以置信的一一〇億美元。如果你認為他們賺大錢，那可就錯了！從商業的觀點而言，富國銀行的資產管理業務根本是個廢物。這個單位沒有賺進任何一毛錢，因為指數型基金和相關產品的資產規模不夠大，所以根本無法創造利潤。驛馬車基金只吸引到極端微薄的資金，而且不久後，它就和共同基金交易協會起了衝突，結果後者成功的設法禁止商業銀行對公開大眾銷售共同基金。最後，產品開發部門的主要發起人比爾·福斯（Bill Fouse）甚至在一九八三年背叛了富國銀行，帶走一批同事投效美倫銀行。

儘管吉姆·維汀（Jim Vertin）在一九七〇年代以他身為富國投資顧問公司處長的地位向我承諾他會繼續「把那個岩石推上山」，但有一段時間，一切看起來卻好像一場已結束的夢。在這個最終價值驗證決定一切的世界裡，所有效力強大的學術與理論成就，所有將這些創意轉化為商業化可供銷售產品的智慧努力，以及領導小組（包括麥奎恩、維汀和福

＊這個小組是舊金山老富國銀行中的一個單位，該銀行的歷史可以回溯到一八五二年的小馬快遞公司（Pony Express）。誠如我們將討論的，該信託部最後成為一個獨立的主體。老富國銀行在一九九八年被明尼亞阿波里斯市的紐威銀行（Norwest Bank）購併，該銀行沿用富國銀行的名字，不過其背景和業務計畫和原來的富國銀行已完全不同。

斯）堅忍不拔的決心（至少在福斯尚未離開富國以前），看起來都像是浪費時間。

❖

不過，這個執著的小組卻從未放棄「將那個岩石推上山」的決心。商業上的挫敗最後催生了許多與一九七〇年代和一九八〇年代初期的創新與理論見解直接相關的偉大商業產品。現在，他們改頭換面，以柏克萊全球投資管理公司（ＢＧＩ）的名號存在於世界，該公司是全世界最大的機構資產投資組合經理人，也是全世界最大的指數型基金與交易所指數型基金（ＥＴＦ）經理人。

目前ＢＧＩ管理的資產總額達一・六兆美元，其中包括四千億美元的歐洲資產及一六〇〇億美元的亞洲資產。目前資產管理金額幾乎比二〇〇〇年股票市場崩盤前的頭部區時高一倍。該公司在全球各地有超過二千名員工，在四十九個國家有超過三千個客戶，很多客戶至少投資ＢＧＩ的五種不同產品。其中委託ＢＧＩ管理超過一百億美元資產的客戶有十九個，委託該公司管理超過十億美元資產者也有一九九個。一眼望去，它的客戶名單令人印象非常深刻，全都是一些赫赫有名的機構，如艾克森（Exxon）、ＳＯＮＹ和倫敦商學院（London Business School）等。全世界規模最大的三百個退休基金中，有一半委託該公司進行資產管理；另外，美國前五十大退休基金中，有七六％委請該公司管理資產。ＢＧＩ全球前二十大客戶和它維持往來的平均期間超過十四年，而所有客戶與ＢＧＩ往來的平均年數是七年。在這個高客戶周轉率的行業，這可是很少見的情況。

二〇〇六年年中時，BGI成為全世界最大的指數型基金管理者，共擁有一・三兆美元的指數型資產。這部分業務佔總管理資產一・六兆美元的近八〇%，當中包括了二三〇〇億的交易所指數型基金，這也讓BGI成為全世界最主要的交易所指數型基金管理者，其實，他們從二〇〇〇年才開始介入這個領域，剛起步時的管理資產金額僅約二十億美元*。不過，BGI也是全世界規模最大的積極型投資經理人，這部分的管理資產大約超過三千億美元，其中，在二〇〇六年年中，避險基金就佔了大約一二七〇億美元，全部資產都是自行管理，這也讓BGI成為全世界第六大單一避險基金經理人。其他規模相當或更大的指數型基金管理公司都是基金中的基金，也就是說，所有個別基金被結合成一個主基金，再委由外部人管理。

現在的BGI敢大聲宣示他們過去的績效良好，這證明富國銀行信託部原來的領導人並不是在作夢。根據布雷克・葛洛斯曼（該公司目前的執行長）的說法：「幾乎每一個積極型的策略——涵蓋證券、固定收益、資產配置以及貨幣——從設立迄今都能創造正阿法值。也就是說，這些策略在調整風險因子後，績效都能恆久超越它們的比較標竿，而且我

* 根據投資公司協會（共同基金的交易協會）的統計，二〇〇六年三月時交易所指數型基金的總資產大約是三二一〇億美元。

們沿用同一個策略的時間通常很久。在我的印象中，過去十年來被我們終止的策略寥寥無幾，而通常我們終止一個策略的原因是將它轉換為另一個策略。舉個例子，原始的收益率傾斜基金最後之所以被關閉，是因為該基金的多數資產被轉換到阿法值傾斜基金，這是我們目前的重心。不過，我們關閉收益率傾斜基金時，該基金的歷史績效記錄非常好。只有少數幾個情況是因為我們認為繼續創造阿法值的機會已經不存在，所以才會清算這些基金。」*

他們最後的成果確實非常亮麗，儘管研究預算高達一億美元，但總營業收入高達二十四億元讓他們得以賺進高達十億美元的營業利益，幾乎是BGI母公司（倫敦柏克萊銀行）稅前盈餘的一〇％，母公司的總資產就高達一兆美元。

❖

進入獲利門檻的重要第一步是在一九八三年九月跨出，當時富國銀行接受比爾・夏普的建議，聘請弗瑞德・葛洛爾（Fred Grauer）擔任富國投資顧問的執行長，接替福斯和比爾・詹克（Bill Jahnke）的職務，他們是富國投資顧問的老員工，向來都積極開創新的策略。葛洛爾認為他的任務是要好好安撫富國投資顧問的員工和客戶，同時將該公司改造為一個既具成長性又能創造利潤的企業體。當然，他也開口要求不低於一般獨立顧問公司行情的薪酬，這包括利潤分享。富國銀行裡的某些人早就認識葛洛爾，因為他更早之前也任職於該公司，並且他還在哥倫比亞大學與麻省理工學院（在此認識費雪・布萊克）擔任財務教授。後來，葛洛爾從學術界進入美林資本市場公司，但他認為他在那裡未能充分施展他的能力，而且一直被孤立。

不過，葛洛爾告訴我，在美林的那段時間是「一個轉型經驗」。他在美林學會兩個重要的原則：首先，賺錢很重要，而且第二原則是「如果別人不相信你的說辭，你就不會賺錢」。但葛洛爾向我保證，他依舊是個「用大腦的人」。事實證明的確如此，因為他後來和福斯及其他人重修舊好（早期他加入富國時，他和這些人的關係並不熱絡）。

一九八五年，信託部門和富國銀行的高階經營團隊認為，如果這個部門的先導部隊看起來比較像個企業，它就會採取比較像企業的行動。於是，他們將該單位的名稱改為富國投資顧問公司，讓它成為富國銀行旗下完全自主的子公司與利潤中心。這個動作代表該小組的獨立，而獨立則意味著可以自由設定薪酬水準，不需要考慮銀行內的標準。不過，自由設定薪酬水準也代表將該部門分離成為一個獨立企業的主要目的，就是要他們創造最大的利潤。

不過，沒有客戶何來獲利能力與成長？而且富國裡的員工根本不懂銷售。當現任執行長布雷克・葛洛斯曼在一九八五年加入這個機構時（當時他剛從史丹佛商學院畢業，在那

* 除非有特別註明，否則引述內容全都來自個人訪談或通信內容。

裡曾擔任比爾・夏普的研究助理），儘管富國投資顧問公司的銷售人員費盡心思向潛在客戶說明這個擷取自指數基金架構的獨特策略，但卻怎麼都搶不過傳統的積極型經理人。葛洛斯曼回憶說：「這在當時是司空見慣的事，我們太侷限於理論和學術基礎了。我們不斷強調理論與統計測試，但這個方法未能引起共鳴。我們花了很長的時間才瞭解要如何行銷產品，從那時開始，我們的優異績效記錄才終於成為主要的賣點。」

❖

誠如葛洛爾在剛接下富國的重任時所見，最大的問題在於領導階層，他們太醉心於自己的偉大創意，而且太熱衷於和投資組合管理領域裡的傳統主義者打仗。事實上，他們對「打仗」的熱衷程度甚至超越以其付出來獲取報酬的熱衷度。同時，這個戰場未能讓他們在市場佔有率方面獲得重大的進展，更遑論為公司創造利益了。葛洛爾的目標則不同，他要搶救這個事業、建立這個事業，這意味他必須創造利潤以及「第一等」績效，而且絕不能破產。

葛洛爾舉驛馬車基金的經驗來說明他所面對的挑戰。費雪・布萊克、麥隆・休斯和麥可・詹森（Michael Jensen）在多次CAPM實證測試中提及，低貝它值的股票可以實現高於CAPM所預測的報酬，但高貝它值股票的報酬略低於預期。這有兩個可能的解釋：CAPM是錯誤的，要不就是CAPM是正確的，但市場沒有效率，導致低貝它值股票的價格遭到低估。CAPM的原始創造者之一約翰・林特納主張這個模型是問題之所在，但布萊克、休斯和詹森卻認為問題的答案在於市場沒有效率。

他們開始尋找投資人不去修正這個偏差的理由（效率市場理論也認為這種情況的確可能發生），最後他們認定，答案在於投資人無法借到足夠的資金，將價格低估的低貝它值股票之股價推升到足以使CAPM期望報酬率達到與其貝它值相稱的水準；另外，投資人也無法放空足夠的超漲高貝它值股票，將高貝它值股票的股價壓低到足以讓CAPM期望報酬率上升到能和貝它值相稱的水準*。

這種落差讓人得以從中獲取一些阿法值，也就是超額報酬。相較於一般的散戶投資人，富國銀行能以較低利率借到更大量的資金，而且他們較不受情緒因素壓抑。經過測試，過去這個策略的幾種不同形式做法都創造了相當正面的歷史績效。布萊克和休斯也曾提出類似目前的避險基金的早期版本，他們建議驛馬車基金不應該只買低貝它值的股票，也應該同步放空高貝它值的股票。

他們默默的設計好實際的基金，並於一九七二年一月將基金上市，該基金的設計比布萊克和休斯所期待的更加保守。集團內部對基金結構的爭議導致布萊克和福斯之間發生非常尖銳的爭辯，福斯擔心將過高部位投入低貝它值股票的做法，將導致基金無法充分分散

---

* 馬可維茲（二〇〇五）與本書中馬可維茲對這個CAPM問題的評論。

投資，因此導致基金的風險遠高於原本的設計。由於爭端愈演愈烈，導致布萊克狂怒的走出會議室（他很少這麼失控）。由於他們無法就這些爭端找出最適當的解決方式，加上法務方面的問題層出不窮，風險趨避型客戶對這個基金也缺乏信心，結果驛馬車基金在一九七三年八月就不幸早夭。

雖然就商業層面來說，驛馬車基金是個災難，但它確實是一個效力強大的創新，為未來的多項重要發展建立了一個里程碑。首先，股票的評價變成由電腦所管理，不是由人類來判斷股票的價值。第二，這檔基金是根據電腦的指示來進行交易，而不是根據某種資訊優勢，所以交易費用比其他基金低（對營業員來說，他們可能會認為其他基金的交易是由可能擁有較多股票知識與資訊的投資人所下單）。最後一個影響是，富國投資顧問為該基金取得的槓桿貸款利率是以聯邦基金的每日利率為基礎，也就是以銀行間隔夜拆款利率為基礎，最後這些創新的信用約定竟逐漸演變為當今「附買回協議」的原始前身。於是，儘管處於逆境，但富國投資顧問公司卻在金融市場裡留下了革新者的腳印。

葛洛爾對驛馬車基金這些個後續事件的反應是：「謝天謝地，它沒能站穩腳步。」他認定這檔基金的營運成本一定會超過布萊克的估算值，而且他認為以一個消極的比較標竿來說，這檔基金一定會產生非常大的追蹤誤差。對葛洛爾來說，驛馬車基金不過是一群好戰之士將資源浪費在理論大戰，而不用在具獲利能力專案的另一個例子罷了。

❖

在葛洛爾於一九八三年加入該公司後，該公司開始走向成長和獲利的道路。原本指數化的做法被視為一種至多只能創造平均績效的無用策略，但在他加入後，這個策略卻開始起飛。原因是股票市場在一九八二年七月抵達令人痛苦不堪的長空走勢低點（股價從一九八〇年的高點下跌了二〇%，而且還比一九七三年一月〔九年前〕的高點低九%）。如果以調整通膨後的基礎來計算，損害更是嚴重。不過，一九八二年八月起，股票價格就像大砲一樣，一路向上挺進。短短一年後，股價上漲了五三%。到一九八五年年底時，也就是葛洛爾就任後的一年半，股價已經比一九八二年的低點高七〇%，而且幾乎是一九七三年一月的前高點的一倍。那時，富國投資顧問公司的營運因此趨於穩定，客戶開始回流，流程獲得重建，很多非策略性的活動也都被終止。該公司和艾克森、紐約市教師協會與耶魯大學之間建立非常良好的互信與關係，讓客戶相信該公司的所有努力最後一定會獲得最豐碩的果實。

當時機構需求開始大量湧入市場。每個人好像都急於建立股票部位，更急於擺脫已經變成包袱的低風險投資標的。但是當時的積極型經理人根本無力處理那麼多的資金，相反的，富國的史坦普五〇〇指數基金卻能吸納所有流入的資金，並且即刻將資金投入股票。在一九八五年年底，富國管理的資產規模達到三三〇億美元，名列《機構投資人》雜誌

（Institutional Investor's）美國三〇〇大投資經理人中的第十八名。一九八六年底，該公司所管理的資產規模更躍升為五五〇億美元，排名劇升到第九名。

在這個過程中，富國找出了指數型基金的獲利轉捩點，這種基金的費用架構極低，因此其損益平衡點大約為二五〇億美元的資產。小型投資管理公司根本沒有能力處理這麼龐大的資金，重要的是規模。在所有客戶都持有相同投資組合的情況下，該基金當然很容易就能應付新資金的流入，另外，他們也採用精密的操作策略，將交易成本降到最低。當然，積極型經理人的收費大約是指數型基金收費的數倍高，所以積極型經理人的損益平衡點大約只要一億美元的資產。不過，對積極型經理人來說，基金規模的成長卻可能成為績效的障礙，因為交易成本將上升，管理投資組合的流程也會遭受擾亂，畢竟當基金規模上升，他們就必須和更多客戶維持溝通。我以前也曾經擔任過投資組合經理人，所以經歷過一次那種局面，我非常清楚當新客戶資金突然大量湧入時，會對績效與彼此之間的關係造成多大的衝擊。

隨著指數型基金的業務大幅竄升，富國從此以後就以所謂投資科學（Science of Investment）作為產品線概念中心，銷售人員在和機構型客戶進行溝通時，都能以這個口號及概念為重心。他們的作業非常井然有序，很多方面的作業都是以電腦來處理。另外，一個策略必須經過各個可能層面的所有客觀測試才可能被採用。所有枝節都必須互相配合與融合。資金管理工作的焦點著重於三個要素：低交易成本、風險控管，以及從指數基金平台衍生出來的策略──在這個架構下，基金規模是正面的，不是缺點，也不是問題的根源。富國的產品可以藉由規模來建立相對利益、領先競爭者，尤其是相對於專長於選股和捕捉進出市場時機的經理人。

富國重視低交易成本的原因不僅是這對客戶有利。低交易成本代表富國可以實現一般積極型管理公司所無法執行的策略。由於富國有辦法將執行交易的成本門檻降低五〇%（有時甚至超過五〇%），因此也得以擁有很多獨具的機會來創造許多能獲取阿法值的產品，其他類型的經理人根本無法做到這一點。葛洛爾以「路上的黃金──黃金國」來描述這個致富之源。

富國所有低成本策略的設計都不是一步登天型的產品。不過，由於他們的部位相當龐大，管理的資金非常多，所以儘管每次創造的阿法值非常小，但卻得以積少成多。如果是在其他環境下，這麼龐大的規模反而會讓基金變得笨重不堪。再者，每次都創造小額阿法值的機率當然比企圖一次超越某些標竿指數三〇〇個基本點的機率高。換句話說，從指數型基金概念所衍生出來的策略，其風險比傳統資產管理模式低。

指數型基金業務的快速膨脹讓富國獲得另一項顯著的優勢，它可以藉此降低交易成本。由於指數型基金和相關的策略持有非常多不同股票，所以很多交易可以透過券商內部的帳戶彼此互抵，這種做法是零交易成本的。當一個券商內部的帳戶中有人想賣出另一個內部帳戶要買的股票時，就會產生互抵的情況，只需要利用電腦將資產從其中某個帳戶轉到另一個帳戶即可，雙方都不需要支出成本。這樣就可以在不涉及華爾街一般成本結構的情況下執行很大量的交易，不需要支付佣金，也沒有買賣價差，更不會對市場形成衝擊。

我問葛洛爾，為何另一方總是有那麼多證券可以滿足指數基金的交易需求。他舉一個例子：當投資人把原本投資在積極型經理人投資組合裡的資產轉移到指數型基金時，這些積極型投資組合所持有的個股可能正好可以為指數型基金提供更多股票（前者因投資人贖回而必須減碼），也可能可以滿足其他積極型管理策略的需要。另外，由於客戶總是不斷更換經理人或經理人的任務，也經常加碼或撤出資金，因此一定會發生這種情況。結果，現在已化身為柏克萊全球投資管理公司的富國投資顧問公司遂變成全世界最大的內部零成本市場運作者。

在以人工記帳和文件堆積如山的時代，這整套政策、概念和謹慎的交易執行作業根本就無法推動。誠如葛洛爾的描述，技術和基礎建設是將柏克萊全球投資管理公司轉化為「革新勢力團體」的關鍵。電腦是這一切的核心，不僅因為它通常擔任選股角色，也因為它每天能執行大量交易，管理持有數百檔股票的投資組合，更能善加處理這些交易所產生的相關記帳問題。若沒有電腦，我們永遠都無從驗證這項理論工作的有效性與實際商業應用。

❖

那麼，富國投資顧問公司又是如何變成柏克萊全球投資管理公司的？第一步在一九八九年跨出，當時富國和位於東京的日興（Nikko）投資顧問公司合作，兩者分別持有五〇％的富國投資顧問公司業務。這個夥伴關係的建立有點像是意外的收獲。當時日興已經開始朝計量的方向前進，但卻還有很多要向富國學習的。不過日興擁有非常深厚的業務關係，不僅是在日本，在亞洲各地的關係也非常好，而當時外國人要介入當地退休基金投資管理業務是非常困難的，這對富國而言是一大誘因。

到一九九〇年代中期，富國投資顧問公司的母公司——富國銀行的高階經營團隊開始思考是否要繼續在全球資產管理市場佔有一席之地。雖然該銀行並未涉足全球其他國家，不過，就區域型機構來說，它確實擁有非常強的競爭優勢，而他們也希望維持這個業務發展計畫。所以儘管當時富國—日興的營運能創造利潤，但富國銀行的經理人卻認為這些業務會導致他們分心，耗用無謂的資源，因為他們認為聚焦在商業銀行業務可以賺更多錢。當時葛洛爾在富國投資顧問公司的聯合執行長派翠西亞‧唐（Patricia Dunn）原本希望可以促成由經營團隊買下整個公司，但她的努力最後並未成功。

富國銀行最後將整個業務賣給倫敦的柏克萊銀行，它是一個大型的英國銀行，在全世界都有業務在進行。柏克萊銀行也擁有一個經驗豐富的專業計量部門，持平而言，這個團隊的修為和富國投資顧問團隊可謂不相上下。於是，富國投資顧問公司被改名為柏克萊全球投資管理公司，不過，富國投資顧問公司的業務與運作方式的根本特質還是完整的被移植到新公司。最主要的改變是該公司透過與柏克萊銀行的合作而開始密切聚焦於全球市場，這讓柏克萊全球投資管理公司得以建立龐大的規模——這也是它獲利的秘訣，更讓柏克萊的產品在市場上獲得非常有競爭力的地位。

❖

誠如葛洛爾的描述，從那時開始「我們就走向不同的途徑。我們將公司塑造為一個能透過科學與技術來達到自給自足狀態的組織」。葛洛爾認為「樞紐事件」發生於一九九四年，那一年柏克萊全球投資管理公司聘請理查・葛林諾（Richard Grinold）擔任研究部主管。葛林諾曾擔任BARRA的研究主管和總經理，BARRA是巴爾・羅森伯格在一九七三年設立的投資研究諮詢公司，該公司的成就斐然。不過，葛林諾在一九八五年離開BARRA，設立了自己的投資組合管理公司。四年後，葛林諾的BARRA舊同事榮恩・康恩（Ron Kahn）加入他的行列。一九九五年時，葛林諾和康恩發表了一本名為《積極型投資組合管理：計量理論與應用》（*Active Portfolio Management: Quantitative Theory and Applications*）的書籍。

這是一本舉足輕重的書，它的標題精確傳達了書裡的內容。現在這本書已成為柏克萊全球投資管理公司各階層員工人手一本的「聖經」，另外，它更為ＢＧＩ開啟了一條道路，讓它發揮最大的能力，其影響絕對不僅止於策略塑造這個層次而已。這本書最後讓柏克萊全球投資管理公司找出了一個能凸顯該公司與其他競爭者之差異的經營目標。此外，《積極型投資組合管理》一書清楚指出三個概念，這三個概念為富國與BGI長期以來不斷發展的策略創見提供了一個理論基礎。以葛林諾和康恩的術語來說，這三個特質分別是資訊係數（IC）、廣度以及資訊指標（IR）。

資訊係數是指報酬預測值和實際事件實現報酬之間的關係。所以，資訊係數是衡量「技巧」的一個指標。不過，投資成就較取決於剩餘報酬，而非預測的精準度。廣度是指能讓一個成功的投資組合管理機構應用其技巧的機會數。誠如葛林諾和康恩所說：「（廣度）是我們可以施展我們的技巧的次數。如果我們的技巧水準相同，那麼，預測一千檔股票的報酬絕對比只預測一百檔股票的報酬更好。」

舉個例子，策略性資產配置的問題之一是投資的資產類別有限，主要都集中在債券、股票和現金，另外，它押寶到新賭注的頻率也很低。所以，「每季賭一次市場方向無法創造廣度，就算空有技巧也沒有用」。相反的，能在全世界許多市場同時運作的策略（而非僅限於美國市場）可能是廣度最大的策略。

最後的結果是資訊指標，這是抵達投資組合極樂世界的關鍵：資訊指標是「與標竿指數報酬無相關性的那些剩餘報酬」（也就是阿法值），除以這項剩餘報酬的波動性。換句話說，目標不僅是「超越標竿」這麼老套，而是要做到恆久超越標竿，也就是說，要有足夠的一致性，讓「阿法值是否存在，或者只是曇花一現」這種爭議自動消音。看起來聰明是一回事，不過如果沒有做到嚴謹的風險控管，再怎麼聰明也沒有用。

「資訊指標正是積極型投資經理人的機會。資訊指標愈高，就愈可能達到積極管理的目標。」這些就是構成葛林諾與康恩積極型管理根本法則的要素，這個法則告訴我們「我們的資訊指標是隨著技巧（資訊係數）等比例升高，也隨著廣度的平方根等比例升高。所以，就形成這個等式：資訊指標＝資訊係數×$\sqrt{\text{廣度}}$。」

柏克萊全球投資管理公司的資訊指標通常高於〇・七五，偶爾甚至會出現超過一・〇的分數。其他主要資產管理機構的資訊指標通常大約是〇，相較之下，柏克萊全球投資管理公司的成就的確非凡。

當然，最新進的技術是絕對必要的，不僅在記錄的維護上需要最新技術，根據「積極管理根本法則」執行投資組合管理事務時也需要使用到新技術。維持高資訊指標需要不斷重新計算風險結構，同時必須追蹤阿法值如何隨市場上的價格波動而演變。在這些作業當中，技術扮演著決定性的角色，而這也使得柏克萊全球投資管理公司成為一個資本密集事業，多數其他投資管理公司對固定資本的投資並不多。ＢＧＩ將這個差異視為一種優勢，因為儘管該公司的策略要求密集的資本投資，但該策略卻確實也讓他們的競爭力遙遙領先。

除了學習如何適應所有機器與大量的電腦列印文件外，ＢＧＩ的員工也必須拋棄傳統的投資組合管理與市場行為思考模式。長期下來，他們更必須學習忘卻他們自己最近的成就，持續更新他們的策略，以擺脫任何可能已經追上他們的競爭者。

❖

幸好葛林諾的領導能力強大且創意十足，該公司才能達到如此境界。他的訣竅是將熱情轉化為創新，而評斷成敗的關鍵則在於是否能將理論與資料轉化為阿法值。葛林諾的方法所要求的紀律顯著提升了新產品開發速度。當他初來乍到時，公司只有六個全職的研究部員工。誠如葛林諾的說法：該公司「自此以後日益精進」。目前BGI研究單位散佈全世界，相關員工超過一百人，他們發展了許多結合了高廣度、衍生性商品與相對價值策略，這些策略橫跨股票、債券與現金市場。目前該公司在技術方面的預算依舊持續增加，目的是為了讓BGI的經理人能更善加掌握愈來愈複雜的環境——複雜的環境都是因衍生性金融商品的大量使用所造成*。

葛林諾的目標是將積極型管理轉化為管理比較標竿的原則和技術，所謂比較標竿通常是指史坦普五〇〇指數。葛林諾指出：「如果你偏離市場，就算有很好的創意也沒用。尤其我們的積極管理型產品保證會和標竿維持高達〇・九八的相關性。」

---

*一部分引述自亞倫・庫尼基斯在BGI二〇〇六年四月號季報《潮流》的〈新智囊〉一文中所言。

葛林諾和康恩的「積極型管理基本法則」組成要素確立了這個方向。不過，他們還是繼續強調指數型基金概念所發展出來的策略：高廣度、嚴謹的風險控管以及最低交易成本，同時允許他們尋找低變異的小額阿法值，以及能運用到許多不同市場的大量股票的策略。其中最重要的策略包括指數增益型產品，也就是「tilts」，這種產品針對指數型基金的大量股票進行小規模的積極押注。即便指數增益型產品針對指數報酬進行特定的押注，但最後投資組合的風險水準（也就是報酬的變異性）卻大致和指數型基金相同。

這些類型的策略衍生自另一個更早之前就發展出來的策略（堪稱該早期策略的「徒孫」）。這個原始策略是「收益率傾斜」基金，而且許多以行為財務學為基礎的策略似乎也是起源於此。這種加重對高股息收益率股票持股（相對於低股息收益率股）的理論基礎是：應稅投資人對成長較感興趣，對成長率較遲緩但卻發放較高股息且保留盈餘較低的企業沒有興趣。由於存在這種態度偏差，所以，發放高股息之企業的股價傾向於比發放較低股息者低估。相對的，多數機構投資人都是免稅的，所以能利用應稅投資者的這種「抗收益率」偏差獲取收益率所隱含的利益。事實上，我永遠也忘不了我第一次和某個新投資客戶見面的經驗，他從一九六〇年代至今都一直是我的投資諮詢公司的客戶。當時他一再提醒我，他的業務有多成功，他強調：「我要你務必記得一件事：我再也無法承擔更多的收入。」

一開始，BGI所管理的指數增益型產品規模大約是三十億美元，他們承諾這些產品每年相對於相關被動指數的追蹤誤差不能超過二％。現在，ＢＧＩ光是在美國的指數增益型產品規模就高達一千億美元。即使最基本的技術和架構相對不變，但所有指數增益型產品的型態和阿法值都會隨著時間的消逝而不斷改變。在今日瞬息萬變的資本市場環境下，葛洛爾解釋：「阿法值的半衰期非常短，有時候甚至只有幾分鐘的時間！」於是，ＢＧＩ只好不斷引進一波波博士級職員來進行研究，以期找出所謂的「綠色阿法值」，也就是半衰期長且潛藏在行為偏差與其他經理人未曾使用的新資料庫裡的阿法值。

有一個人盡皆知的行為偏差現象是股票動能，所謂股票動能是指：當投資人認為一檔波動中的股票將持續上漲時，該股票就真的會持續上揚，因為這些投資人將因看漲而買進股票，並進一步推升股價，這個流程會一再重複，延續很長的時間。ＢＧＩ謹慎研究這個現象，希望從市場資料中找出「動能何時將瓦解」的訊號，例如總交易量的差異、總交易量中屬於散戶的比例，以及股票表現超越大盤的發展等。該公司（或者精確一點來說，該公司的電腦）會持續監控全球市場中的七千到八千檔股票，看看它們是否出現這種指標，鮮少有其他公司能做到這個程度。

❖

對ＢＧＩ的獲利能力來說，人的管理和管理投資組合一樣重要。葛洛爾描述該公司的基本人事政策是要尋找「聰明、和善且滿腔熱血的人。我們不會考慮或留住任何一個沒有同時具備以上三個人格特質的人」。該公司對人員進行密集且長期的訓練，目的是為了灌輸他們對組織的忠誠，並告訴員工如何發揮自己最大的能力。該公司經常升遷員工，升遷的速度相當快。儘管這麼做的成本很高，但卻能讓員工保持高昂的士氣和熱情。

派翠西亞‧唐是BGI「快速且經常升遷員工」的做法底下最令人印象深刻的例子。唐從加州大學柏克萊分校的新聞系畢業後，在一九七〇年代初期加入富國擔任兼職秘書。一九九七年三月到一九九八年六月間，她就升遷到聯合執行長的職位，與弗瑞德‧葛洛爾共治，接下來四年間，她進一步擔任唯一執行長。後來她因健康理由而退休*。目前她和BGI公司之間已無正式的關係。

在她的帶領下（一開始遭遇非常大的阻力），該公司很早就介入發行ETF的業務，目前BGI的iShares系列一共有一一六檔基金，其中四十二檔為國際型基金†。iShares系列基金的總市場價值超過二一〇〇億美元，而美國總體ETF市場規模也不過三六〇〇億美元而已。此外，BGI在二〇〇六年又針對ETF概念提出一個創新，這項創新是以該公司所謂iPath ETN（交易所指數型票據）的型式推出，這是一種無擔保三十年期票據，不是一種股份，這些票據是以不同商品指數為基礎。票據到期時，持有人可以收回本金外加約當相關指數在該票據存續期間內報酬的款項。另外，希望在到期日以前贖回票據的持有人也能享受相同的安排，不過若是提前贖回，一週只接受一次贖回。

葛洛爾強調，BGI連在從事銷售服務時都採用一種與其他公司不同的方式。該公司並未聘用專業的業務人員，而是由五個主要營運部門的投資長擔任業務尖兵。這些投資長真的成為很了不起的業務人才，因為他們輕易就能見到他們目標客戶（企業）的高階主管。一旦進了門之後，他們就能讓這些企業高階主管沈浸在一種以科學為基礎的對話氛圍中，此時這些投資長主要是扮演諮詢師的角色，而非陽春的業務人員。

在回憶所有這些歷史時，葛洛斯曼是這樣描述BGI積極型投資管理業務的演化過程：在某個關鍵重要假設下「改善」早期的指數增益型策略。而這個假設是：「市場非常有效率、瞬息萬變、不斷達到更高層次的效率，讓人類愈來愈難以打敗市場。我們策略的半衰期一直在縮短。」他接著說：「在這些情況下，我們發現必須建立一個持續創新的流程才行。」BGI已經發展了一個複雜的創新流程，這個流程包含理論與實務的考量、可能牽涉的交易成本、產品的格式、應該投注哪些銷售努力、日常投資組合管理規定，乃至法務問題等。

最大的進展是一九九六年推出多／空策略，這個策略是由幾個堅信此一方法的員工所

---

* 唐後來到惠普擔任非常務董事，到二〇〇六年秋天退休以前，都一直擔任該職務。

† BGI所發行的ETF都是起源於一個稱為SuperTrust的工具，這是雷蘭（Leland）、歐布萊恩（O'Brien）和魯賓斯坦在一九九〇年所提出的創新，他們原本打算發展投資組合保險。請詳《投資革命》第十四章。

推動。BGI發現，在只能單向作多的情況下，這是比較有效的資金管理方法（不過這在當時卻是非常激進的創意，所以很少人願意接受它）。放空讓廣度大幅放寬，所以具關鍵重要性的資訊指標也會上升，因為放空股票（而非單方買進）等於使機會增加一倍，這樣可以進一步善加利用報酬預測。

在固定收益產品的管理上，放空的效率更加顯著。以股票來說，上漲空間是無限的，但最大下跌空間只可能是零，不過，以實務上來說，上漲與下跌空間大約是相等的。但債券卻非如此。債券最後會以面額付款，這是一項強而有力的拉扯力量，促使價格維持在接近一百元的位置。除非利率突然異常大幅下降，且除非目標債券不可贖回，否則債券的上漲空間遠比下跌空間小。結果顯示，在債券市場進行放空交易的風險較低，潛在獲利能力卻比作多債券高。

一開始，只有到五個主要客戶瞭解多／空策略可能創造什麼成果，願意投入種子基金。因此這個領域的管理資產規模停滯了四或五年。但到了二〇〇〇年，這項業務突然開始起飛。目前BGI堪稱世界上最大的避險基金管理者，當中包括基金中的基金。除了避險基金外，該公司也提供其他使用多／空策略的產品，其中又以目前正快速發展中的固定收益證券放空策略產品為主。

❖

葛洛斯曼很喜歡討論基本財務理論在BGI產品發展及其執行過程中所扮演的角色。他告訴我：「我認為我們的產品線是一脈傳承自馬可維茲、夏普、莫迪格里亞尼—米勒與布萊克—休斯的原始理論。這些理論是我們所有業務的智慧平台與基礎。我們將阿法值策略與貝它值策略予以分離的創意——例如只和市場動力有關的指數化產品——主要就是直接擷取自CAPM，因為我們瞭解CAPM的意義，也知道如何將這套模型拿來做最好的運用。我們很多工作也是採用巴爾・羅森伯格的多重要素模型創新，在這個模型中，巴爾超越了貝它值的框架，而去尋找驅動報酬的因子和設法塑造風險控管結構。」（請見《投資革命》第十三章）所以，雖然BGI將這個流程複雜化，但財務理論卻依舊是支撐我們整體做法的基礎架構。

談到這裡，我提到我過去和傑克・崔諾的一段討論，和CAPM及該模型對現代投資組合管理所代表的意義有關。崔諾曾提到：「CAPM和期望有關，其他所有資產定價模型則和意外有關。」葛洛斯曼也同意這一點。他評論道：「CAPM是和均衡狀態下的可能情況有關，然而多重要素模型如法馬和法蘭區的模型，則將規模效應和價值／成長效應納入。」

葛洛斯曼還說，事實上，很多研究——尤其是實務界人士的研究——和理論的關聯性並不是那麼高，但和釐清市場上哪些因素已反應或尚未反映在價格上的方法比較有關。這正是行為財務學各項應用的內涵：葛洛斯曼認為行為財務學派的理論並不成熟，但確實也提供很多洞見，幫助世人找出獲利機會。比爾・夏普對這部分也有相同的感受：

> 最適化局面和衍生自理性假設的理論有關，這個理論經過謹慎且合理的建構過程，也和資料維持廣泛的一致性。我們不應該採信缺乏理論基礎的實驗結果，並盲目的主張：「這個方法過去很管用，所以未來也行得通。」（伯頓，一九九八，第二〇一二八頁）

接下來，葛洛斯曼提出一個相關的問題：「至於限制呢？理論沒有提到限制，更假設沒有限制問題存在。不過在現實世界裡，投資人鮮少嚴謹遵循來自馬可維茲的均數／變異數程序的資產配置方式。」人們投資在本國市場（甚至他們所屬的州別或城市裡的市場）以外市場的比重低於正常應有的比重。另外，雖然均數／變異數傾向於比較偏好低流動性且較傳統形式的資產，如房地產或林地，但很多投資人——尤其是散戶投資人——卻偏好流動性高且較易於交易的資產。在多數情況下，證券的選擇和經理人的績效都是以一些比較標竿為基礎，而不是根據絕對期望報酬相對風險暴露程度而定。此外，投資者的投資期間也因人而異。

葛洛斯曼解釋：「這種種限制，一定會對投資成果產生極為顯著的影響，且通常是負面的衝擊，不過，如果沒有資本市場理論讓我們瞭解驅動投資人報酬與風險暴露程度的基本要素，我們永遠也無法釐清這些情況。這些理論真的是很重要的發展。而現在，我們終於親眼見到避險基金的架構廣泛獲得認同，避險基金的整體設計就是為了突破這些限制。」

接下來，葛洛斯曼提出一番令人振奮的評論：「避險基金和指數型基金的倡議者之間似乎沒有一個妥協的空間存在，這完全沒有道理。」葛洛斯曼那時是在反思BGI的基本哲學。只要和BGI的競爭優勢一致，任何一個可望創造高資訊指標的積極型策略都值得考慮——BGI的競爭優勢是指規模，也就是說，若要賺錢，管理的資產就必須非常龐大，而且它必須發展自專利技術，更必須是計量驅動的方法，不是以拜訪公司或其他類似的研究流程為基礎。符合這些條件的策略就可以成為他們的產品，範圍非常廣泛，從指數增益型到最積極的避險基金等。

❖

談到這裡，我們的討論內容轉移到一九九〇年代的高科技泡沫，以及這個教訓是否讓投資人瞭解箇中涉及的財務理論與成功投資管理的真諦。我說，莫迪格里亞尼和米勒早在一九五八年就推敲出將泡沫推向不可思議高點的原因。他們二人宣稱所有投資專案及其相關財務計畫都必須通過一個考驗，這個考驗是：就財務上來說，該專案是否能增加企業股票的市場價值。市場知道所有事。唯有股票價格上漲，才代表企業有能力賺回它的資金成本。這是為泡沫行情與企業為拉抬股價而無所不用其極（包括作假帳）的一種哲學式辯解。

葛洛斯曼回答：「我希望我們能更瞭解真正的驅動要素。儘管股票市場主要投資者已經愈來愈老練，但市場卻依舊會出現那種歇斯底里的期間，這實在是一個非常棒的教誨。畢竟這些人都明知股票價格已超過其根本價值，不過，由於市場走勢如此剽悍，任何人也都承擔不起『站錯邊』的龐大經營風險。也許他們當初應該放空一些股票，不過，在很多情況下，他們根本借不到股票，所以整個套利機制根本無法運作，市場效率自然也無法維持。我懷疑這些投資經理人在做那些事（指盲目追價）的時候，究竟有多大的把握。」

當時，由於BGI投資管理架構的緣故，該公司堅持押注在價值面較合理的低本益比股票，不去追逐當時的大飆股。結果，BGI的指數增益型業務「嚴重受創，幾乎被淘汰出局」。當時客戶也非常焦躁不安，不斷質問：「你們究竟什麼時候要改變做法？」

不過，BGI總算撐過了那一段時間，投資經理人們對模型的長期有效性依舊堅信不移。不過，在當時，這個堅持聽起來並不是一個能令人滿意的答案，即使BGI的方法經長時間（可追溯到一九七〇年代比爾・福斯和吉姆・維汀的早期成果）測試與驗證為有效，但依舊難以說服其他人。不過，經過這些動盪，BGI在那段泡沫發熱期只折損少數幾個客戶。

接下來，我就我自己對這個問題的想法提出一番評論。從我自一九六〇年代末期開始擔任資金投資經理人、諮詢師和觀察家的經驗來說，泡沫通常是客戶創造出來的，而非投資經理人。因為當長期投資人開始出走時，投資經理人是很難不動搖的。唯有心靈最強悍的人才有辦法對抗這種壓力。

❖

至於未來又是如何呢？葛洛斯曼認為泡沫讓人們學會許多教訓。股市崩盤後所衍生的可怕虧損讓放空的做法看起來可敬多了。不過，放空與避險基金行業的快速成長促使市場定價更有效率，定價偏誤的情況也快速消失。所以，人們也因此比以前更難打敗市場。阿法值固然好，但並非唾手可得，甚至連像BGI這麼專精的管理機構都不見得能成功。

於是，BGI開始轉向一套全新的方法，該公司將它吸收到的行為財務學派教義拿來做實務應用。目前該公司禮聘非常大量的合格公眾會計師和會計博士來研究企業會計報告。葛洛斯曼輕聲笑著說：「如果你在十二年前跟我說我們會將策略轉向行為學派，尤其專注在會計這個領域，我應該會非常懷疑你的見解。不過，我們現在以新的觀點來研究會計資料，以便評估盈餘的品質與其延續能力，從而瞭解盈餘的真正驅動要素來自何方。」

雖然這項研究源自於葛拉漢（Graham）及達德（Dodd），但卻更嚴謹。BGI已經發現大量的資料，也找出其他投資人所忽略的其他許多成長來源，現在他們的絕竅在於發掘市場如何（或是否）針對這些事實進行評價。

在回顧一九七〇年代以來的幾番痛苦掙扎後，葛洛斯曼語重心長的說：「這是一個福音事業，以理論模型為基礎的指數型與電腦驅動策略依舊是我們的工作重心，我們的所有作為都帶有這些理論模型的色彩。」

❖

於是，BGI的故事就這樣延續下去，它是過往學術研究成果的堅定子嗣，對這些研究非常忠實。不過，隨著該公司持續將理論運用到實務領域，它也創造了新的未來。它終於完成維汀所說的「將那個岩石推上山」的艱難任務！

第十一章

耶魯大學捐贈基金：

非慣例行為

當大衛・史威森於一九七五年取得耶魯大學經濟學博士時，他絕對想不到自己有朝一日會成為耶魯大學捐贈基金的投資長。不過，整整十年後，他接下了這個任務。

他點頭接下這個職務的那一天，對歷史悠久的耶魯大學來說簡直可說是最幸運的日子之一。當時該大學捐贈基金的市場價值大約只略高於十億美元，但到了二〇〇六年六月三十日（上一會計年度年終），該基金的市值已高達一八〇億美元。從一九七三年到一九八三年的十個年度中，耶魯大學捐贈基金的價值從一元增加為二・五五美元，年度成長率約九・八％。但從史威森於一九八五年接下管理捐贈基金的任務後，耶魯的年度報酬率比他的前輩的報酬率高約一倍，在大型機構投資者的圈子裡，該基金的績效也是名列前茅。

過去十年來，捐贈基金的規模增加了三・七倍，而且這個數字已經扣除了該基金定期提撥給耶魯大學的高額開銷費用；在這段期間，史坦普五〇〇指數僅成長二・二倍，而且史坦普的資料還包含股息的再投資，同時未扣除其他任何種類的支出。整體而言，捐贈基金界的績效都還比不上史坦普五〇〇指數。一九八五年以來，耶魯大學的年度報酬率大致都能超過通貨膨脹率，只有一九八八年和一九九一年例外。在二〇〇一到二〇〇二年的大空頭期間，史坦普五〇〇指數下跌三〇%，但耶魯大學的投資組合卻增長了一〇%。同時，以金額計，捐贈基金對耶魯大學支出需求的年度貢獻增加十二倍以上，超過六・一八億美元，換句話說，來自捐贈基金的貢獻佔該大學費用預算的比例從一〇%上升到三四%。更令人注目的是，除了近幾年的眾多正面發展以外，難能可貴的是，該基金的投資組合年度波動性更從一五%降低到一一%以下。

對任何一個投資人而言，這樣的成果已經算是很不錯的了，何況這是大學捐贈基金的績效。畢竟管理捐贈基金是令人望而卻步的一件事，首先這件工作本身就很讓人提心吊膽。史威森和多數專業投資者不同，他只有一個客戶——耶魯大學投資委員會。如果他無法讓該委員會開心，他就得另謀出路。長期的成功記錄讓他獲得很大的施展空間，不過，史威森一開始並沒有任何績效記錄可作為靠山，而且甚至到現在，在夜闌人靜時刻，他還是偶爾會感到焦慮不安。畢竟委員會本身也必須應付外界對它的批判，而當績效落後時，這個特質將傾向於快速增強。

大學捐贈基金的投資問題特別複雜，因為捐贈基金必須滿足一些難以兩全其美的目標。高報酬是一定要的，因為捐贈基金不僅是一大筆閒置的資金，它必須創造穩定的收入來協助支付教職員與行政人員薪資、學生的補助支出以及有形建築物的修繕費用等。校友、學生、教職員和行政人員全都希望學校可以永續生存，這也意味保住捐贈基金的資本是非常優先的考量，因此，一定要進行精湛的風險管理。然而，追求高安全性的投資方式卻也鮮少能創造高報酬。

在這些條件下，史威森團隊依舊創造了非凡的報酬率，並讓耶魯大學在捐贈基金圈裡獲得崇高的地位，這的確不容易。以目前的環境而言，教育已變成一種極端競爭的事業——所以，捐贈基金的規模和增值能力已成為關鍵的變數。教授薪資水平、合格學生可取得的財務補助金額，以及有形校舍的吸引力和運作效率等，都將決定一個大學是否能繼續居於領導地位，排名高的大學能吸引到最優秀的教職員和學生，但排名落後者將成為完全沒有特色的平庸學校。

耶魯的財務地位所牽涉的考量甚至更加廣泛。幸虧史威森創造了這個佳績，耶魯大學的規模才得以擴展到如此龐大，如果該捐贈基金的績效低於平均報酬率，就不會有今天的耶魯。耶魯在大學社會裡的地位全因其捐贈基金的表現而完全改觀。也因如此，史威森目前的責任遠比當年剛接任時更為艱鉅。當年，該基金負擔耶魯年度支出的比重僅一〇％，所以即使基金發生虧損或績效落後，也不會產生很大的衝擊。不過，目前投資組合提撥金額佔費用預算的比重已達三分之一，而且該基金還必須承擔起讓耶魯大學繼續守住名列前茅地位的責任，因此現今的目標設定與決策制訂遠比以往複雜許多。

也因如此，管理捐贈基金必須擁有非常高深的財務能力。我們將討論到，史威森利用各式各樣的工具和財務工程技巧來完成這個任務。不過，他的策略卻源自投資革命創意的基本理論架構，這個架構是他進行資產配置、風險管理與經理人選擇的根本基礎，當然，這個架構也協助他創造了驚人的績效記錄。

❖

創造這個投資組合管理奇蹟的人究竟是什麼來歷？在一個鮮少有人能恆久創造穩定高報酬的世界裡，他又是如何達到這個成就？

史威森一九七五年從威斯康辛大學的經濟系畢業後，轉至耶魯大學攻讀博士學位，他跟隨詹姆斯・托賓與托賓的同事威廉・布瑞納德（William Brainard）學習。他的博士論文是以「托賓的Q」分析為中心，這是指一個企業的整體市場價值和其固定資產重置價值之間的關係。由於一個企業的總價值包含尚未償還的負債及權益的價值，因此史威森希望發展一個模型來評估公司債的價值。

一九七九年他在搜尋實際債券市場資料的期間，去拜訪所羅門兄弟公司裡的人，當時該公司是華爾街最活躍的債券交易商，他在那裡遇到所羅門公司的債券數學家與該領域的大師馬汀・萊布維茲。儘管史威森也承認「我並不太知道投資銀行是什麼」，但史威森卻從此非常著迷。他問萊布維茲，所羅門兄弟公司是否有任何職缺可以安插給他。萊布維茲告訴他：「你的未來有非常好的學術生涯等你去開創，這個地方並不適合你。」不過史威森的決心卻非常堅定。他後來又去找萊布維茲，並竭盡全力向他說：「我想為你工作。」*

史威森覺得這個經驗「非常棒——當時的所羅門是一個飢渴且好鬥的地方。」他在所羅門待了三年，在這段期間，他建構了史上第一筆金融交換（swap）交易，這是IBM和世界銀行間的一筆交易，是當今這類交易的開山始祖。目前這個創意衍生了非常多種類的交易和工具，市場規模高達數百億美元†。

後來，李曼兄弟將史威森從所羅門兄弟公司挖角過來，不過，他待在李曼兄弟的時間也很短暫。有一天，托賓和布瑞納德從紐哈芬市打電話給史威森，請他接手耶魯捐贈基金的管理，在此之前，這個職位已經懸缺一段時間。史威森打從一開始就想推掉這個請託，他抱怨：「我對投資組合管理一竅不通。」但是，他的前指導教授根本不肯接受「拒絕」這個答案。他們告訴他：「那不重要，我們一直都認為你非常聰明，而耶魯也需要你。」他們堅持身為耶魯忠誠校友的史威森責無旁貸，一定得接下這份工作。這個世界上向來流傳許多有關經濟學家及經濟學家在預測方面的可笑失敗案例，不過，史威森過去的績效紀

* 除非有另外註明，否則所有引述文字都來自個人訪談或通信內容。

† 如同我們在第四章介紹的，羅伯・莫頓曾建議以這個方式來協助各國分散他們的GDP風險。

錄卻充分證明托賓和布瑞納德確實眼光獨到，當他們在說服史威森接下這個職位（儘管史威森從未想過從事這種工作，對這份工作也不太有興趣）時，他們很清楚自己沒有找錯人。

儘管薪水減少了八〇％，但史威森還是答應了托賓和布瑞納德的請託，搬到紐哈芬市定居。就多數人的標準來說，目前他的薪水其實已經非常優渥，不過卻依舊遠低於避險基金界及其他投資機構裡的明星投資經理人的薪酬水準。對史威森來說，這是一份為愛而做的工作。

❖

這一切都不能阻止史威森實現其非約定成俗觀點的心意——他對耶魯捐贈基金的管理方式懷抱著不墨守慣例的見解。在這個風險趨避重於一切的領域，他的行為向來都像個叛逆小子，儘管凱因斯多年前曾說過（史威森對這番言論一直都津津樂道）：「人情世故告訴我們，寧可因追隨約定成俗觀點而失敗，不要因非約定成俗的觀點而成功。」以今日的角度來看，目前史威森的基本方法已逐漸變成約定成俗的方法，但這全是因為很多其他捐贈基金開始企圖模仿他的做法。他們持續追隨在史威森的腳步之後，但卻從未有人能超越他這位先驅者的成就。

誠如史威森在他的優質著作《先驅投資管理》（*Pioneering Investment Management*）一

書裡的描述：「要做到積極管理策略，機構必須採取非慣例行為，創造一種鮮少人能理解的悖論。要建立與維持一個非約定成俗的投資方法，一定要先接受令人感到不自在的獨特投資組合，在抱持約定成俗觀點者的眼中，這種投資組合經常會顯得十足不穩健。」

不過，史威森創造如此優異成果的手段還不僅止於他對投資組合的創新設計。他個人的觀點是，複雜的人類關係也很重要，這是決定投資流程的成果數字、精密差異、複雜度以及風險的要素。

從某一方面而言，他獲得耶魯投資委員會的高度信任。該委員會的成員（很多人本身也是非常優秀的專業投資者）都很敬重並接受史威森試圖從群眾中突圍的「非正統」計畫，這讓他擁有很大的行動自由，可以在投資組合架構、風險管理和投資經理人選擇的叢林裡開闢出一條全新的道路。接下來，儘管有時候成果不如預期（任何投資人的成果都難免不如預期），他們依舊全力支持他，不因此而對他失去信心。此外，史威森選擇了一群能切實將他的想法付諸行動的幕僚，而且這群幕僚都能實行正確的做法。由於「非慣例」投資組合獲得優異的執行，該基金的成績才會如此耀眼，其中執行面的貢獻和概念的發展同等重要。

史威森非常清楚委員會對他的成就發揮了多大的助力。他告訴我：「他們用很多年的時間漸次將責任移轉給我和我的幕僚。在整個過程中，我根本沒有察覺到責任的轉移，一直到接下所有責任後，我才恍然大悟。」

不過，這當中出現一件諷刺的事。一九六六年時，傑克・崔諾負責亞瑟（Arthur D. Little）諮詢公司的一個專案，這個專案的目的是釐清為何耶魯以前那些自命不凡的投資經理人為該校捐贈基金創造的成果總是那麼平庸。崔諾的建議很簡短，但卻命中要害：「我們發現關鍵似乎在於積極投資組合管理的型態讓基金經理人有空間可以決定他自己的投資管理風格，同時能自由採取獨立且快速的行動。」

雖然耶魯大學花了近二十年才領悟這個道理，但終究是有一點進展。

❖

史威森採用和耶魯投資委員會一樣謹慎的做法來回應委員會的授權。即使他一直有非常好的構想，希望最終可以建立「令人感到不自在的獨特投資組合」，但他並未躁進，他並不是一開始就把完整的發展計畫全部呈交給委員會，一舉破壞舊的投資組合，全面改採新投資組合。他指出：「你必須確認整個過程的方向是正確的。想達到非正統的局面，一定要循序漸進。所以，我建議委員會，『何不現在針對這個資產類別設定一個投資上限，並於隔年重新檢討這個目標？』接下來再將投資上限逐年提高。」事實上，該捐贈基金除了在一九八六年少量投資私募基金外（一九八七年時，這部分的投資比重略微增加），到一九九一年為止，整體資產配置並沒有顯著的變化。到一九九一年，耶魯大學投資了一組能創造「絕對報酬」的避險基金，所謂絕對報酬是指利用大約相等金額的作多與放空部位賺錢，這種部位的安排將使投資組合的波動水準趨近零。至於資金來源呢？史威森大幅減碼美國股票來投資上述避險基金。

經過這些經驗，史威森發現維繫他和委員會關係的關鍵要素是「簡單的語言」。他是這樣描述的：「你到任何一個理事會都可以詢問他們對『保住購買力』與『提供穩定的預算來源』這兩個得失取捨的觀點。即使是非財務領域人士都能瞭解這種直覺概念。不過，如果你問他們效用函數和和效率前緣，又老說一些『這是切點』等等艱澀的語言，你就無法打入他們的圈子，更別說影響他們的決策了。」

❖

當史威森開始承擔這個重責大任時，耶魯捐贈基金的投資組合和多數大學的捐贈基金並無二致。不過，在短短五年內，它的進展已經儼然像離群值。不過，其實史威森比其他機構的投資長更加「正統」，因為他所建立的架構都是以權威財務書籍裡的根本要素為基礎。當我問他，他是否在上任時就已打定主意要採用這個根本架構，他笑著回嘴：「效率市場是你《投資革命》一書裡的要角啊！」他的視界從未偏離三個中心原則。

第一個原則是，資本市場是有效率的，因為多數公開交易證券的價格都會很快速反映現有資訊。如果市場有效率，那麼長期下來，股票和「類股票」投資標的定價中所隱含的期望報酬就會超過固定收益投資標的，因為股票的風險高於債券。由於耶魯大學的投資組合屬較長期的規劃，所以理當以股票和「類股票」資產為主要標的。

第二個原則是，如果市場有效率，妄想打敗大盤指數的機會就很小。因此，不是選擇指數型股票，接受市場報酬，要不就是去尋找傾向於創造高於公開交易市場報酬的「類股票」投資標的。而由於長期投資的特色，所以他認為耶魯的投資組合應該設法加重投資到有能力的投資經理人所管理的資產，而非加重投資公開交易的證券。

第三個原則是，未來絕對是不確定的。所以，風險管理是整個投資流程的根本。事實上，在整個流程當中，風險管理是投資人唯一能掌控的部分，而分散投資是最有效的風險管理形式，每一個決策都必須和維持投資組合高度分散投資（也就是最低共變異）的目標一致。

根據投資革命創意建立上述原則後，史威森也轉而採用現代投資組合理論和計量分析來塑造其策略，並以這些理論和分析作為其資產配置模式的合理化論據。他認為：「計量分析為投資組合建構流程提供必要的支持，迫使投資人採納有紀律的方法。」均數／變異數是馬可維茲在一九五二年發展出來的一個最適化流程，目的是為引導投資人設定適當的資產組合。最適化流程的輸入值是由投資者提供，他必須將想納入投資組合的資產或資產類別的期望報酬率估計值、每一項資產的期望變異數（也就是報酬波動性），以及每一項資產的報酬和其他所有資產的報酬的共變異數等輸入電腦。接下來，電腦程式會完成其他程序。

最適化程式的產出裡包含一系列的建議投資組合，每一個期望報酬（均數）水準都有一個相對應的投資組合，也就是說，每個變異數（風險）水準都會有一個投資組合。這一系列的所有投資組合都被歸類為「有效率」的投資組合，因為這些投資組合都能在最低單位風險下創造最高報酬，也就是說，每單位期望報酬的風險水準最低。而這一整個系列的投資組合就會構成所謂的「效率前緣」。

最適化程式的計算通常會比較強調各項資產報酬的共變異數，也就是各項資產報酬變動之間的相關性，比較不重視個別資產的波動性或它們的期望報酬率。換句話說，決定效率前緣上各投資組合期望報酬的主要因素在於分散投資程度。不過，分散投資不僅是將投資的資產分散就好，它代表你必須投資一部分資金到會讓你感到不自在與不確定，並讓你不安的領域，不過，這些領域卻通常最能創造讓你激動的報酬。

史威森用以下方式描述這個流程：「均數／變異數的影響力強大，它促使我們偏離一般標準的機構投資組合。均數／變異數模型絕對不可能歸納出一個股票投資比重達六五％的建議，因為它總是告訴我們要分散投資到能創造類似股票報酬的各種不同資產。結果讓我們著重在私募基金和創投、房地產、提供多／空策略或絕對報酬的避險基金，以及原物料如木材等投資標的。隨著我們減少在公開市場交易的資產，並將取得資金投資到新領域後，我們的投資組合看起來就和其他大學捐贈基金投資組合完全不同了。」

當時多數投資人都和史威森不同，機構投資者尤甚，它們都不願意建立「非慣例」投資組合，非慣例投資組合配置在股票和債券的比重較低，但投資流動性低且人們較不熟悉的資產類別較多*。所以，很多機構會在最適化程式開始其計算流程前，先加入一些限制性的輸入值，讓最適化程式設定對非慣例資產的最大建議投資比重。干預最適化程式（程式本身的建議並未設限）建議的原因之一，在於投資經理人擔心如果非慣例資產未能順利創造出原本的期望報酬，他們將會賠上自己的職業前途。換句話說，這種猶豫態度反映出他們懷疑自己可能無法選出有能力管理這些另類資產的專業投資團隊。

❖

這些輸入值和輸出值的最終產品以及所有假設及風險等，全都是屬於史威森所謂「政策投資組合」的一環。政策投資組合是耶魯大學對捐贈基金長期主要資產配置方式的最根本要求。耶魯大學很少修訂政策投資組合，而且就算有調整，調整的頻率不高，程度也很低。政策投資組合除了提供一個比較標竿，作為該大學取捨風險與期望報酬的參考樣版外，它也類似一種整體的衡量標準——投資委員會可以根據政策投資組合來評斷史威森與其幕僚的實際績效。傑克・邁爾（Jack Meyer）曾於一九九〇年到二〇〇五年間管理哈佛大學捐贈基金，算得上是史威森的「同業」，他也是這樣看待政策投資組合的：「如果你的政策投資組合和你的報酬目標、風險承受度及基本資產組合不完全一致，再怎麼聰明的交易都救不了你。」

不過，耶魯委員會對政策投資組合的忠誠度既積極又保守。如同一九九五年的報告上所描述：「考量到維持政策目標的重要性，投資辦公室一向密切監控捐贈基金實際配置偏離目標配置的情況。隨著市場漲漲跌跌，我們將對投資組合進行重新平衡的作業；也就是說，投資辦公室會買進與賣出證券，以維持和政策目標相符的實際配置情況。重新平衡投資組合的做法遵守政策目標，採取『買低、賣高』策略……**儘管重新平衡投資組合的主要目的是要控制風險，但當市場顯露出超額波動性時，這個流程卻能產生加值效果。**」

史威森對捕捉市場時機的做法（也就是設法買低、賣高）向來不留情面，他認為那麼做就像是在追逐彩虹，注定會失敗。他和我之間對這個議題的見解向來不同，我們也持續進行著友善的辯論，我堅認耶魯大學嚴謹遵守重新平衡投資組合政策就是某種形式的捕捉市場時機，儘管他們採取機械式的做法，而非根據主觀判斷。事實上，每天重新平衡股票投資組合的情況很常發生。如果股票市場某一天上漲，導致股票配置百分比超過政策投資組合所預設的配置百分比，耶魯就會賣出足量的股票，重建政策投資組合的分配模式，而如果股票市場下跌，則採取相反的做法，當其他高流動性資產類別出現相同情況時，也會進行類似的調整。當市場波動幅度很大時，這個策略的回報就會很豐厚，像一九八七年或

---

*我們將在第十四章深入詳細探討這部分，我們屆時將把這些類型的風險稱為「巨龍風險」（dragon risk）。

二〇〇二到二〇〇三年時均然，尤其若能忠實遵守這個政策，無論如何都可以規避恐慌或貪婪反應，不會違反「買低賣高」原則。史威森將這個重新平衡投資組合的政策視為一個確定「可以忠誠的將耶魯政策目標反映在投資組合」的手段。

❖

由於史威森對於未來走向懷抱著堅定的信念，因此他並不排斥一個和其他機構投資組合幾乎完全不同的政策投資組合。他循序漸進的將他眼中一個未充分分散投資（多半投資在一些可變現有價證券上）的投資組合變換成現金，並將換得的現金投資到一個完全不同的投資組合，這個新投資組合能滿足他心目中的真正分散投資目標。事實上，由於他「對效率市場推崇備至」，所以他一開始就無法接受多數的積極型股票與債券投資經理人，將大約一半的股票和全部債券全都轉投資到相關的指數型基金。而這只是開始而已。史威森大刀闊斧減碼耶魯對可變現有價證券的投資部位，將這部分投資最初佔投資組合六〇%的水準降到一九九〇年代中期的二〇%，當時多數人都還搶著要介入多頭市場呢！而且從一九九〇年代中期以後，這個比重甚至進一步降低，其配置比重大幅低於其他教育機構捐贈基金對該資產類別的平均投資比重——約四〇%。

較明顯的轉變是從一九九〇年展開，那時史威森已經上任五年了。那時，美國國內股票投資佔耶魯捐贈基金的比重從六〇%降到四八%，同一時間裡，多數機構投資組合對美國國內股票投資比重最高甚至達六五%。國內股票投資比重降低後，資金轉移到國外股票和債券市場，不過，從一九九三年以後，史威森對債券市場的投資也開始逆轉。

一九九五年時，該基金的投資組合大致上調整到和目前的配置相同。美國國內股票投資比重降到投資組合的二二%，比一九九〇年的配置減少一半以上。對債券的配置也降低了五個百分點，剩一六·五%，而且後來一路降到五%左右，其他教育機構基金對債券的投資比重平均約二〇%。目前耶魯債券投資組合依舊存在的唯一理由是要讓捐贈基金規避經濟長期處於通貨緊縮期的風險，收益與本金的穩定性反成為次要目標。不過，資本市場集團對內部債券投資組合採取積極型管理方式（包括證券的選擇和願意接受流動性），他們非常敏銳，所以一直都能創造優於其比較標竿——李曼兄弟的政府債券指數——的績效。

另一方面，非傳統資產——也就是避險基金、私募基金、創投、房地產和林地——在一九八五年和一九九〇年時分別僅佔投資組合的一〇%和一五%，但到一九九五年卻遽升到五二%。根據最新的統計，耶魯捐贈基金投資在這個族群的比重已接近六九%，而其他教育機構捐贈基金投資在這些標的的比重平均大約僅二六%。

史威森對這些行動提出非常強力的捍衛，一切都是取決於他認為哪些市場有效率（和資本市場理論一致），哪些市場沒有效率。最終來說，投資革命創意只和高流動性的市場有關，對非慣例投資領域而言沒有太大的意義。這個觀點塑造了史威森對「捐贈基金資產投資長實現任務的方式」的定見。他在一九九五年的報告裡用以下方式表達了這個論點：

在效率市場裡，積極型投資組合管理如捕捉市場時機等行為，傾向於導致整體投資績效降低。以相對績效來說，選擇證券是一種負和遊戲……投資比重過高或過低的投資者都會發生交易成本，在建立他們的部位時，也會對市場造成衝擊……所以，積極型投資經理人族群的整體績效將落後被動的指數型策略。

他也在二〇〇四年的報告中歌頌偏離效率市場的策略，他認為轉移到較可能以投資技巧取勝的領域應可獲得正面的回報：

一九九〇年七月，耶魯成為第一個投資絕對報酬策略這項獨特資產類別的機構投資人……絕對報酬投資標的和傳統的可變現有價證券不同，它創造的報酬大體上和整體市場波動無關……耶魯投資策略的一個重要特質是和它會調合投資人與投資經理人的利益，（尤其是針對）委託人—代理人關係的很多缺點進行調和……

私募基金提供極端吸引人的長期風險調整報酬特質，這是因為耶魯大學有一群很強的投資經理人，他們積極發掘市場的無效率，這些經理人能創造超額價值……

房地產、石油與天然氣以及林地等能提供非常吸引人的報酬展望、優異的投資組合分散效果，是規避預料外通貨膨脹的好工具，也是發掘市場無效率的好機會……這些實質資產投資組合在捐贈基金裡扮演非常重要的角色，是非常有效的分散投資工具，也是賺取優異報酬的管道。

史威森向來都忠於哈利・馬可維茲最偏愛的資產配置觀點之一：「該重視的不是變異性，而是共變異性。」史威森對分散投資非常執著，不過，他是用自己的方法來追求這個目標。他在一九九五年的捐贈基金報告中以短短幾個字歸納出一個結論：「耶魯大學尋求在不產生固定收益投資機會成本的情況下達到分散投資目標，做法是找出和國內可變現有價證券相關性不高，但卻能創造高報酬的資產類別……（在這些情況下），就能建立一個既能創造高報酬又分散投資的投資組合。」

換句話說，你可以持有很多高風險、高期望報酬的資產，不過，前提是這些資產的波動互不相關，非亦步亦趨的波動。這根本就是馬可維茲的分散投資理論。從史威森一就任，耶魯就一直以追求最大分散投資程度為目標，不過他們是選擇期望報酬高於慣用資產類別的資產來進行分散投資。耶魯大學非常忠誠的將這個概念應用到他們的運作上，它是眾多投資機構中率先朝這個方向前進的先驅者。

❖

這些策略獲得卓越的執行，而這也是史威森努力建立「非慣例投資組合」並獲得優異成就的秘密。史威森及其幕僚為每一個策略選擇最適當的投資經理人，他們在選擇投資經理人方面具備非凡的天賦，其他各地的投資長很少有人能出其右。

從美國股票的經驗就可以清楚看出史威森的運作模式。耶魯從不聘請市場上的知名投資經理人，而且美國股票相關的所有投資經理人全都是管理一些專門性的投資組合，持股數相對都非常少。舉個例子，其中一位經理人只投資能源相關的股票，另一個只投資房地產相關，還有一個只投資生化等等。此外，這些投資組合都高度集中在少數幾檔股票，管理資產最多的投資經理人通常只持有五到十檔股票，有時候甚至減少到剩下三檔。

當然，他們的投資成果相對主要指數，如史坦普五〇〇或威爾許五〇〇〇指數，呈現非常巨大的追蹤誤差。史威森聲稱：「如果你企圖要控制比較標竿風險，就不可能在積極管理方面取勝。如果想賺取和持有股票的風險等量齊觀的報酬，就必須願意偏離比較標竿。而且一定要有耐心。這些投資經理人經常落後標竿，不過，他們都非常認真做功課，也都願意堅持下去。」

當然，在這種情況下，報酬就不會很平滑，而耶魯的美國股票投資組合經歷大幅度的短期波動後，最後才達成優異的長期績效。舉個例子，以一九九四年十二月初的情況來說，該基金的美國股票投資組合總值約八億美元，從當時到一九九八年十二月為止，其投資組合落後比較標竿的累計金額約二・七三億美元。到一九九九年一月，落後數字達到二・九五億美元，為最高峰。但四年後，也就是二〇〇二年年底，耶魯的美國股票總值達一一・五四億美元，超過標竿六・八九億美元。到該基金於二〇〇二年光榮收復失土時，多數資產還是由一九九八年「黑暗時期」的投資經理人所管理，而且接下來幾年依舊沒有更換經理人。

他們在股票領域的投資經理人確實未能創造平滑的報酬，但卻帶來了高報酬。從二〇〇六年六月往前推算的五個會計年度裡，耶魯超越股市的幅度累計達二十七個百分點。從二〇〇六年年底向前推算十年，其美國國內投資組合的年度總報酬率達一四・二%，超過涵蓋範圍較廣的威爾許五〇〇〇指數約五・七個百分點／年，也因如此，投資組合才能獲取超越比較標竿約七・六三億的價值。它的國外投資組合績效甚至更好。

不過，無論如何，在評斷投資經理人績效時，一定都會牽涉到比較標竿。可變現有價證券絕對可以找得到比較標竿，但某些替代性資產類別的問題就複雜多了，因為這類資產通常沒有被動的衡量指標可參考，就算有，和耶魯投資組合的相關性也令人存疑。以實質資產如房地產和林地的情況來說，史威森選擇根據投資經理人對該資產類別的長期期望報酬的貢獻來建構比較標竿。

不過，史威森也認為一定要有另一種較不同的比較標竿，這必須是一種較軟性的衡量標準。此時有兩個因素必須考量：瞭解經理人的投資流程與監督經理人面對身為客戶的耶魯大學時所採的態度。

一開始，史威森或其幕僚成員以投資經理人過去的績效記錄作為判斷基礎，同時謹慎分析他們為投資組合選擇標的時是採用什麼模型。不過經過多年，這個方法的重要性已經降低。績效記錄與模型當然還是很重要，但現在幕僚們會花很多時間和每一個投資經理人詳細討論每一筆即時交易與選擇特定持有資產的動機。史威森指出：「你不能選擇一個喜歡從事黑箱作業的人來做你的伙伴。」

最後這一段評論彙總了史威森目前的哲學。他對這個方法的描述是：

整個投資管理領域充斥著利益衝突和代理人問題。當我們選擇一個投資經理人或投資一檔基金時，我們希望他們可以和我們站在同一條陣線上，而不要把自己當作代理人，意思就是說，他們必須將投資人的利益放在最優先與最核心的位置。我們要尋找的是將成為好合夥人，以智慧與誠信為我們管理資產的人，我們不會和以任何方式違反受託原則，或違背客戶或其有限合夥人利益的人建立任何關係。我們必須承認，能力很重要，但克服代理人／委託人衝突的問題更是第一要務。

至於如何終結與投資經理人的關係？史威森回答：「必要時，我還是得代表耶魯大學，無情的和他們解除關係。幸好這種情況不常發生。我們目前的往來關係平均都維持十四或十五年，甚至更久。管理資產規模的成長或重要人員離職是我們和投資經理人終結關係的主要原因。一切都和人有關。」

雖然史威森非常仰賴以均數／變異數分析來設定投資組合資產配置的政策，但他認為這項工具只是一個起點。「均數／變異數並不能告訴你最終的答案。它提供的是一個範圍的選擇，最重要的是，它未能將這整個作業的最重要目的列入考慮——這個目的是：耶魯的支出有多少，應該花費多少，以及有能力花多少錢。」換句話說，風險管理才是這整個流程的核心。

❖

就這個目的而言，史威森最先是採用蒙地卡羅（Monte Carlo）模擬，這和哈利・馬可維茲複製股票市場時所採取的複雜程序相同（如第八章所描述），也和比爾・夏普的財務引擎公司擬訂退休投資建議時所採用的程序相同（如第七章所描述）。這個作業讓史威森得以根據各種不同情境下的不同支出政策與投資政策假設，估計出未來各種可能成果的風險，這些風險估計值都是有意義的。我們可以根據投資管理流程的兩個目標——一、保住捐贈基金的長期購買力，以及二、短期內必須為營運預算提供穩定的資源——來分析這些成果。

史威森和他的幕僚以和均數／變異數分析相同的假設為基礎，進行數千次模擬作業，最後估計出五十年後捐贈基金將虧損五〇%的機率，這是個讓人快活不起來的可能性，他們稱之為「損害風險」。另外，他們也能計算出五年期間內被迫縮減對耶魯大學預算貢獻一〇%(扣除通膨後)的機率,他們稱之為「支出瓦解風險」。幕僚團每年都會進行一次這項作業,他們通常也會參考外部專家的建議,讓過程中的概念與假設能更精進。

一九九〇年時,耶魯大學配置到替代性資產類別的比重大約僅佔總投資組合的一五%,而史威森的估計值顯示,該基金產生支出瓦解風險的機率接近三五%,發生損害風險的機率也達到三一%。這些結果當然令人擔心,不過,他們也針對其他大學捐贈基金進行計算,結果顯示耶魯的情況還比其他大學好。這些年來,史威森執行諸項策略,成功將支出瓦解風險的機率降至二〇%左右,損害風險的機率更降至低於一〇%。

捐贈基金的支出(也就是提撥給耶魯大學營運預算的基金)也受到嚴謹的控制。進行這個程序的目的是要讓支出流量明確反映投資組合的成長,不過他們也同時採用一個平滑的手段,讓市場價值的短期波動不致干擾到大學的營運。他們使用的公式可分為兩個部分。投資組合的長期期望提撥金額原本估計是以其市場價值(調整過通膨)的四・五%為基礎,不過,在史威森任內,這個數字提高了三倍。捐贈基金對耶魯預算的年度提撥金額中,有二〇%是以投資組合調整過通膨因子後的長期估計價值的五・二五%(從二〇〇四年的五%提升至此一水準)為基礎。剩下的則是前一年來自捐贈基金支出的八〇%。以前這個公式是七〇/三〇,但二〇〇四年起改為八〇/二〇。根據這個公式,捐贈基金提撥金額佔耶魯年度預算的比重從一九九五的一四%上升到目前的三五%左右。

史威森對市場運作模式與投資革命創意中各項理論的有效性向來抱持強烈的個人意見。他支持但卻也反對這些創意。

從某方面來說，他知道個別證券和整體市場的哪些定價無效率，不過「這些機會極端難以發掘，對投資大眾—包括機構—而言尤其困難，因為投資人的投資期間通常都太短了。所以，那些無效率究竟有什麼好處？」

❖

在效率市場中，投資經理人傾向於緊貼著比較標竿，這個現象強烈吸引著史威森。為什麼他們要這麼做？他在《先驅投資管理》中答覆了這個問題，內容如下：「只要想想，如果一個投資經理人真正持有的投資組合和市場投資組合差異甚大，他將可能面臨什麼樣的商業後果。持有證券內容大幅偏離市場投資組合的做法將導致投資組合和比較標竿之間出現重大差異。（在這種情況下）旦績效落後，投資經理人就會失去客戶……因為市場對證券的評價是有效率的，成功將是短暫的……而且都是因為運氣，不是技巧。」

這個觀點也大體上能說明為何史威森會將那麼多耶魯大學的資金投資在較無效率的市場，如房地產和私募基金。這些領域投資經理人的報酬波動性較高，因為他們沒有一般公認的比較標竿可以依靠。這些市場中的大量無效率定價讓擁有真材實料且願意努力的投資的經理人得以藉由優異的資訊處理能力創造高超額報酬。在這種市場裡，很容易就能分辨出高手和新手，而且成果多半反映投資經理人的技巧，而非運氣。

不過，當被問及對行為財務學派的看法時，史威森回答：「我很喜歡它！」他認為行為財務學幫助他及幕僚瞭解耶魯採用的各種不同過濾條件對投資流程所造成的限制。史威森非常推崇羅伯・席勒，不過，他也會推想，如果席勒的市場超額波動性觀點是正確的，那又該如何為資本資產定價模型與效率市場的概念辯解。

史威森以區隔普羅散戶大眾和機構投資人的方式，解決了效率市場的兩難。他相信多數投資人都應該承認，任何人調整風險因子後的報酬都難以恆久超越市場。因為多數投資人都缺乏資源和機構員工般的訓練，再者，多數機構的成果也不比指數型基金高明。他最近的著作用非常長的篇幅討論散戶投資人在試圖模仿機構策略的過程中將面臨什麼風險。史威森強調：「畢竟我們耶魯有二十個專家將他們的生命投注在投資流程上，而且他們都是這些工作領域裡非常優秀的人才。」市場上有那麼多聰明的人管理著那麼大量的資金，所以，小型投資者根本不可能有機會在積極型管理方面取勝。史威森對多數共同基金產業也沒有信心，他認為這個產業對為自己賺取財富比對顧客的財務更有興趣。

然而，他認為投資革命創意是投資人在對抗財務世界的不確定性與承諾時不可或缺的架構。「基礎架構遠比其他一切都重要，總言之，它的價值極端高。」

第十二章

偉大的阿法值夢想機器：我們看不到期望報酬

這是一個矛盾。在今日這個投資世界裡，資本資產定價模型已變成最令人著迷且可能是《投資革命》一書所描述的各項理論發展中最具影響力的一個。不過，一九六〇年代以來，世人對夏普—崔諾—林特諾—摩興（Shape-Treynor-Lintner-Mossin）的原始CAPM進行許多實驗，但眾多測試結果卻無法證明這個理論模型能在實務世界發揮效用。此外，我們已經在第八章討論過，哈利．馬可維茲已表達對這個模型根本假設的不安。

芝加哥大學的尤金．法馬和達蒙斯大學的肯尼斯．法蘭區（Kenneth French）在二〇〇四年一篇有關CAPM地位的延伸論文結論中，用以下文字描述CAPM的地位：

ＣＡＰＭ的吸引力，在於它有關風險衡量方式與期望報酬及風險之間關係的簡單邏輯和直覺上就會令人感到愉悦的預測，這些邏輯和預測的力量非常強大。可惜，也許因為它太過簡單，所以這個模型的實證記錄卻很糟——糟到讓人認為它在實務面的應用是無效的……ＣＡＰＭ就像它的基礎，亦即馬可維茲的投資組合模型，是……一項理論絕技。我們還是繼續傳授ＣＡＰＭ，將之作為投資組合理論與資產定價的根本法則……不過，我們也會警告學生，儘管ＣＡＰＭ有著誘人的簡單性，但它實證方面的問題可能會導致它在實務的應用顯得無效。

我要用另一種措辭方式來表達法馬和法蘭區對ＣＡＰＭ在實證問題方面的悲觀結論。那些問題會讓這個模型在某些應用上顯得無效。不過，如果使用得當，這個模型的力量將大得驚人。近幾年來，ＣＡＰＭ驅使機構投資人在資產配置和排列資產配置決策的順序方面有廣泛且激烈的改變。ＣＡＰＭ也影響投資人評斷積極與被動投資、選擇積極型投資經理人以及對抗投資組合決策所隱含風險的方式。所以，其實ＣＡＰＭ的生命力依舊充沛，依舊是投資組合管理的有效工具，只不過發展出這個模型的先知們也從來沒有想到後來會出現這些應用方式。

❖

資本資產定價模型的真諦究竟是什麼？這個問題的答案有一部分取決於這個模型的兩位開山始祖：傑克・崔諾或比爾・夏普。雖然崔諾和夏普幾乎是在同時間開始各自發展他們的模型，而且儘管他們最後也幾乎歸納出相同的結論，但他們卻是從不同層面來發展這個模型。

崔諾過去在亞瑟諮詢公司服務，協助該公司的客戶判斷未來投資新生產設施是否能創造足夠利潤，讓客戶值得為此期望利潤承擔因建造設施而新增的風險。他對一般人習慣以內部報酬率（IRR）來解答此一問題的方式頗感不耐，因為IRR「顯然是一個將公司孤立於資本市場之外的概念」。至於夏普則是和哈利・馬可維茲共同研究，試圖找出能簡化馬可維茲「在風險與報酬的得失間進行最適化取捨」相關應用的方法。

這兩個人都希望解決將投資風險予以量化的問題，並進而探討市場中報酬／風險關係所代表的意義，儘管崔諾是從現實經濟層面開始他的方法，而夏普則從資本市場投資者的觀點起步。

最後他們二人都順利達成目標，他們雙雙發現當中所牽涉到的眾多更大議題，而儘管他們的起步點有極大的差異，但最終解決方案卻非常相似。以他們兩人的論點而言，決定資產價值的最終要素是某一個「共同要素」的共變異數。誠如崔諾的說法：「每股風險溢酬和該投資標的與市場上所有投資標的總價值之共變異數呈等比例關係。」

此外，這兩人的模型都具體說明「在均衡狀態下」所有事情的運作方式；在均衡狀態下，每個人都共享相同的資訊，並以類似的方式來解讀這些資訊，在這種情況下，反映在資產價格的期望報酬將不可避免的與眾人對風險的共同定義一致。此外投資人可以用無風險利率貸進或借出無限額的資金。在這些情況下，每一項資產的定價都會是「正確」的，所有人都沒有進一步從事任何交易的誘因。

哈利・馬可維茲並非唯一對這些假設表達疑慮的大師級人物。不過，我現在的目的是要證明儘管ＣＡＰＭ有這些缺點，但它卻還是轉變為舉足輕重的資金管理與績效估計的實務工具。

❖

夏普為解說這個模型而發展了以下等式，該等式定義了個別資產在其交易市場中的定價方式。在定價流程中，最重要的元素是期望報酬與其相對市場的波動性。

夏普在一九六四年有關ＣＡＰＭ主題的研究報告裡利用以下代數來說明ＣＡＰＭ：

$$E_i = \alpha_i + R_f + (E_m - R_f)\,\beta_i$$

其中：

E_i＝資產i的期望報酬率

α_i＝阿法值，也就是資產i的殘餘報酬，期望值為〇

R_f＝無風險報酬率，如國庫券的利率

E_m＝市場的期望報酬率

β_i＝資產i的貝它值

這個等式既簡單又易懂。如果以文字來說明，它的意思是說個別資產（i）如奇異公司股票或二〇一五年到期的美國國庫券的定價，應該會讓期望報酬率（E_i）等於整體市場的期望報酬（E_m）減去無風險資產，如國庫券的報酬率（E_m－R_f），再乘以這項資產的貝它值（β_i）＊。

＊超額報酬（E_m－R_f）也就是市場的風險溢酬。就理論上來說，投資人將會規避期望報酬較低（比較的基準如美國國庫券）的風險市場。

資本資產定價模型說明了資產在市場上的定價方式，但它並未提及任何一項個別資產（無論是奇異公司股票或國庫券）的獨特特質。持有這些資產的全部風險都隱含在它們的貝它值裡，它是衡量這些資產與市場的共變異性的指標，反映出來的就是該項資產的報酬率波動性相對於整體市場報酬波動性的程度。波動性高於市場的股票，其貝它值高於一・○，波動性較低者，貝它值則低於一・○。波動程度和市場完全相同者的貝它值為一・○。請注意，貝它值只反應資產波動性相對整體市場波動性的情況，有些股票的波動性可能很高，但因它和市場的相關性很低，所以貝它值也較低。

哈佛商學院的安德里・裴洛（Andre Perold）是用以下方式來描述貝它值：「貝它值是衡量一項資產的無法分散風險的方法。」這個簡單的聲明道出了ＣＡＰＭ的真諦。**整體市場是影響個別資產報酬的唯一因素，風險的高低都是以個別證券波動性與整體市場波動性的關係來表達與衡量**。裴洛的說法是：「ＣＡＰＭ的基礎建立在『並非所有風險都會影響到資產價格』的概念上。尤其是**可以透過投資組合裡持有的其他投資標的來分散的風險，實質上這種風險根本就不算是風險**。」所以，選股根本就是浪費時間。

裴洛所說的是一種奇蹟，一種免費的午餐。由於分散投資的緣故，整體投資組合的風險將低於各項資產個別風險的平均值。裴洛並不是說投資絕無風險，事實上，ＣＡＰＭ的根本特質就是它以風險為中心，而一個投資組合的風險取決於它對整體市場的風險暴露程度，而非投資組合內各項可分散的個別組成要素。

不過，理論上來說，理性投資人傾向於趨避風險，所以對風險的評價與感受是密切相關的。除非較高風險資產能讓投資人因承擔高於平均水準的風險而獲得補貼（以高於市場的期望報酬率呈現），否則投資人將不願意買進這項資產。所以，根據CAPM理論，投資人對較高貝它值高風險資產的評價將低於較低貝它值的低風險股票。不過，在現實生活中，CAPM根本就行不通，因為投資人根本無法分辨風險的強度。人們總是給予高風險資產過高評價，原因有可能是因為受到蠱惑，也有可能是基於他們的冒險精神，總之，人們就是會忽略風險。

至於模型裡的其他要素呢？排在夏普公式最前端的α_i又代表什麼？α_i代表一種對「世事無完美」的認同感，我先前曾說明過這一點。任何一項個別資產的真正已實現報酬通常和其貝它值所預測的報酬不同，原因是未來的事件極可能偏離共識期望，而目前的價格卻已反映對未來事件的期望。α_i就是代表殘餘報酬，它是衡量一項資產的實際報酬與模型預測報酬之間的差異。阿法值是事後才會知道的，不過若一項資產出現正阿法值，代表這項資產「打敗市場」。沒有人期待市場會完全依據CAPM來為每一項資產評價，不過效率市場理論堅持眾多投資人的偏誤將會彼此抵銷，在這種情況下，平均而言，資產的評價將會趨向CAPM的預測，而整體市場的阿法值將趨近於平衡，達到零*。

---

* 瓊安・希爾（Joanne Hill）是高盛的總經理，他認為阿法值不是零和遊戲。

不過，一旦一個投資經理人有能力採用優異的資訊和分析來發掘定價偏誤（也就是期望正阿法值）存在於何處，他就等於坐擁金山。阿法值是所有宣稱能恆久為客戶創造阿法值的積極型投資經理人眼中的極樂世界。BGI除了銷售指數型基金以外，也提供很多以打敗市場為目標的產品。在大衛・史威森建構耶魯大學的投資組合時，阿法值也扮演著積極的角色。阿法值是本書後續內容中的主要注意焦點。我們將見到，儘管眾人費盡苦心想賺取超越市場的報酬（調整過風險因子），但這件任務卻變得愈來愈複雜與困難。

然而，尋覓阿法值是一種零和遊戲，總阿法值不可能超過或低於市場報酬，因為市場報酬就是市場報酬，不會多也不會少。不可能每一檔股票的表現都超越市場，也不可能每一檔股票的表現都比市場差。所以，如果表現差者嚴重落後市場，那麼多數股票的表現都會比市場好一點。

任何一個投資組合經理人都可能因為運氣好的緣故在短期間內打敗市場。只有少數（偶發情況）經理人能長期穩定創造正阿法值（波克夏公司的巴菲特，或雷格梅森〔Legg Mason〕的比爾・米勒〔Bill Miller〕是最顯著的例子）。

即使確實有超級經理人存在，要事先找出這些人也一定是極端困難的。在這方面，很少人的技藝能像大衛・史威森那麼高強。此外，除非這些超級經理人對他們的管理資產規模設限，否則隨著基金規模愈來愈大，交易成本也會持續上升*，屆時他們的阿法值就會消失。以上這些障礙促使大大小小的投資人轉而向指數型基金和其他被動式的策略尋求慰藉，但這種產品的報酬卻難以超越整體市場。這種產品是富國銀行在一九七一年所發展出來的，我們先前也詳細討論過它，目前指數型產品依舊是BGI的主要業務來源。

這種對積極型管理的疑慮通常會演變為事實，因為市場報酬通常超過積極型投資經理人或散戶投資人的績效，尤其是報酬扣除交易成本和調整隱含於積極型管理模式裡的非系統風險網路後。由於一個投資人的正阿法值代表另一個投資人為取得資產而短少或超額給付的代價，所以，每一個贏家的背後都會躲著一個輸家，天知道哪個投資經理人會在何時變成贏家或輸家？

❖

在一九六〇年代末期和一九七〇年代初期，專家們開始在實務派人士的圈子推廣CAPM的洞見，只是這個模型並未獲得太多認同。一般人對此抱持懷疑的態度，整體來說，人們的態度大致上不脫一九七一年一段輕視意味濃厚的說法：「這些擁有數學和電腦背景的人……認為他們可以計算出精確的風險程度，精密程度達小數點第五或六位，但他們根本就是江湖術士……貝它值只不過是風行一時的小花招……我們一定要將這些無賴趕出神聖的殿堂！」說這段話的人是一個資深經濟學家，他任職於一間備受推崇的管理諮詢公

*巴菲特和米勒的操作周轉率都低於平均值。

司，這間公司是布茲・亞倫・漢米爾敦（Booz Allen Hamilton）。

華爾街的評論家其實原本不用那麼擔心CAPM的。長時間的實證測試讓人對它的有效性起了很大的疑慮，其中也包括著名學者費雪・布萊克的測試。其他學者也試著以不同方式來「修正」CAPM。關於這部分，最值得一提的是芝加哥大學的尤金・法馬和達蒙斯大學的肯尼斯・法蘭區在一九九二年所做的努力，他們找出「市場」以外的兩個新獨立變數：帳面價值相對市場價值比率，以及股票在市場上的總價值。法馬的實證測試和法蘭區的研究顯示「價值型」股票和小型股的報酬傾向於超過CAPM原始貝它值所預測的報酬，而成長型股票和大型股的報酬則傾向於較低。甚至在更早之前，也就是一九六六年時，巴爾・羅森伯格就曾研究過一些共變異模型，他導入一個新的見解，就是在市場報酬之上加入一些「要素」來解釋個別證券的評價。（見《投資革命》第十三章）

崔諾對法馬—法蘭區或羅森伯格的模型發表過一段很重要的評論。他在最近一次訪談中用以下方式來表達這個觀點：「CAPM的挑戰之一是：市場要素並非市場上唯一系統要素的概念。不過，CAPM從未斷言市場上只有一個或兩個、三個或十個系統要素。即便有其他系統要素存在，CAPM依舊是站得住腳的，不過它確實也認定如果市場上有很多系統要素存在，這些要素的風險溢酬將和市場投資組合的共變異數呈等比例關係。」換句話說，牽涉到額外要素的模型實質上只是一些額外的模型，無法推翻崔諾—夏普模型的基本前提。

不過，最近一些關鍵的研究報告也提出了對ＣＡＰＭ的其他批評，我要舉其中兩個例子來說明。有人可能會認為美國境內經營最良善且最成功的企業一定會獲得投資人的高度評價，因此這些公司的股票將難以創造優於整體市場指數型基金的報酬（因股價相對已高估）。不過，美倫金融公司（Mellon Financial Corporation）的傑夫・安德森（Jeff Anderson）和波莫納大學（Pomona University）的蓋瑞・史密斯（Gary Smith）卻以一篇名為〈偉大企業可能是了不起的投資標的〉的研究來證明情況正好相反。

安德森和史密斯研究從一九八三年到二〇〇四年間《財星》雜誌十大「美國最受推崇企業」的表現，他們發現「由這些股票組成的投資組合其績效大幅領先市場，且報酬率領先的幅度非常大」。不過，從相反的一端來看，哈佛大學的約翰・坎貝爾和他的兩位同事則探究了一九六三年到二〇〇三年間，財務體質不佳企業的價格情況。這些企業的波動性比破產機率較低企業的波動性高很多，但這些股票的報酬率也較低。顯然投資人並未能給予破產風險適當的評價。

由於這項本質隱含許多不一致的情況，故儘管部分機構口頭上給予肯定，也有為數不少的機構找出應用它的方法，但最純正形式的ＣＡＰＭ卻從來都未曾在選股方面扮演任何重要角色。無論如何，這個問題並未啟動大量的實證測試行動。ＣＡＰＭ可能根本無法進行實證測試，而且就算這些測試的結果有利，其有效性也值得懷疑。

比爾・夏普本身對這個觀點也頗有同感。當被問及「較高貝它值的個股是否將創造相對優於市場的期望報酬率」時，他回答：「假設答案為否定是不負責任的。（不過）**這並不代表我們可以確認這項資料**。我們無法取得期望報酬，只能看到實現的報酬。我們無法**事前**看到貝它值的數字，只見得到已實現的貝它值。」

❖

對資本資產定價模型來說，這一切都只是開端。這些無賴並未被趕出神聖的殿堂。時代已經改變，且變化非常大。現在實務界人士是以全新的角度來看待ＣＡＰＭ。這個模型已不再是一個抽象的理論公式。相反的，今天的ＣＡＰＭ就像是一個行動準則，承擔整個投資流程中的重責大任。

投資人透過ＣＡＰＭ瞭解到，一定要確認「投資一項資產類別」和「選擇個別證券」（並藉此賺取超額報酬）的差異。舉個例子，資產類別的選擇（包括股票、債券、新興市場股票、房地產或這些市場的次族群）實質上就等於是選擇貝它值風險，也就是選擇整體市場的波動性，而非個別組成份子的波動性。阿法值（也就是剩餘與不相關風險）的追尋則意味在貝它值風險之外再承擔另一額外風險，寄望能從投資組合的資產類別中獲取高於期望報酬的回報。

請注意我在這些討論內容中使用到「風險」二字的頻率。誠如我一開始就提及的，定價流程中的關鍵要素是風險和分散投資所扮演的核心角色——也就是風險管理。ＵＢＳ的亞歷山大・伊奈欽（Alexander Ineichen）在《不對稱報酬：積極型資產管理的未來》的簡介中主張：「淬取阿法值的關鍵工具是風險管理工具。我們認為投資人無法管理報酬，但卻有能力管理風險。我們認為達成恆久正絕對報酬（是）明智承擔與管理風險的結果。」

❖

以今日的用語來表示，策略資產配置是從根據貝它值風險來建構整體資產配置開始做起。這個選擇流程的結果將組成一個資產投資組合，也就是所謂的政策投資組合。政策投資組合反映委託人理事會（或散戶投資者）對投資組合長期主要風險暴露程度的一種主張。

相對的，阿法值的追尋（也就是超過貝它值風險暴露情況下之期望報酬的額外報酬）則是一種戰術性的問題，和策略性決策非常不同。阿法值風險的管理通常是投資長及其幕僚的責任。

隨著策略與戰術風險（亦即貝它值風險與追尋阿法值）的區別逐漸趨於明顯，這也顯露出CAPM正導致投資活動出現根本的轉變。CAPM讓人瞭解阿法值和貝它值是不相關的報酬來源，不過，投資人卻從未探究過這個差異的完整意涵。其實這個差異的力量非常強大。如果因承擔貝它值風險所獲得的報酬和承擔阿法值風險所獲報酬是獨立的，那麼若能找到結合這兩者的新方法，甚至可能降低（而非提高）整體投資組合風險。此外，現在的投資人也開始質疑若要同時創造貝它值報酬及他們殷切期盼的阿法值報酬，是否應該繼續採用原本的投資經理人*。

在漫長的市場歷史中，管理資金的唯一替代方案多半是找友好的營業員、銀行信託部、保險公司或共同基金（較少被使用）。一九五〇年代起，投資人開始轉向獨立的投資顧問尋求協助，這個趨勢在一九六〇年代加速發展，投資顧問根據客戶的資產規模收取手續費。當然，所有外部管理機構全都聲稱他們的績效能超過市場，否則，他們絕對吸引不到任何業務上門。

根據這種約定成俗的做法，投資經理人買進一個能同步實現市場報酬率（也就是目前所謂的貝它值報酬）的股票或債券投資組合，外加市場報酬之外的一個追蹤誤差，當然，投資經理人聲稱這個追蹤誤差將為正數，而非負數（這就是阿法值報酬）。不過，被動管理型的指數基金也能創造市場報酬，而且收費僅一〇個基本點甚至更低，在這種情況下，我們何苦為獲取市場報酬而花大把銀子？

人們之所以願意支付高於指數型基金費用的成本，唯一的理由就是他們寄望能因此獲得阿法值——也就是打敗市場。不過，現在投資人卻問：「為何不將貝它值報酬的管理和阿法值報酬的管理分開，不要像過去一直將這兩者結合在一起？」這個步驟不僅能降低投資組合管理的成本，也可以讓注意力集中在該注意的層面：專注在超過市場報酬的超額報酬上（調整過風險暴露程度）。

讓人不解的是，為何經過那麼久的時間才終於有人提出這個問題。早在一九七三年，傑克・崔諾和費雪・布萊克就清楚說過，追尋阿法值的決策和設定整體市場風險暴露程度的決策是完全獨立的兩件事：

> 積極型投資組合的最適選擇完全取決於評價風險與評價溢酬，和市場風險或市場溢酬完全無關，和投資人對期望報酬與風險相對重要性的主觀認知無關，也和投資經理人對整體市場的期望無關。兩個投資經理人對整體市場的期望可能南轅北轍，但如果他們在個別證券方面擁有相同的特定資訊，就可能會選擇相同相對比重的積極型投資組合。

崔諾和布萊克的研究中有一段的標題為「如何利用證券分析來改善投資組合選擇」，這一段內容的淵源非常有意思。崔諾和布萊克最早在一九六七年於芝加哥大學的一場說明會中提出他們的論點，接下來投稿到芝加哥的《商業期刊》（*Journal of Business*）。根據崔諾的說法，「他們恨死這個論點了。基本上，他們認為市場是有效率的，所以證券分析是浪費時間。而我們試圖證明如果你認為證券分析將值回票價，該如何用理性與系統化的方法來進行分析。《商業期刊》過了很多年才讓步，終究在一九七三年刊登了這篇文章。」

* 關於這整個流程的延伸說明，請見 Anson (2005)。

接下來又過了十三個年頭，這次是由實務界人士吹皺這一池春水。一九八六年時，高盛公司裡的三個同事伊度多・史華茲（Eduardo Schwarz）、瓊安・希爾（Joanne Hill）和湯瑪士・軒尼維斯（Thomas Schneeweis）發表了一篇討論金融期貨本質和實用性的長篇文章。他們在這篇文章中指出：「期貨讓長期投資人得以將整體資產配置決策（股票相對債券相對現金）和在每一種資產類別中挑選標的的決策予以區隔。這種（投資工作的）區隔凸顯了投資管理專業化的重要性，並激勵業界不斷發展新的資金管理產品……專業投資管理技巧尚未被善加使用到長期資金管理的業務上。」

不過，沒有人注意這篇文章。即使這些論點非常有道理，但就一九八〇年代的情況來說，相關的行動顯得過於標新立異，和既有的程序差異非常大，所以很難獲得廣大人群的認同，當然，相關論點在實務面應用的推動也非常緩慢。一直到一九九六年，艾莫可石油公司（英國石油—艾莫可公司的前身）退休資產的投資長馬爾文・丹斯瑪（Marvin Damsma）及其同僚葛瑞葛利・威廉森（Gregory Williamson）才提出以下孤掌難鳴的觀點：

稍微想想我們對投資報酬的觀點：多數人認為績效數字代表一項策略（股票、債券等）在一段期間內年度化總報酬的唯一數字……因此，我們傾向於以單一面向來看待與比較這些資料。事實上，如果我們將總報酬數字分成兩個重要部分：一個是市場報酬，代表投資資產類別的指數報酬，另一部分是阿法值，也就是加值報酬，將會是什麼情況？……有沒有可能區分成這兩者？……經過一點小實驗，我們判定答案是「肯定的」，而且我們也發現一個範圍更大且包含更多投資機會的世界。

隨著這些策略的完整意涵開始滲透到世間，投資人逐漸體認到他們不需要為了取得這兩種服務（阿法值與貝它值）而付錢給同一個經理人。現在可攜式阿法值已蔚為風潮。讓我們看看龐大的加州公務人員退休系統（CalPERS）前投資長馬克・安森（Mark Anson）最近發表的新觀點：

> 將投資組合分為兩個資產類別，一個稱為貝它，一個稱為阿法。貝它驅動因子（是）一檔基金相對金融市場的整體風險暴露程度（且）是信託委員會的管轄範圍，（他們）負責設定基金的政策風險。委員會建立資產類別目標和比較標竿的使用，作為驅動貝它值績效的基礎。阿法值驅動因子是用來獲取加值報酬……當市場不一致時。阿法值驅動因子被用來作為超越比較標竿的一種戰術性賭注……阿法值風險衡量一檔基金偏離貝它值風險的程度。

我們要如何完成讓貝它值報酬與阿法值報酬脫勾的艱鉅任務？在瞭解衍生性金融商品（如選擇權與交換）所能實現的各種大量功能以前，且在避險基金將放空列為重要作業以前，投資人根本不知道如何有效區隔報酬中有哪些分別來自貝它值驅動因子和阿法值驅動因子。今日，隨著財務領域快速革新（也就是所謂的財務工程），區隔貝它值管理與阿法值管理的流程才逐漸普遍化。

這些革新讓人們不再推崇「恆久打敗市場幾乎是不可能的任務」的見解。現在，投資人不斷提及阿法值，好像這東西唾手可得似的。投資人認為只要找到一個有效率且可靠的投資經理人，就能摘到這顆甜美的果實。

毫無疑問的，區隔阿法值和貝它值的各種新技術是投資管理領域裡非常寶貴的一些革新。不過，我們稍後將更詳細討論，長期下來，這些技術將傾向於讓市場更有效率，更難找到阿法值，因為這些策略將會讓那些老練投資經理人的阿法值追尋過程變得更深、更廣，因此，他們也會索取較高的手續費。所以，我們一定要記住一件事，人類對於這些複雜系統可能創造的成果或許是期望過高。

❖

今日的市場提供很多不同方法用來區隔投資組合裡的阿法賭注和貝它賭注。所以，貝它賭注——也就是最能達成投資人長期目標的基本資產配置——不見得會對不同資產類別的阿法值投資組合配置造成限制或侷限。放空、借款和衍生性金融商品的使用都可以為阿法值投資組合提供融資效果，在這種情況下，貝它值投資組合的基本配置策略還是不會受到影響。此外，謹慎的針對阿法賭注進行分散投資，因追求阿法值而產生的變異數就可獲得限制＊。

ＣＡＰＭ不再是一種玩具，也不是隱含晦暗實證證明的理論古玩。它已成為老練與精密投資組合管理的重心，有些實務界人士甚至宣稱ＣＡＰＭ已將效率市場假說炸成碎片。

這個革命性發展的刺激不僅限於ＣＡＰＭ能為投資人創造什麼新貢獻。當一九九〇年代的股市泡沫在二〇〇〇年底到二〇〇三年年中破滅後，很多投資人開始認定未來幾年的股票實質期望報酬率將低於長期平均水準七％。當時長期利率持續低於一九五九年到一九九九年的平均值七・一％，甚至低於一九九五年到一九九九年（泡沫期間）的六・五％，這更強化了人們對前述股票期望報酬率觀點的信念。

這些發展讓投資人積極尋找不承擔超額風險但又能創造更高報酬的機會。如果傳統的股票與債券期望報酬率沒有大幅下降到那麼低的水準，投資人大規模轉向所謂的替代性投資標的，如避險基金、房地產、私募基金、創投基金和原油與林地等情況可能永遠也不會發生，對這些資產的配置水準可能永遠也不會達到目前的情況。因此，這樣的期望（股票期望報酬降低）將讓區隔貝它值與阿法值的策略變得更吸引人，因為當投資人對一般投資

＊關於如何最適當結合貝它值投資組合和阿法值投資組合，請見克理茲曼與湯瑪士（二〇〇四）的清晰與權威分析。

標的的期望愈高，區隔這兩者之策略的吸引力可能就愈低。

❖

接下來兩章是有關現實世界的例子，這些例子主要和前述認知變化所帶動的發展有關。第一個例子和一個區隔阿法值與貝它值管理的簡單解決方案有關，這個方案是著名的債券投資經理人比爾・葛洛斯在一九八六年發展出來的，它幾乎可說是一個副產品，不過卻明顯和這些基本概念一致。第二個例子是說明馬爾文・丹斯瑪如何將艾莫可的投資組合轉變為他理想中的最適配置，他非常早就認知到這一點。第三個例子是有關柏克萊全球投資管理公司，這個例子讓我們見識到區隔阿法值和貝它值的流程能做到多麼精密。接下來，我們將會把主題轉向一個同樣聚焦在區隔阿法值和貝它值的方法論，不過這個方法論是從截然不同且新穎的觀點來看待這個議題。

第十三章

讓阿法值變可攜：「這句話已成為新的座右銘」

世界上最大且最知名的固定收益管理產業龍頭公司轉變為一個利用股票市場投資組合來提升報酬的公司，看起來有一點奇怪。不過，位於加州紐波灘的太平洋投資管理公司（Pimco）在該公司執行長比爾・葛洛斯的帶領下，確實從一九八〇年代末期起就持續創造增益型股票市場報酬。葛洛斯是《債券天王葛洛斯》（中譯本由財信出版）這本傳記的主角，這本傳記恰如其分的彙整了他的名聲和他在債券市場裡的傳奇能力。

太平洋投資管理公司採用的策略名為StocksPLUS，從一九八〇年代末期以來，這個策略一直都能創造阿法值，也就是說，該策略能創造優於史坦普五〇〇指數型基金的超額報酬，但又不提高風險。其中，在二〇〇〇到二〇〇二年最嚴重的空頭市場期間，該公司的績效超越史坦普五〇〇指數一五〇個基本點（扣除費用前），扣除費用後還超過一二〇個基本點。

據我所知，到目前為止，這是最先往基金主要持有資產以外的來源尋找阿法值的產品。StocksPLUS策略的阿法值來自一個積極管理型債券投資組合。以現代的說法而言（不過太平洋投資管理公司從未採用這種表達方式），StocksPLUS是將阿法值從債券投資組合「轉移」到史坦普五〇〇指數型基金，這即是這種做法被稱為「可攜式阿法值」的原因。

從一九八九年七月到二〇〇五年九月間，StocksPLUS在一九五個連續三年期間內，有一九四個期間都創造優於史坦普五〇〇指數報酬的正阿法值，從二〇〇五年九月向前推十年，StocksPLUS的績效每年領先史坦普五〇〇指數報酬五〇個基本點，而且這已扣除費用。該策略的總報酬和史坦普五〇〇指數的相關性高達九九・九%。兩個投資組合的波動性幾乎一模一樣，StocksPLUS報酬的月份標準差是四・四九%，而史坦普五〇〇指數的則為四・四四%。

StocksPLUS一開始的規模很小。一九九五年時，只有五個客戶持有，基金規模僅一〇億美元。到二〇〇〇年時，參與投資者數達到原本的四倍，不過管理資產規模卻成長十倍。根據最新統計，該基金持有二十七個投資組合，總資產一八〇億美元，其中包括一〇億元的開放型共同基金，機構最低購買金額為五〇〇萬美元。

❖

當初是誰先想到這麼奇怪的組合？StocksPLUS的靈感來自麥隆・休斯一番不經意的評論，他在一九八○年代中期到末期曾擔任太平洋投資管理公司的董事。休斯對太平洋投資管理公司在債券管理方面的許多天賦印象深刻，於是他建議葛洛斯，太平洋投資管理公司的團隊應該有能力將這些天賦轉移到新領域上，不要只是埋沒在一些陽春型的固定收益策略。

雖然休斯並未進一步做出具體建議，但他確實促使葛洛斯開始夢想朝著可以讓太平洋投資管理公司一展長才的全新方向發展。葛洛斯的第一個想法未能順利推動，因為他的合夥人認為那個創意太激進，而且牽涉到股票的管理。不過第二個創意——「麥隆的靈光一閃」（葛洛斯是這樣形容的）——則直接發展為一個相對新穎的產品，稱為BondsPLUS。而且葛洛斯馬上就發現BondsPLUS的設計不僅在債券方面非常好用，也能善加應用到股票上*。

這兩個策略的概念都很簡單，執行起來也很容易，這兩個例子最難的部分都取決於高深的債券積極管理技巧，因為它們必須仰賴這些技巧來創造額外的報酬——也就是阿法值。基本的方法論牽涉到買進期貨合約，而不是買進客戶希望持有的實體證券——以BondsPLUS來說，實際的證券是指國庫券或高評等的公司債，而以StocksPLUS來說，實際的證券則是史坦普五○○指數。

*除非有特別註明，否則所有引述文字全都來自個人訪談或通信。

以BondsPLUS來說，假定太平洋投資管理公司希望在它的積極管理型固定收益投資組合中維持對某特定國庫券的部位，而由於國庫券期貨合約市場的發展已達到非常活絡且精密的程度，所以太平洋投資管理公司能藉由買進期貨合約的方式取得理想中的國庫券部位，而不需要直接購買國庫券。期貨合約讓其持有人有權在特定日期要求進行實體債券交割，而且期貨合約價格的波動和相關債券價格波動是一致的。為什麼要使用期貨？因為國庫券期貨的買方只須投入約當實際購買價格五%以內的現金，同時可以利用擔保品來彌補差價，擔保品通常是由高評等的債券組成。

不過，天底下沒有白吃的午餐。期貨合約的價格內含一個融資利率，這是作為買進價格中有九五%金額未繳納現金的一種補貼*（譯註：買方付給賣方的補貼）。以BondsPLUS來說，太平洋投資管理公司的真正目的是要投資擔保品，利用市場對短期國庫券商品的無效率來獲取利益，這個做法所取得的報酬將高於期貨合約的隱含融資利率。

舉個例子，葛洛斯注意到貨幣市場最短期票據的收益率大幅低於市場上六到十二月期產品的報酬，於是，他感覺這當中存在創造阿法值的機會。誠如他的解釋，收益率的利差過大顯示對貨幣市場基金甚至部分機構型股票投資經理人而言，隔夜流動性非常充足，所以這些投資者不得不接受比正常情況下「更低」的利率。在某些情況下，流動性的重要性比報酬更高。

這個洞見只是葛洛斯察覺到的機會之一，他所發現的一些機會都能創造超越國庫券期貨隱含利率的報酬。太平洋投資管理公司藉由發掘這些無效率來為客戶創造持有國庫券的報酬，外加足以彌補並超越期貨合約相關融資成本的報酬。

而以StocksPLUS來說，基本部位是一檔史坦普五〇〇指數型基金，而阿法值是利用和BondsPLUS相同的方式，透過固定收益市場中取得。StocksPLUS策略並不是直接買進史坦普五〇〇指數型基金，而是投資在史坦普五〇〇指數的期貨合約，和債券策略類似，債券策略是投資在基本固定收益投資組合希望持有的國庫券的期貨合約。這兩者的操作方法論一模一樣。StocksPLUS的投資人買進史坦普五〇〇指數的期貨合約，他們只需投入五%的保證金，其餘全部以附擔保品保證的借款來支應。如果太平洋投資管理公司將擔保品拿來投資，藉此創造超過期貨合約隱含融資成本的報酬，客戶就能賺到史坦普五〇〇指數基金的報酬外加來自擔保品的額外報酬。額外報酬將從擔保品投資的報酬被轉移到史坦普五〇〇指數基金。

在這種安排下，阿法值存在於那個超額報酬，不過也可能是負數。此時貝它值的風險

＊融資利率通常是三個月期的倫敦銀行間隔夜拆款利率（LIBOR），這是很多相似金融交易慣用的融資利率。LIBOR的信用品質和美國聯邦資金利率不相上下，後者是指商業銀行間拆借彼此存放在聯邦儲備銀行的準備金所採用的利率。史坦普五〇〇期貨合約的價格也會調整合約存續期間內史坦普五〇〇指數的期望股息，因為期貨持有人無法得到股息的發放。

暴露程度——也就是史坦普五〇〇指數——就和來自固定收益投資的阿法值風險暴露程度區隔開來了，而實質上來說，這整個流程其實是自我融資。

❖

太平洋投資管理公司開啟了可攜式阿法值的道路，不過，現在這條道路上已經人潮洶湧。高盛資產管理公司的總經理包伯・瓊斯（Bob Jones）在二〇〇六年的春天如此描述可攜式阿法值：「它已經成為新的座右銘。」

回溯一九八〇年代末期，有三個主要的資金管理公司曾使用可攜式阿法值策略：傑柯伯斯・李維、馬丁傑爾資產管理公司（Martingale Asset Management）與數字投資人公司（Numeric Investors）。不過，截至目前為止，根據我的發現，最早採用此路線的退休金之一是馬爾文・丹斯瑪和他艾莫可石油公司（後來成為英國石油—艾莫可公司，最後完全改名為英國石油公司）的團隊，他們根據此一路線為公司的退休基金發展出一個專案。

我頭一次和丹斯瑪見面是在一九八〇年代，當時他擔任紐約市的第三副主計長。雖然丹斯瑪當時的頭銜看起來不怎麼出風頭，不過他卻負責金額高達數十億美元的紐約市員工退休系統的退休金業務，另外還掌管紐約市的警察、消防隊員、教師和教育局等單位的退休系統。但紐約市支付給他的年薪只有七萬二千美元，根據他的描述，這些錢「只夠吃熱狗和匹薩餅」。不過，丹斯瑪倒非常慶幸自己有過那段經歷。他告訴我，他和委託人之間維持非常好的關係，尤其他們全力支持一個全新的創新債券投資計畫，委託人的支持讓他如虎添翼。這個計畫不僅創造了優於紐約市整體退休基金的報酬率，也協助建立幾個全新的債券指數，目前這些指數已成為債券市場裡廣獲使用的指數。

丹斯瑪向來反對偶像崇拜，他有著反偶像崇拜的幽默感、對許多事務抱持好奇態度以及完成任務的決心。舉個例子，他曾挖苦般的描述典型退休金贊助者的問題，包括：

設定投資期間：

- 退休基金：十到二十年
- 委託人與管理團隊：一季

典型的投資目標：

- 風險：絕對不能虧本
- 承諾：不能越界
- 責任：追上它們！打敗它們！

丹斯瑪對傳統退休基金規劃中的基本投資組合架構最有微詞，根據傳統的做法，資產類別的配置（也就是所謂的貝它值選擇）決定投資人能否獲取阿法值。以傳統的規劃來說，當贊助人（通常是仰賴外部顧問的協助）針對主要的資產類別，如美國大型股或外國股票等聘請積極型投資經理人時，整個流程就此展開，這種模式並不奇怪，不過，接下來贊助者卻開始期望投資經理人能創造優於其比較標竿的績效，這下情況就有點奇怪了。丹斯瑪認為如果能將貝它值和阿法值這兩種不同形式的風險分開考量，績效和效率將會大幅度提升*。接下來的內容就是要解釋丹斯瑪為何對這個觀點感受那麼強烈，以及他如何透過他的基金來落實風險的區隔——分別為市場部位風險以及因尋求超額報酬而衍生的風險。

❖

在忍受大約兩年的政治鬥爭壓力和紐約市幾個不怎麼懂投資與財務的監督者的吹毛求疵後，丹斯瑪在一九八七年欣然接受芝加哥艾莫可公司的邀請，擔任一個較令人矚目的頭銜——「信託投資處長」，而且這個職務的薪資遠比紐約市付給他的薪水高。他的主要權責是負責某個確定給付退休基金的業務，這檔基金目前規模已超過七〇億美元；另外，他還掌管一個企業儲蓄計畫，目前規模大約是九〇億美元。這兩個員工福利計畫加起來佔該公司總信託資產的四〇％左右，所以他的績效攸關重大。

艾莫可公司的新夥伴不僅提供實至名歸的薪酬給丹斯瑪，除此之外，丹斯瑪還成功說服公司賦予他空間來試驗一個新穎但顯然非傳統的退休金管理見解，這是他和他的團隊所發展出來的一個觀點。他認為這個方法將會讓該公司的盈餘出現明顯差異。目前有愈來愈多退休基金和其他種類的信託基金開始追隨丹斯瑪的腳步。過去一度被視為激進的觀點現在已轉變為約定成俗的觀點。

丹斯瑪的目標是將追尋阿法值的決策從退休基金政策（也就是貝它值）投資組合的基本資產配置決策中區隔開來。他們在一九九〇到一九九一年間開始這方面的努力，當時避險基金尚未成為退休金管理的普及工具。丹斯瑪聘請了六個市場對沖（中性）投資經理人。由於這些投資經理人分別持有空頭與多頭部位，所以丹斯瑪認為他們可以創造比一般技巧純熟但卻只單向作多（採用傳統的策略）的投資經理人高一倍的期望阿法值†。不過，艾莫可公司還是希望他們的貝它（政策）投資組合中包含五五%的美國股票，二〇%投資外國股票，一六%投資固定收益，九%投資替代性產品，而且不持有現金。

丹斯瑪為這些市場對沖經理人提供許多資源，他賣掉該退休基金裡一部分的美國股票積極部位。儘管這個動作導致投資組合對美國股票的配置降低，但只要同時買進史坦普五〇〇指數的期貨合約，這部分的報酬即可輕易恢復。多／空（市場對沖）策略有效抵銷他們的股票部位，並創造了現金收入——這些收入是來自營業員對放空部位的回扣，另外還

＊這並非代表一定要採用兩個不同的投資經理人，不過近年來，確實是由不同的經理人管理不同風險。

†市場對沖經理人同時持有大約可互相抵銷的空頭與多頭部位。如果管理得當，投資組合相對整體市場的上下波動幅度將較輕微。

加上阿法報酬（當然這是丹斯瑪的期待）。

和太平洋投資管理公司的例子一樣，購買期貨合約通常只需動用到整體概念價值中的一點點現金存款（例如，保證金大約是五%到六%）。將投資流程架構為兩個要素（史坦普五〇〇和市場中性策略的報酬）後，丹斯瑪的團隊成功將阿法值（超額報酬）從一個策略「轉移」到需要維持既定政策投資組合類別比重的資產類別（也就是貝它值）之上。

這個流程的關鍵是將阿法值決策與貝它值決策予以區隔。要完成這個步驟，有很多方法可以使用，避險基金架構只是其中一種方法而已。舉個例子，一個單向作多的策略、一個賺取某些短期利率目標（LIBOR加成）、外匯、可轉換套利的策略都能進行阿法值與貝它值的區隔，甚至連透過REIT投資房地產的策略都可以進行這兩者的區隔。

就基本哲理而言，這個方法和傑克・崔諾與費雪・布萊克在一九七三年所想到的概念一模一樣，他們認為：「投資組合的最適當選擇取決於評價風險……和市場風險完全無關。」這也和比爾・葛洛斯在StocksPLUS所採用的方法一樣，市場報酬來自史坦普五〇〇指數期貨的投資，但阿法值則來自債券管理，並以期貨的現金擔保品來支應葛洛斯在債券市場的所有投資活動。以這個例子而言，來自債券市場報酬的阿法值被「轉移」投資在史坦普五〇〇指數的部位。

不過，StocksPLUS和前艾莫可公司的策略之間存在一個實行面的差異。太平洋投資管理公司（通常是葛洛斯本人）是自行管理所謂的「阿法值引擎」，也就是投資在債券市場的一大筆資金（他希望藉此取得阿法報酬）。而在英國石油─艾莫可，丹斯瑪卻是聘請外部投資經理人來為他創造基本資產類別貝它值報酬和追求阿法值。

談到這裡，丹斯瑪針對他過往的成就向我提出一個有趣的評論：「我們很快就瞭解到最大的利益並非來自阿法值，而是在風險控管上。我們都知道，在投資行業裡，風險是保證存在的，但報酬卻不然。我們瞭解到不相關的阿法值讓我們可以管理甚至降低剩餘風險──也就是相對預定比較標竿的追蹤誤差（例如史坦普五〇〇指數）──好讓我們能在波動性和總報酬的得失之間取得更好的平衡。英國石油團隊也發現將阿法值和貝它值區隔開來後，他們變得比較能以全新的不同方式來看待整個投資組合管理流程，和看待以往單向作多資產風險部位的傳統模式不同。

❖

目前丹斯瑪和他的團隊依舊努力實現這個整體基礎架構，不過他們採用更精密的方式，報酬型態（至少到目前為止）也更令人滿意。誠如丹斯瑪的描述：「我們目前正在研擬一套『新策略合夥關係架構』。我們的目標是要讓投資經理人擁有更大的自由空間去使用他們的『阿法值前緣』，以建構一個和我們的風險／報酬目標一致的阿法值投資組合，這樣我們就能建立一個更有效率的阿法值引擎。換句話說，投資經理人可以從一些經我們事先核准的策略裡，自由選擇某些策略來建立一個符合本公司期望阿法值和殘餘風險範圍的投資組合。我們稱這一切的結合體為阿法值引擎。接下來，我們會為最能滿足我們政策需求的投資經理人設定期望貝它值或標竿投資組合。

在丹斯瑪的監督下，投資經理人依照規定，利用期貨或交換（轉移流程）來進行貝它值的調整。簡短來說，英國石油要求投資經理人單純為阿法值目的發展一個「內部」基金中的基金，接下來再將貝它值（或資產類別）調整回公司所期望的比較標竿或政策投資組合（可能是一個傳統的市場，也可能是債權相關的報酬收入）。不過這個做法有一個小缺點：「這樣確實會產生一些額外的成本，導致我們賺到手的阿法值溫和降低。」

不過，這種多元策略概念卻包含幾個微妙的利益。丹斯瑪給予投資經理人更多自由空間，他們可以在能力範圍內盡情發揮。最重要的是，在這個新架構下，投資經理人在追尋與創造阿法值方面扮演著更重要的角色，這意味他們不只是提供一個產品領域或項目供客戶選擇。假定這些投資經理人擁有優異的技巧，他們可以從工具庫（也就是資產類別，即貝它值）裡選擇許多種策略，透過更優異的殘餘風險管理來創造更穩定的目標阿法值。

這個流程產生一個很寶貴的副產品。自由顯然也代表投資經理人必須為自己的成果負責。投資經理人不能再將爛績效歸咎給丹斯瑪或英國石油的投資委員會。同時，成功的期望值也會上升，相關規定也非常具體明確。這個做法讓他們不再談論一般的條件，所謂一般條件是指績效超越一般投資經理人、績效落在整體成果範圍的第二個四分位內等。此外，這個系統讓投資經理人必須同時為風險標準和報酬負責。這個做法也讓贊助者的治理水準提升，讓他們更有能力監督經理人的程序和行為是否與指導原則或協議條件一致，並隨時監督投資經理人是否大致保持穩健的態度。

在這個系統下，丹斯瑪的基金得以更有效的修改酬勞結構，讓投資經理人的利益與基金的利益更加同步化。事實上，這個系統和避險基金業常用的績效費模型很像。對陽春的股票與債券管理業務而言，這個架構也許不是慣例，但事實上，由於牽涉眾多策略，因此這個做法卻可能創造比傳統做法更多的利益。最後，贊助者在比較資產類別表現以及四分位績效等相關的工作量得以減輕，從此可以更聚焦在最適政策風險／報酬結構（可能是市場或債權相關）、更複雜的治理計畫，以及創造阿法值和管理風險的新機會上（因為目前的經理人基礎架構更包羅萬象了）。

❖

丹斯瑪真正的目的是什麼？他以幾個關鍵要點來解釋他區隔貝它值管理和阿法值管理的方法：

- 對所有類型的機構（不僅是退休基金，還包括捐贈基金、基金會、保險公司及其他信託）而言，這整個方法牽涉到不同的投資流程思考模式。
- 這是針對各種資產類別的報酬進行財務改造的一個流程。

- 這是提供新風險管理方法的流程。
- 這無法創造阿法值，只是將追尋阿法值和追尋基本資產類別報酬區隔開的一個動作。阿法和貝它值是以不同的策略取得。
- 這個方法無法消除風險，只是重新整理風險的來源。

這個流程起始於投資組合期望總報酬的判斷，也就是判斷總期望報酬中，有多少來自「阿法值」，有多少來自市場（貝它值）報酬。在此，我將阿法值加上引號是由於阿法值報酬為投資組合實際報酬和市場報酬（也就是目標比較標竿報酬）的差異部分。沒有人能保證阿法值報酬絕對是正數，事實上，很多情況的阿法值是負數，尤其是在扣除費用後。

至於風險呢？倫敦商學院的艾洛伊・迪姆森（Elroy Dimson）曾描述過風險的意義，他認為風險代表未來可能發生的事比實際上發生的事多很多。這個說法很妙，貼切表達我們對未來可能發生事件的無知。不過，這也提供一個有用的架構供我們思考「風險」。誠如丹斯瑪所強調，貝它值報酬的可能結果分佈情況和殘值（也就是阿法值）的結果分佈不同。這個差別是丹斯瑪整個投資流程的關鍵，因為它代表投資人可以將總報酬中這兩個要素的管理予以分開。貝它值與阿法值能分開管理的事實讓丹斯瑪團隊深受這整體概念分析的吸引，也促使他們開始實行在一九九一年時從六個多／空投資經理人那裡學到的經驗。誠如丹斯瑪的說法，這個程序就像是「某種型態的投資樂高遊戲」。

❖

有一個例子可以清楚說明丹斯瑪如何將一檔證券所創造的阿法值轉移到債券報酬（如李曼兄弟的債券綜合指數），以創造具備股票型阿法值的「合成債券策略」。和StocksPLUS的情況一樣，他的目標是要改善投資組合中債券部分的總報酬。為了實現這個目標，丹斯瑪通常會先從各種債券策略中釋出一些資金，接下來再將這些資金重新配置到一個股票策略上。

為了簡化說明內容，我們假設這個股票策略是指一個意圖超越史坦普五〇〇指數績效的策略。如果資產投資在一個希望從指數獲取二〇〇基本點阿法值的策略裡，投資經理人將同步尋求消除股票的市場報酬，也就是說，他們會把這項報酬予以對沖，這樣才能只創造殘餘報酬的部分，也就是指阿法值及其殘餘風險結構。記住，現在的目標只是透過一個股票策略賺取阿法值，不是要降低債券投資組合部位，將資金資源轉投資到股票這項資產類別。

這個目標可以透過幾個方法達成。舉個例子，投資經理人可以和適當的另一方進行一項交換，在這個交易中，丹斯瑪的基金將直接把史坦普五〇〇指數的報酬拿去交換他想要的資產類別（也就是貝它值）報酬，以這個例子而言，這項資產是指債券。或者，贊助者可以放空史坦普五〇〇指數期貨，接下來買進某一檔債券指數的期貨。他也可以放空個股，此時，贊助者不能保有因放空得到的現金收入，現金是由券商所持有，不過，券商必須從放空所得資金所衍生的利息中，撥付一筆小金額給贊助者，這稱為現金回扣。接下來，贊助者可以買進期貨，重新導入對債券市場的期望新貝它值風險暴露程度。

無論是哪一種方式，負責創造阿法值的股票報酬（股票貝它值）將會被消除，並被債券報酬取代。假定股票投資經理人能創造二〇〇基本點的阿法值，來自股票領域的這項阿法值將會被加在債券報酬之上＊。整個政策配置將原封不動，唯一的差異只是總阿法值較高（在這個情況下為二〇〇個基本點，而不是傳統的債券阿法值，大約僅五〇到一〇〇個基本點）。不過，請再次注意，這些流程可能產生額外的成本，導致阿法值低於二〇〇個基本點。無論轉移多少阿法值，無論阿法值是正數或負數，這種溫和的財務再造將有助於建立更高的整體阿法值報酬流入，而艾莫可公司可以將這項新阿法值報酬與傳統方式下的阿法值報酬結合。

丹斯瑪的方法並未對投資人創造阿法值的可用策略種類予以設限，這是這個方法最吸引人的地方之一。投資人可選擇的範圍非常大，包括傳統的單向作多策略（這是為超越市場或某些次族群的績效而設計），另外也包括只為超越現金報酬的策略（LIBOR 加成）、套利策略、多／空股票策略（即避險基金策略）、各式各樣的固定收益策略以及外匯策略等。

由於這些可能族群的報酬互不相關，所以不會導致整體投資組合的系統風險上升。每一項策略都有其風險，但每一項策略可能結果的分佈都和其他策略可能結果的分佈不相關，和代表政策投資組合的基本市場風險暴露部位的結果分佈也不相關。用來創造阿法值的貝它投資組合可能被銷除或對沖，所以完全不需要擔心這些投資組合的風險衝擊。因此，這個流程提供很大的空間，讓投資經理人可以到所有他們認為能找到阿法值的地方追尋阿法值。

丹斯瑪團隊目前的想法是希望最後能達到所謂「資產配置兩面進行」的目標，也就是分別針對阿法值和貝它值進行資產配置。根據傳統的做法，贊助者會先從資產配置決策開始，例如有關股票、債券、現金或房地產的配置。在這個流程下，投資人必須接受伴隨著主要貝它值配置而產生的阿法值。雖然這已經是公認的做法，但這個流程卻可能導致賺取額外阿法值的機會受到限制，或導致贊助者降低風險水準的機會減少。而在新的模型下，投資人開始先決定如何將資產配置到追尋阿法值的策略上，接下來才著眼於貝它值決策。

丹斯瑪用以下方式歸納出他的結論：「我們將我們的投資組合視為單純的一組阿法值和貝它值。它們彼此之間不盡然有直接的關係或關聯，這和傳統單向作多模型的情況不同。除了更理想的風險控管外，我們的做法還包含其他許多利益。」區隔貝它賭注和阿法值機會風險暴露程度管理作業的主要利益之一，在於這個方法能簡化撤換績效不彰經理人或留住績效優異經理人的程序。以傳統做法而言，單向作多的投資經理人必須同時為一項

＊請注意，我們假設這二〇〇個基本點的阿法值為正數，不過阿法值也很可能是負數。

資產類別（貝它值）和利用該資產類別創造阿法值負責，在這種情況下，假設有A、B兩位投資經理人，除非B經理人的貝它值風險暴露程度和A經理人相同，否則丹斯瑪就無法以A經理人取代B經理人。總之，以前丹斯瑪只能在同一個資產類別裡選擇經理人，這樣才能避免基金的政策投資組合失衡。

反之亦然。在傳統的做法下，如果一個經理人能創造阿法值，但由於該經理人所管理的資產類別配置超過基金的政策目標配置，此時贊助人通常會被迫重新配置資金，減少對這個經理人的配置金額，以修正超額投資的情形。這時，他們就不得不和阿法值說再見。不過，若能將貝它賭注的管理和追求阿法值的相關努力區隔開來，追尋阿法值的作為就不見得會和維持基本資產類別的目標風險暴露程度相抵觸。

崔諾和布萊克說得很對：「積極型投資組合的最適選擇取決於評價風險和評價溢酬，和市場風險或市場溢酬完全無關。」

❖

傑夫・霍德（Jeff Hord）是柏克萊全球投資管理公司旗下的一位常務董事，負責開發一些創新策略，幫助客戶針對其政策投資組合的要求（貝它值賭注）來進行基本資產配置，同時也尋求在貝它值賭注以外取得阿法值。霍德的團隊聚焦全世界，和很多退休基金、基金會、捐贈基金和散戶投資人都維持合作關係。

二〇〇二年秋天時，霍德發展出一個稱為資產信託平台的策略，這個策略讓投資人可以分別制定阿法值與貝它值決策，這個平台的績效超越傳統的方法，而且是以非常具成本效益的方法獲得這些成果。他的創新策略是利用一個信託模式將投資目標截然不同的兩個客戶結合到單一帳戶，以期提升每一個客戶的期望報酬。

其中一個投資人稱為積極投資人，通常會長期和預期貢獻將超越標竿報酬之阿法值報酬的積極型投資經理人繼續合作。另一個投資人稱為指數投資人，他比較偏好被動的指數型基金投資方法，他加入這個策略的理由在於該信託平台承諾將在不增加任何風險的情況下，支付指數型基金報酬外加一筆額外報酬給該投資人。

霍德如何透過同一個帳戶來調和兩個以迥異方法因應投資問題的客戶？指數投資人藉由提撥他對該信託帳戶的指數型基金股份來協助積極投資人，讓後者更容易達成目標。當然，指數投資人將獲得一筆正好等於指數報酬加上特定差額的報酬，作為他為該信託提供資本的一種酬庸。

對指數投資人而言，這些安排還有四種額外的吸引力。指數投資人不需要支付管理費，保證不會和選定指數之間產生追蹤誤差，不需支付交易成本，而且對信託資產擁有優先求償權。所以，指數投資人最好是該信託帳戶的參與人，而不只是以傳統方式持有指數型基金部位的一般投資人。

積極投資人選擇利用指數投資人的資本。積極投資人必須承擔所有風險，支付所有成本，不過，當信託帳戶將應付報酬支付給指數投資人後，該帳戶內剩下的投資績效全都歸積極投資人所有。而如果該信託帳戶中的殘餘盈餘非正數，而是負數的話，積極投資人所提供的擔保品也將保障指數投資人不會產生虧損。

❖

舉一個例子，假定積極投資人是一個慈善基金會，擁有大約二〇億美元的總資產，而其政策資產配置結構為：五五％的美國可變現有價股票、一〇％的固定收益以及三五％的替代性投資方案，如私募股票基金和避險基金。其中有些資產被動投資在指數型基金，其他則是投資到積極管理型產品上。

在該基金會投資委員會最近一次的會議中，有一位委員提醒他的同事注意該基金會完全沒有投資國際上的股票，他發現這個疏漏是起因於他們認定美國市場的表現將比國際市場優異。不過，不久前他剛參加一個積極型國際股票投資經理人的說明會，這位經理人的績效非常優異，大幅超越國際市場的表現。此外，那位經理人也提出了很多原始洞見來解釋國際投資的優點，這些見解讓該委員印象非常深刻，所以他希望委員會能在不改變基本資產配置情況下處分二億美元的基金會資產，將之轉移給這個投資經理人管理。

不過，這二億美元要從哪裡來？經過多方討論，該委員會同意應維持基本政策資產配置不變，但同時卻也承認應該利用這個國際型經理人的才能來獲取利益。委員會的顧問建議他們去找ＢＧＩ幫忙尋求解決這兩難情境的方案（基金會的所有資產幾乎都已交給ＢＧＩ進行積極或被動管理）。

該委員會和ＢＧＩ許多位策略分析師開會。最有趣的一份建議書由霍德所提出，他解釋該如何讓該基金會周轉二億美元給那位國際型經理人，但又不變現任何既有持股來取得相關轉移動作所需的資金。對委員會成員來說，他的主張聽起來簡直是個不可能的任務，不過，霍德確實有一個架構能滿足他們的需求——將二億美元轉移給那個國際型經理人但又不改變現有資產配置。

霍德建議他們採用資產信託平台來實現這個目標。基金會是積極投資人，而霍德向該委員會保證，他一定會找到一個目前有投資二億美元在ＢＧＩ國際型指數基金的合適指數投資人。ＢＧＩ將那筆國際型指數基金投資予以變現，並將取得的資金轉移給那位積極型國際經理人。霍德解釋，這個指數投資人依舊獲得保證，將來可以取得約當其國際型指數基金的報酬，而這項保證將以該基金會轉移給積極信託帳戶的二億美元固定收益資產為擔保。基於安全性的考量，這筆固定收益配置將從ＢＧＩ的積極管理型固定收益產品中轉移到ＢＧＩ的固定收益指數型基金，不過固定收益報酬仍歸該基金會所有。所有資產衍生的全部盈餘都會自動再投資。

讓我們來看看情況的發展。指數投資人所持有的ＢＧＩ國際型股票基金將被變現，所得資金將被轉移給該基金會的外部積極型國際股票投資經理人。在此同時，指數投資人依舊能繼續取得這檔國際型指數基金的報酬，不需支付成本，也不會產生追蹤誤差，還外加一筆補貼他為該信託帳戶提供資金而保證可獲得的額外報酬。該基金會的積極管理型固定收益投資組合被轉換為一檔指數型固定收益基金，目前由信託帳戶所持有，作為指數投資人為該委員會提供國際型股票資產所需資金的擔保品。

第一年年底時情況會是如何？假設積極型國際投資經理人創造了一二％的年度總報酬，較國際型指數基金的九％高，在這個經理人高超的技藝下，原本的二億美元將會成長為二・二四億美元，而國際型指數基金的資金只成長到二・一八億美元。積極型國際投資經理人為基金會創造了三％的阿法值，也就是六〇〇萬美元，而且完全沒有動用到該會任何一毛錢。此外，積極投資人（也就是基金會）也會繼續收到固定收益基金的報酬，而指數投資人則累積了約當國際型指數基金九％報酬的求償權，就好像從頭到尾沒有人採取過上述行動似的。

當基金會決定停止這個奇妙的新做法時，又會是什麼情況？假定這個決策在五年後發生，而積極型國際投資組合的報酬還是持續以每年一二％的速率複合成長，而國際型指數基金的年度總報酬仍為九％。這代表五年內基金會的資產已經成長到三・五二億美元，而它對指數投資人的指數基金負債則上升到三・〇八億美元，此時阿法值等於四四〇〇萬美元。

積極型國際投資經理人會把投資組合變現，並將三・五二億美元交給基金會。接下來BGI會把該信託帳戶的持有資產變現，將三・〇八億美元的資金返還給指數投資人，讓他再把資金投資回國際型股票指數基金。基金會的帳戶多了四四〇〇萬美元的淨利，外加信託帳戶內的固定收益基金報酬。於是，四四〇〇萬美元的阿法值就這樣從積極型國際投資經理人這一方被轉移到在這場交易中作為擔保品的基金會固定收益基金。

然而，這個故事並不盡然會有如此完美的結局。假定報酬的情況逆轉，指數型基金的年度報酬為一二%，但積極型投資經理人卻表現失常，只創造九%的報酬，落後指數型基金。在這種情況下，基金會一共只累積了三・〇八億美元的資產，但指數投資人卻理當累積了三・五二億美元的資產。這時基金會必須將約當四四〇〇萬美元的固定收益投資組合變現，以履行對指數投資人的保證。這個交易依舊存在一個可攜式阿法值，不過，此時的阿法值是負數，而非正數。因此，積極投資人的選擇並非絕無風險。

❖

這類策略都擷取自CAPM的阿法值與貝它值概念，雖然途徑不同，但目的都是為了區隔追尋阿法值的風險和投資股票與債券等資產類別的風險（貝它值風險）。其實每個情況的根本架構都是相同的。投資人在目前的管理團隊中加入一個積極型投資經理人，但卻不會干擾到既定的資產配置，而積極型投資經理人的融資則來自其他來源。

融資可能來自很多不同源頭，太平洋投資管理公司的BondsPLUS和StockPLUS策略是透過期貨合約的使用來取得融資，因期貨合約只要求預付約當相關交易價金五%的現金。

而以英國石油—艾莫可的情況來說，丹斯瑪利用了各式各樣的方法，為追尋阿法值找可用現金，不過，在此同時，他卻依舊維持政策投資組合所規定的基本資產配置。

在BGI資產信託的案例中，指數投資人將變現後資產提撥給積極型國際股票投資經理人，並因此換得來自積極投資人的擔保保證。另外，衍生性金融商品市場有許多複雜且特別設計的工具，都可作為融資需求的來源，這種工具更為精密，使用頻率也更高。

❖

假定投資人真的能創造、發現與執行各種必要交易，那麼就資本資產定價模型的使用與瞭解而言，光是以「重大發展」來形容可攜式阿法值都不夠，它和投資革命創意的關聯性絕對超越這個層次。若沒有各種形式的選擇權應用，若沒有布萊克—休斯—莫頓的選擇權定價公式能為選擇權定價，這整個流程就可能像瓊安・希爾的那些學術見解一般逐漸凋萎，就像一個缺乏實行手段的聰明創意。從很多方面來說，積極與不斷創新的衍生性金融商品市場是讓這整個流程得以落實的功臣。

不過，可攜式阿法值的做法和論述並非資產配置與追求超額報酬方面的唯一新觀點。事實上，下一章將討論另一個可以讓我們更深入瞭解CAPM真諦的新穎方法。這個方法提供一種顯著有效的方式來解決政策投資組合的問題，利用這個方法，就可能提高以較低風險取得阿法值的機率，其風險程度絕對不會高於可攜式阿法值策略。

第十四章

馬汀・萊布維茲：穿著新衣的CAPM

在投資管理界，馬汀・萊布維茲是一個非凡的人才。一九九二年時，他的所有研究論文被裝訂成冊，整冊內容超過一一〇〇頁，而且是以小型字體印刷，沒有人有辦法以瀏覽或速讀的方式來閱讀這些論文。

一九九二年以後，他的著作數量和品質也未曾稍減。《財務分析師期刊》和《投資組合期刊》（*The Journal of Portfolio Management*）都宣揚萊布維茲所貢獻的文章數量無人可及。他曾獲得八次《財務分析師期刊》的葛拉漢與達德（Graham & Dodd）獎，這是眾人夢寐以求的獎項，唯有當年度最佳文章才得以獲此殊榮（當然，他獲此獎項的次數也超過所有人）。

萊布維茲也是另外四本書的作者與聯名作者，雖然他是以固定收益大師的姿態開始他的財務生涯，但他很早就涉獵股票市場分析，並為這個領域創造了很重要的貢獻。在他的職業生涯中，有二十六年待在李曼兄弟，有九年擔任教師保險年金協會——大學退休股票基金的投資長，這個退休基金規模龐大，是大學教職員的退休基金。而從二〇〇四年三月起，他到摩根史坦利任職，在此，他獲得很大的空間可以撰寫與談論任何他夢想中的主題。他十四歲時在偶然的情況下贏得田納西州少年西洋棋冠軍，一年後，他就取得芝加哥大學的福特基金會獎學金。

近幾年，萊布維茲將他的注意焦點轉向利用資本資產定價模型來為實務界人士制訂資產配置、風險管理和績效評估等決策。他的研究和「利用ＣＡＰＭ來架構可攜式阿法值策略」是有那麼一點關係，不過他對ＣＡＰＭ模型的創見卻涵蓋了更廣泛的應用。事實上，萊布維茲透過他漫長的職業生涯證明理論對實務界的貢獻會有多強大。

❖

萊布維茲在一九五一年到一九五六年間在芝加哥大學主修物理學*，之後他便往西部發展。他告訴我，當他第一次到舊金山時，他「無法相信地球上竟會有如此美好的地方——我一定要搬到這裡」。†他到史丹佛研究協會工作一段時間，參與一些和營運研究有關的專案，但不久後，他卻在一九五九年決定放棄迷人的舊金山，到紐約市去。「搬到紐約市一年」的決定是每個年輕人一生中至少會做一次的決定。

他在紐約的第一份工作是到一間電腦模擬實驗室——系統研究集團（System Research Group）上班，這個世界真的很小，他在那裡遇到了哈利·馬可維茲，接下來，他發展了一套被他稱為Simscript的電腦程式。萊布維茲在這裡的多數同事都是數學博士，但萊布維茲從來都不想取得這種學位。數學對他來說實在太簡單，根本不需要花時間去上課（現在的萊布維茲稱當時的自己為：「傲慢的蠢孩子」）。不過後來他放棄了那個草率的決定，他去紐約大學上夜間課程，很快就利用晚上的時間取得博士學位。

終於到了該找份全職工作的時刻。從事後諸葛的角度來看，我們可以說萊布維茲一開始選擇的方向和他最後所從事的工作簡直背道而馳，不過事實上，那份工作和目前工作的關聯性遠比他當時所能想像的高。一九六四年時，他到友人父親開設的地毯製造公司上班，老闆是個非常聰明的生意人，他發明了編織尼龍地毯的一項新製程。雖然萊布維茲認為從商沒什麼特別的，但他馬上就因好奇而入迷，很快的，他就認定自己喜歡這份工作。他的老闆循序漸進的將公司各領域的權責交到他手中，從尋找地點和為各地工廠擬訂製程，到為購地事宜協商選擇權等。在這個過程中，他在材料處理方面取得兩項專利，而他的數學能力確實也派上用場，因為他必須計算在廢料極小化的條件下，應該如何就一系列

---

* 萊布維茲在一九五五年取得文學士學位，他的物理科學碩士是在隔年取得。當時他年僅二十歲。

† 除非特別註明，否則所有引述文字全都來自個人訪談或通信內容。

工作裁剪地毯。

❖

此時，發生了兩件足以改變他一生的事件。第一件是地毯事業擴展到非常大的規模，萊布維茲試圖說服老闆讓公司公開發行。第二件是認識了他新婚太太的舅舅席尼・何莫（Sidney Homer），他喜歡在聖誕假期與家人一起在家裡唱讚美詩。何莫恰巧是華爾街一間大型債券交易公司——所羅門兄弟與哈茲勒公司的資深合夥人，在此之前，他在頗負盛名的投資管理公司史佳德、史蒂芬與克拉克公司（Scudder, Stevens, & Clark）管理固定收益證券。萊布維茲原本就知道何莫和華爾街有些淵源，不過他卻從未聽過所羅門兄弟公司，而且從來都沒想過要和與他的職業完全相反的金融界建立任何關係。

在一次唱完聖誕讚美詩的中場休息時間，萊布維茲隨口問了問何莫，地毯公司辦理公開發行可能會牽涉到哪些事務。一九六七年時的所羅門兄弟公司才剛開始要介入企業理財領域，不過，何莫說他會看看是否有合適人選可以推薦給萊布維茲。不過，在此同時，何莫也想知道究竟萊布維茲對債券有多少瞭解。萊布維茲問：「債券？為什麼要問我債券的問題？」何莫回答：「因為你是一個數學家。我花了一些時間想寫一本有關債券相關數學運算的書。不過由於我的計算結果不成功，所以我一直把這件事擱著。也許你可以幫我看看，告訴我哪裡算得不對。」

萊布維茲很快就發現何莫研究工作裡的問題，不過，他也懷疑為何所羅門兄弟公司裡竟沒有訓練精良的數學領域員工。雖然萊布維茲向來厭惡華爾街和財務學，但他現在卻深受吸引。他開始轉移方向，試著說服何莫設法讓他進所羅門公司擔任內部數學人員。何莫的看法並不樂觀，他向萊布維茲解釋：「對你們這種人來說，所羅門是個粗糙的企業。」萊布維茲並不氣餒。他要求何莫讓他和某些人談談，最後他下定決心。

接下來，他的所見所聞讓他更無法抗拒前景的誘惑。一九六〇年代時，債券市場的主要參與者都是一些歷史悠久的機構，包括商業銀行、儲蓄銀行和保險公司。當時的交易活動非常低，多數債券都被當作買進且長期持有的投資標的。不過，一九六九年時，由於通膨憂慮持續增強，多數債券的價格都低於面額──也就是原始發行價格一〇〇美元。也因如此，當時所羅門兄弟公司的人都努力想瞭解如何安排機構與機構間的債券交換交易，讓各機構得以利用因此而產生的虧損來節稅，但卻又不損及債券部位的到期期望收益率。由於他們一直無法針對必要的計算過程建立一套程序，所以幾乎每進行一筆交易都要大費周章的重新做一次計算。

這個現象讓萊布維茲更無法抗拒。一九六九年六月時，他告別了地毯公司，接受減薪，到所羅門兄弟任職，在交易大廳裡的一張小辦公桌上班，不過他可以使用龐大的分時IBM電腦主機。很快的，他就解決了其他人頭痛已久的問題。甚至連資深合夥人都會去找他，詢問如何為他們的客戶解決這些交換──虧損的問題。

接下來又發生了更美好的事，讓萊布維茲成為所羅門兄弟公司最重要的人。當時，所羅門兄弟公司裡沒有人知道如何計算債券價格，即使他們知道殖利率和息票（每半年剪下來兌換債券利息收入），卻還是不會算。反之亦然，如果給他們價格和息票，他們也不知道如何計算殖利率。不過，他們並非全無根據。當時每個人手上都有一本所謂的《殖利率手冊》，他們可以在這本手冊裡找到答案。這本手冊非常厚，從遠處看還會以為它是本聖經。不過，收益率手冊裡的殖利率最高只到八%，而一九七〇年時，通膨的憂慮持續增溫，長期債券殖利率都上升到八%以上。這該怎麼辦？沒有人知道如何評估殖利率超過八%時的債券價格。

不過，萊布維茲可以輕易在幾秒之內以他的分時電腦算出結果，所以很快的，他就成為公司裡最搶手的人。排在他桌邊的人龍比以前長多了。他對我描述：「我擁有這個城市裡唯一的殖利率機制，甚至有可能是全世界唯一的。現在他們真的非常需要我。一大堆資深合夥人搶破頭想要擠到隊伍最前端，我不再被埋沒！我終於在所羅門兄弟佔有小小的一席之地！」他甚至獲頒一個頭銜：投資系統董事。當時，萊布維茲還擔任紐約大學企業管理研究所的計量分析兼任助理教授。

金融市場的動盪說服席尼・何莫再度拾起他的書，很快的，他和萊布維茲就開始共同為這本書執筆。原稿定名為《殖利率手冊裡的奧秘：債券市場策略新工具》（*Inside the Yield Book: New Tools for Bond Market Strategy*），該書在一九七二年由Prentice-Hall出版社與紐約財務協會出版。在當時，由於債券通常是被當作買進且長期持有的投資工具，所以債券市場策略的概念稱得上一個革命。

這本書出版不久後，積極型債券投資組合管理就開始風行，買進且長期持有的做法幾乎消失。從那時開始，債券市場已和過往截然不同，固定收益投資成為更精密、更複雜、更具挑戰性的投資，其風險性甚至高於股票市場。由於何莫和萊布維茲的貢獻，理論開始扮演重要角色，以一種沒有人預期到的方式協助改造了債券管理的運作方式。積極型固定收益管理的先驅之一安德魯・卡爾特（Andrew Carter）在萊布維茲二〇〇四年再版書裡的推薦文中是這麼描述這本書的：「對地球上最重要的金融市場——債券——而言，席尼是歷史學家，而馬汀是詩人。」

❖

一九九五年，萊布維茲在所羅門兄弟公司待了二十六年後，接到大學退休基金——教師保險年金協會——大學退休權益基金理事長約翰・畢格斯（John Biggs）的一通電話（當時該基金是世界上規模最大的退休基金，資產規模高達三千億美元）。畢格斯邀請萊布維茲接任大學退休權益基金，也就是教師保險年金協會——大學退休權益基金股票投資組合的投資長。萊布維茲的第一個直覺是拒絕這個邀請，因為他覺得在所羅門兄弟的日子很刺激、很有收穫、有趣，而且頗富教育意義。

但畢格斯號召了教師保險年金協會—大學退休權益基金裡的某些理事對萊布維茲施壓，起初他很抗拒，但當他聽說史帝夫・羅斯和包伯・莫頓對外表示他們非常需要他時，萊布維茲動搖了。萊布維茲回憶說：「這真的很棒，我什麼都管，而且是和很多非常了不起的人共事。」事實上，萊布維茲很快就成為教師保險年金協會—大學退休權益基金所有投資業務的投資長，包括股票、債券和大量房地產部位。他猶如該機構的珍寶，所以在二〇〇一年時，教師保險年金協會—大學退休權益基金還設法延長他的任期，他比正常員工晚三年才退休。

二〇〇四年時，萊布維茲不得不另外找工作，這是多年來頭一遭。這時，摩根史坦利找上門來。萊布維茲向我描述：「把我緊緊抱在他們在懷裡。我擔任該公司的常務董事，而且他們給我一個可以隨心所欲做任何事的職位，我可以研究任何一個財務領域，也可以寫一些我喜歡的東西，寫多、寫少都無所謂。」有誰抗拒得了這種大好機會？萊布維茲那無法壓抑的好奇心很快就又獲得解放。

當萊布維茲以受託人或顧問的身份參與主要機構如卡內基基金會、哈佛、芝加哥大學以及普林斯頓大學先進研究協會的投資辦公室後，他隨即發現非常多有趣的問題。他發現這些機構全都在和一些相同的問題奮戰。傳統政策投資組合的期望報酬率根本不敷他們的需求。但在此同時，尋求高期望報酬好像又不可避免會導致風險超過投資委員會所能接受的水準。

每次各個投資委員會和投資相關人員在討論這個問題時，都會遭遇相同的障礙：除非他們願意擺脫傳統資產類別的限制，否則無法達成投資目標。從很多方面來說，這部分還算是簡單的。另外還有很多複雜的困惑有待解決，例如瞭解追求較高報酬將導致這些機構承擔哪些風險，以及如何釐清新資產類別對整體投資組合風險的影響等。

這些機構需要一個全新的資產配置流程設計。同時，如果希望取得更高報酬，他們也必須對抗更大且不同的風險。

對萊布維茲來說，這些問題就像是一輩子都喝不完的波爾多特級葡萄酒一樣令人沈醉。他仔細參透這些問題，並歸納出一個結論，他認為這個結論是可以用來發展解決這個兩難情境的強效方案。誠如他的描述，他所發展的計畫：「只有一部分來自馬可維茲、一部分來自夏普，一部分來自葛林諾德—康恩。」其他全都來自萊布維茲。他的方案紮根在CAPM裡，不過，最後這個方案更演變為CAPM的重點。

❖

萊布維茲是在二〇〇三年意外找到解決方案的。當時他正好在準備一份演說稿，那是要對一群大型捐贈基金投資經理人發表的講稿。就將投資組合從傳統的股票—債券組合分散到更廣泛的資產類別，如REIT、直接投資房地產、避險基金、私募基金、創投基金和直接投資原物料如原油與林地（這部分比重較少）等努力而言，大型捐贈基金投資經理人們向來都走在最尖端。這些替代性資產類別的期望報酬多半高於股票報酬，就算其中某些資產的期望報酬比股票低（如市場對沖避險基金等資產），其報酬波動性也遠比股票低。

當一個投資組合包含如此多元化的資產，當然就不容易判斷整體投資組合的根本風險特質。萊布維茲體認到任何一個投資組合通常都隱含一個主要風險要素——一個決定投資組合整體風險的來源。於是，萊布維茲開始他的研究，企圖瞭解投資組合各個組成要素之間的互動關係，以及不同資產類別的相對波動性將對投資組合的整體波動性產生什麼影響*。

在早期，每個人的投資組合配置大致上都不脫美國股票六〇％與債券四〇％的配置，頂多每個人對這兩者的配置比重多一點或少一點。所以，配置到美國股票的百分比是機構投資組合風險的主要來源，當然，我們可以輕易根據這個明確的百分比數字衡量出整體基金的風險水準。不過，如果一個投資組合的股票與債券風險暴露程度遠低於傳統配置模式，且投資組合持有的資產類別種類繁多（流動性通常較差），那麼風險的計算結果可能會和傳統投資組合毫不相關。在這個全新的世界，投資組合風險架構並不像以往那麼單純。美國股票依舊是其中的一環，但佔總投資組合的比重已遠低於過往。

不過，除非投資人員們有工具可以計算這些新資產類別和美國股票的相互波動情況——也就是一種被萊布維茲稱為「固有貝它值效果」的關係——否則他們也無法瞭解新資產類別將對風險產生什麼樣的根本影響。萊布維茲為了找出一個例子做研究，他製作了一個共變異數矩陣，這個表格列出每一種資產類別之間的交互相關性。為了能夠做出清楚的解釋，萊布維茲在表上加了每一種資產類別的期望報酬與波動性（年度報酬的標準差）。

以下是萊布維茲共變異數表格範例中的一個極簡化表格，另外，我也列出他如何採用這個共變異數矩陣來計算新資產類別的固有貝它值。就這個例子的目的而言，萊布維茲將REIT和美國股票及債券等傳統資產類別結合在一起。請注意，萊布維茲假設美國股票的期望風險溢酬將是五・七五％，也就是股票的期望報酬七・二五％減去現金的期望報酬一・五％，這一點稍後將會參考到。另外，他也假設美國股票的貝它值是一・〇。

根據總投資組合裡各資產類別的比重評估過每一個個別計算的固有貝它值後，萊布維茲就能算出投資組合的整體貝它值。接下來，他針對捐贈基金小組裡的每一個投資組合進行這一系列的計算。完成這件工作後，萊布維茲仔細檢查他的工作成果，最後發現三個令人訝異的情況，換句話說，計算結果出乎他的預料。

首先，儘管資產配置非常廣泛且多元化，各檔基金的總貝它值卻全都落到一個狹窄的範圍內，大約介於〇・五五到〇・六五之間。這些基金看起來都不相同，但就其核心而言，相似性卻相當高。

＊接下來幾頁介紹的很多研究成果是來自一些已發表的研究資料，都是由萊布維茲及他在摩根史坦利的同事安東尼・波瓦（Anthony Bova）共同執筆。

萊布維茲的報酬／共變異數矩陣

			相關性			
資產類別	**期望報酬**	**波動性***	**REITs**	**美國股票**	**美國債券**	**現金**
REITs	6.50	14.50	1.00	0.55	0.30	0.00
美國股票	7.25	16.50	0.55	1.00	0.30	0.00
美國債券	3.75	7.50	0.30	0.30	1.00	0.00
現金	1.50	0.00	0.00	0.00	0.00	1.00

$$\text{REIT貝它值} = \text{與美國股票的相關性} \times \frac{\text{REITs的波動性}}{\text{美國股票波動性}}$$

$$= 0.55 \times \frac{14.5}{16.5}$$

$$= 0.55 \times 0.8788$$

$$= 0.4833$$

*年度報酬的標準差

第二，幾乎每一檔基金的總波動性都落入一個狹窄的範圍內，在這個例子裡，多數都介於一〇%到一一・五%。和貝它值一樣，儘管這一組基金所投資的資產類別分佈差異非常大，但波動性範圍卻非常狹小。這部分甚至比貝它值的情況更令人訝異。回顧過去，當多數投資組合只持有六〇%股票與四〇%債券時，投資組合的總波動性也是介於一〇%到一一・五%的區間，其中股票是主要風險來源。所以儘管這些投資人兜了那麼大一個圈子，但投資組合的主要風險來源卻沒有改變，風險依舊來自美國股票。

最後，在構成每一個投資組合總波動性的原因當中，投資組合的總貝它值（每一項資產類別與股票的加權交互波動情況）對波動性的影響程度達九〇%以上。美國股票依舊是主要風險（亦即波動性）來源，儘管原本大量投資股票和債券的配置已經改為投資到市場行為與股票和債券績效完全不同的多種資產類別上，但這些投資組合的波動性其實根本沒有改變。一樣有趣的是，儘管每一檔基金的分散投資程度較過往更高，但其波動性卻都大約和以往相同。萊布維茲根據他從這個作業上所學到的知識，同時考量額外分析可能創造的結果，他對我歸納出這個方法的結論：「它提出新問題，但它所創造的成果也超乎預期。」

那麼，為何以前沒有人曾注意過這個奇怪的現象？究竟又該如何解釋這些令人迷惑的結果？所有機構都已降低它們的美國股票部位，有些也把對債券的配置百分比降到個位數，以便籌措增持新資產類別所需資金。以金額加權基礎而言，大學捐贈基金已將他們的美國股票部位比重從一九九五年的四五％降到二〇〇五年的三二％，固定收益產品與現金的投資比重則從三〇％降到二〇％，傳統資產持有比重降低的部分（降低部分約佔總投資組合的四分之一）被重新配置到外國股票、絕對報酬（避險基金）產品、私募基金和房地產等項目，比重則各有差異*。

若以相等權重的基礎而言，改變的程度較小，不過方向還是相同。美國股票配置比重從四九％降到四六％，固定收益與現金部分則從三七％降到二六％。金額加權和相等權重

* 這段文字裡的所有資料和後續資料都來自全美學院與大學財管人員協會（National Association of College and University Business Officers, NACUBO），感謝耶魯捐贈基金辦公室的熱心協助。

的資料差異顯示，在這個過程中較大機構扮演主導角色。不過，較小機構的前進方向也一樣，尤其是在降低現金與債券比重方面的動作。

慈善基金會的軌跡也很相似。根據這個領域裡的主要諮詢公司劍橋協會的紀錄，基金會配置到美國股票的比重從一九九五年的四三%降到二〇〇五年的二七%，同一個十年期間裡，持有債券與現金的比重從三三%降到一五%。從美國股票和債券釋放出來的資金被轉移到美國以外的全球股票，包括可變現與不可變現的替代性投資標的，另外也投資一些房地產產權*。

由於投資組合內部的風險和互動出現那麼大的變化，所以可能有人會認為波動性與其他風險指標應該從此變得截然不同。不過萊布維茲卻發現，儘管經過大規模的資產轉換，這些投資組合的風險卻幾乎沒有改變。

他發現這個謎題的解答在於股票與債券兩種傳統資產類別的部位同時降低。如果只降低美國股票或只減少美國債券的配置，結果就會和目前的實際情況不同，較大型機構的情形將差異更大。如果只透過相對高波動性的股票資產類別來籌集資金，並將之投資到波動性較低的替代性資產類別，整體投資組合的貝它值和總波動性都傾向於降低；若只利用相對穩定的債券資產來籌集資金，整體投資組合的貝它值和總波動性則傾向於上升。不過，如果同時利用高貝它值的股票與低貝它值的債券來籌集資金，並將之投資到中等貝它值的替代性投資標的，則整個過程只會像是一種洗牌，新投資組合的基本風險結構和開始投入其他替代性投資標的以前的舊投資組合將大同小異。

誠如萊布維茲和波瓦的說法：「利用中等貝它值的資產籌集資金，並將之投入中等貝它值的資產，結果使投資組合的貝它值相對維持不變。此外，對替代性投資標的的配置通常較為零散，所以總貝它值（根據投資組合資產類別的比重來計算加權平均貝它值）才是支配基金波動性的主要因素。」

而且這個發現讓萊布維茲歸納出另一個違反直覺的結論：「適當進行分散投資對基金波動性的影響相對輕微，這和約定成俗的看法相反。」貝它值——亦即對美國股票的風險暴露程度——才是決定整體基金風險度的要素。

❖

所以，問題主要出在貝它值上。風險暴露程度的這些精密計算要如何幫助我們找出阿法值（也就是調整風險因子後的資產或投資組合超額報酬），並加以評估？根據萊布維茲的基礎架構，最初看起來，應該直接利用資本資產定價模型來尋求這個問題的答案。但再仔細觀察，答案和CAPM有很重要的差異。

---

* 資料來自劍橋投資顧問協會的資產配置基金會討論小組，感謝畢尼登基金會（Benedum Foundation）都伊特・基亭（Dwight Keating）的善意協助。

每一個資產類別都有期望報酬，否則投資人就會放棄那項資產。每一項資產的期望報酬當中，有一部分是來自它和美國股票的互動。不過，這項互動一定低於一〇〇%，否則基金就會選擇直接投資美國股票。於是，萊布維茲指出：「這些剩餘報酬——也就是『總期望報酬』和『因這些資產類別與股票（亦即貝它值）的交互波動所衍生的期望報酬』之間的差異——可以被視為「類阿法值」，我們可以用許多不同的形容詞來形容它，包括結構性（structural）阿法值、分散投資（diversification）阿法值、配置（allocation）阿法值、隱含（embedded）阿法值或最重要的——固有（implicit）阿法值。」

請注意，萊布維茲在每個「阿法值」之前都加上一個修飾詞。這就是他的投資組合風險與報酬結構見解開始偏離純正資本資產定價模型基礎架構的起點。萊布維茲在二〇〇五年九／十月號《財務分析師期刊》裡發表的論文〈阿法值獵人與貝它值放牧人〉（Alpha Hunters and Beta Grazers，這個標題很引人遐想）中清楚指出這當中的差異：

> 配置阿法值和真正積極的阿法值不同，通常只要透過一個半被動的流程，（將資金）移向一個有效的策略性配置就大致能取得配置阿法值……（於是），配置阿法值……和因追逐與取得市場無效率所衍生的短暫與曖昧機會所能創造的真正積極阿法值……非常不同……它們是很不同的概念……而且追求的方法也不同。

不管你如何稱呼它們，萊布維茲的阿法值都是被動的，「因為沒有人敢預言選擇優異投資經理人就一定創造正面的成果，資產投資經理人從事直接積極投資的方式也不一定能創造好成果」。這些被動阿法值的來源不同：它可能來自市場無效率、典型機構投資組合的波動性結構，以及基金最終持有多少美國股票來作為它的基本風險要素（而不是持有全球市場指數或政策投資組合基線）。

萊布維茲是以CAPM的精神計算這些正阿法值。再次以REITs為例，萊布維茲提供了必要的步驟來計算特定看似合理假設下的REITs被動阿法值。下表的假設採用一般字體，而計算結果則以粗黑字表現。

以這個方式計算出來的所有阿法值都會直接加入投資組合報酬中。在這個例子，REITs將會讓投資組合期望報酬率增加二．二二個百分點，且這個數字已調整過REITs佔投資組合的比重。REIT阿法值為被動，也就是固有的，因為這項阿法值不是積極管理下的結果，不過它依然是真實的，因為這是調整過其貝它值要素後的超額報酬。這正是CAPM的真義。

不過，這個阿法值觀念導入三個不屬於傳統CAPM分析路線的特色，這也就是為何萊布維茲一開始就將他的方法描述為：「只有一部分屬於馬可維茲、一部分的夏普、一部分的葛林諾德—康恩（Grinold-Kahn）。」

第一個特色是「所有阿法值都會直接被加進投資組合報酬，（因為）這些被動阿法值和美國股票的相關性一直都是零。不過，第二個特色是，這些阿法值傾向於不會導致整體

被動阿法值的計算：REITs的例子

REITs的總期望報酬率	6.50%
減無風險利率	–1.50%
REIT超過現金的風險溢酬	**5.00%**
減REIT貝它值×股票風險溢酬5.75%＝0.4833×0.0575＝	–2.78%
被動REIT阿法值	**2.22%**

*這個例子裡的股票風險溢酬5.75%是直接從萊布維茲與波瓦（2005b）第二頁的表一中擷取而來，表中假設股票總期望報酬為7.25%，減去現金報酬1.5%，風險溢酬就等於5.25%。

投資組合的波動性上升，甚至不會產生影響，因為對每一項資產的配置規模都相對較小，涉及的各資產類別間的相關性也不高（除了透過它們與股票間的個別相關性部分）。配置規模小與替代性資產類別之間的低相關性衍生出第三個特色，這個特色一樣令人對此分析感到訝異：「多元資產分散投資所衍生的利益並非在於波動性降低，而是在基金報酬的強化。」

實質上來說，這些增益報酬全都來自選擇能創造高於其貝它值期望報酬的資產類別。舉個例子，假定REITs的報酬和股票之間不相關，那麼將現金（貝它值為零）轉移到REITs就不會對投資組合的波動性產生影響，而REITs的報酬率確實超過現金。這個例子非常極端，不過卻詳細說明了萊布維茲的重點：多元資產分散投資的吸引力在於其較高報酬，而非較低波動性。

不過，無論如何，天底下沒有白吃的午餐，更現實一點來說，如果我們將現金轉為REITs，投資組合的波動性就會上升。每將一部分現金轉用來增加某項資產，投資組合的貝它值就會上升。希望增加新資產類別但又同時希望維持投資組合波動性不變的投資人就必須採取某種互抵的步驟，以便回歸預先設定的波動性水準。在很多情況下，這個步驟牽涉到溫和減少股票部位，儘管股票部位的縮減也代表期望報酬同步降低。

我們可以用一個簡單例子的算式來看看相關舉動的結果。假定如上所述，ＲＥＩＴｓ相對現金的的期望報酬溢酬是五個百分點，貝它值為〇．四八，而股票相對現金的的期望報酬溢酬為五．二五％，貝它值為一．〇。現在假設我們將投資組合中原本投入現金的一〇％部位用來買進同等金額的ＲＥＩＴｓ。這個步驟將會使投資組合報酬提高五〇個基本點（五％的一〇％）。不過，我們無法保證一定會多賺五〇個基本點的報酬，因為我們的貝它值將上升〇．〇四八。這時，將五％的股票部位（這些部位的貝它值為一．〇）變現，將會使投資組合的波動性恢復到原來的期望水準，但僅犧牲二十九個基本點的期望報酬（五．七五％的五％）。於是，買進ＲＥＩＴｓ將使期望報酬淨上升二十一個基本點（五〇減二十九）。

這個例子牽涉到將零波動性的現金轉移到一項具正貝它值波動性的新資產。不過，如果購買新資產的資金來自變現其他資產（而非來自現金），結果將和這個例子不同。當被變現資產的貝它值波動性和新增資產的貝它值波動性相去不遠時，這些調整就會顯得沒有必要，影響也非常有限。

萊布維茲似乎找到了彩虹另一端的那盆黃金。這些替代性資產的報酬超過股票，所以能使投資組合報酬上升，但同時又不會導致投資組合的風險提高。那麼，為何不將全部資金轉移到這些資產？為何還要繼續象徵性的持有傳統的股票與債券資產？為什麼不將投資組合全部投入替代性資產如避險基金或私募基金？為何不進一步，將整個投資組合投資到能創造最高阿法值的來源，而要把資金分散到多種阿法值資產？

好問題！不過，事實上主要機構投資基金的投資長都選擇不這麼做。對於這些問題，他們一定有很明確且公認的理由，否則他們不會抱持這種必須承擔責任的立場。

答案很耳熟能詳──「限制」。這個答案的真正意思是：「即使你想把全部資金投入這些資產，你也做不到。」萊布維茲有另一種表達方式，稱為「巨龍風險」，這個說法來自一個古老的神話，神話裡的人認為地球是平的，人們擔心「地平面以上的空間存在著巨龍」。他的說法是，巨龍風險「招致許多的顧慮，並進一步造成這些限制」。以另一種方式來說，這世界上存在一種「模型以外」的風險，也就是其本質與結構都未知的一種風險。

這些就是受託人希望規避的風險，不是因為這些風險沒有吸引力，而是因為根據某些假設（就像其他所有假設一樣）而去承擔這些風險的後果可能是不好的。在很多情況下，即使受託人承擔風險也未必能創造報酬，其中有很多種類的風險承擔（但卻未獲得報酬）

行為也許能獲得投資委員會和委託人的諒解，但他們對巨龍風險的態度可就不同了。巨龍風險是那種一旦出差錯，就會對委託機構及其投資長（這是必然的）造成嚴重後果的風險，而且不會有人有興趣瞭解究竟當初受託人投資那些資產的原始期望是什麼（原始期望則是受託人承擔此一風險〔巨龍〕的根本原因）。

萊布維茲舉了幾個巨龍風險的實例（他充分瞭解這些例子只是其中一小部分）：「開發中金融市場、流動性疑慮、難以取得一般公認適當的投資工具或找到第一流的投資經理人、問題叢生的收費結構、法規或組織非難、同儕比較標準、『頭條風險』（headline risk），以及歷史資料不充足或不可靠。」我們可以在這份冗長的清單中再加上一筆：這些資產的表現與期望完全相左的機率，或「在最後結果的分配裡，極端結果的機率高於原始預期」的風險。在這些情況下，整個流程將會變得一團糟，後續衍生的問題絕對不可能輕易解決。難怪投資長們寧願選擇不淌這種渾水。

現在我們要歸納一個古怪但卻無可逃避的結論，這個結論是和哈利•馬可維茲及他專心致志所強調的分散投資之重要性高度相關的一個疑慮。在金融市場當中，一個太好的見解反而可能使人受害。如果機構投資人開始改變他們對巨龍風險的規避態度，並大量建立替代性資產部位來取代傳統投資標的，如美國股票與債券，那麼到了某個時點，結果將和原本所期待的完全不同。有一件事誠如萊布維茲所言：「在阿法值核心可以擴張到超越尋常界線的情況下，阿法值波動性和超額的巨龍風險可能開始對基金的貝它值主控一切的地位形成挑戰。換句話說，如果這個領域變得過於擁擠，整個結構可能會分崩離析。除了這個令人不悅的結局以外，報酬期望甚至可能會變得過於誇大，因為過多投資人介入的結果將導致資產價格被推升，進而導致報酬展望降低。」

從一個諷刺的角度來看，資本資產定價模型和效率市場假說將成為事實，而非抽象的模型。屆時每個人都將希望持有相同的投資組合，而事實上那個投資組合也將成為「市場」。接下來，所有價格都會變得非常明確，完全沒有變異，每個人的風險承受度都將相同，每個人所獲得的報酬率也都一樣，而且每個人所承擔的風險水準也都沒有任何差異。

就某種程度而言，這個流程早就已經在進行。REITs是某種形式的房地產，它讓你可以利用一張紙在金融市場上交易房地產。在過去，私募基金的定價通常是透過買方與賣方間的議價而定，不過現在私募基金則透過拍賣市場定價。這種轉變正逐漸擴大到其他原本無流動性的資產類別，如林地和整體原物料商品市場。當阿法值的衡量標準依舊有爭議之際，任何一種資產類別（甚至連股票與債券皆然）的市場行為都可能不穩定且無可預測。

這些發展絕對不只是受到一時的悠閒好奇心所驅使。現代機構投資人如退休基金、大學捐贈基金以及慈善基金會為追求永續生存，一定會採用這種方式來決定整體資產配置。最後的投資組合即是政策投資組合，它是用來衡量實際績效良窳的比較標竿，也是基金理想的市場風險暴露程度的政策指導聲明。當意想不到的新參與者進入資產市場，旋風般的新衍生性金融商品席捲金融市場的每個角落時，各種資產類別的定價、波動性及報酬都不穩定。這一切都受意料外的變化所影響。而在那樣的世界裡，政策投資組合不應該一成不變，而是必須不斷進行檢討與測試的。

❖

雖然有各種不同的疑慮存在，但當萊布維茲從整體投資組合的觀點來觀察非傳統資產的風險與報酬得失時，他也發現當中存在許多令人振奮的機會。他敬畏巨龍風險，不過，他也認為投資委員會應該採取和多數投資人相反的方向來制訂資產配置決策。

他認為不應該老是隨著市場起舞，不該在機會來臨時因「被迫重新進行最適化作業」而忙著將這些資產「塞進」投資組合裡，也不應該屈服於投資顧問、業務員和同儕的壓力進行調整。萊布維茲個人的做法是先設定這些非傳統資產類別的最高可接受比重，也就是「阿法值核心」。接下來，他會針對這些替代性資產進行最適化作業，以便在任何可接受的標準波動風險水準及巨龍風險下創造最高報酬。唯有完成前述程序後，他才會轉向股票與固定收益部位，萊布維茲稱這些為「擺動資產」，並將這些資產的配置予以適當調整，以便達到整體投資組合的期望風險水準。

根據萊布維茲所建議的策略，風險／報酬取捨的傳統觀點依舊存在，不過焦點卻產生劇烈的變化。現在，報酬是來自阿法值核心，整體投資組合風險的管理則是來自股票與固定收益的配置。擺動資產的唯一目的就是要管理投資組合波動性，而阿法值核心則是投資組合期望報酬的來源。那麼，在這個基礎架構下，投資組合各個組成要素被指派的任務就非常清楚，而能創造最大期望報酬同時適當控制風險（也就是最適化）的機會就不再因眾多外部考量而被忽略。

❖

這一章的分析只涵蓋萊布維茲對投資組合管理與協助投資人瞭解資本市場驅動力量的革新貢獻中的一小部分案例。萊布維茲的研究工作涵蓋非常大的範圍，包括一九七二年《殖利率手冊裡的奧秘》到近幾年一系列有關貝它值資產配置的論文，另外，他的分析深度也非常令人敬佩。

我在《投資革命》一書曾經敘述萊布維茲對比爾・夏普的一番讚揚，那是他在一九九〇年十月夏普獲得諾貝爾獎的新聞傳到一場專業會議中時所說的。萊布維茲在細數夏普的眾多非凡貢獻時，他用了猶太人經常在逾越節（Passover）時說的話：「達因（Dayenu，譯註：意指已經非常足夠）」，意思是說即使日後上帝不再幫助我們，祂為我們做的事也已經夠多了。萊布維茲列舉夏普的成就，他在每一項成就後面都加上「達因」。

二〇〇五年五月，萊布維茲得到財務分析師協會（CFA Institute）所頒發的最高榮譽——專業卓越獎，而我也很榮幸參與那場盛會。在那個場合裡，我以萊布維茲自己的語言來表達我對他的讚揚：

他給了我們《殖利率手冊裡的奧秘》──達因！

他給了我們退休基金投資組合免疫理論──達因！

他堅守固定收益產品，未曾涉足股票領域──達因！

他給了我們「超越大盤獲利因子」──達因！

他給了我們貝它值加成、結構性阿法值、投資組合分類與核心阿法值──達因！

他給了我們三十三篇發表在《財務分析師期刊》的文章和十九篇發表在《投資組合管理期刊》的文章──達因！

他給了我們所有被我忽略的奇跡──達因！

他是我們最棒、最慷慨、最令人愉快且最有幸擁有的朋友──達因！

第十五章

高盛資產管理公司：

「我知道，那隻看不見的手一直都在」

費雪・布萊克在一九八四年從麻省理工學院轉到高盛任職。就在布萊克到達紐約不久後，他發表了他最歷久彌新的評論之一：「查爾斯河（Charles River）岸上的市場似乎比哈德遜河（Hudson）岸上的市場有效率多了。」

布萊克的這番嘲弄對他在高盛的同事而言其實是個令人欣喜的好消息。因為高盛向來都是華爾街最積極的交易公司之一，不過，「積極交易」似乎和布萊克的一生職志不相配，畢竟他向來都堅定追求一個完全與資本資產定價模型及均衡分毫不差的世界。所以，當布萊克承認華爾街和麻州劍橋不同之時，確實令人鬆了一口氣。事實上，布萊克很快就成為計量建模發展方面的熱心指導人物，這些模型涵蓋許多不同的獲利策略，包含固定收益與股票相關策略，而高盛的員工也逐漸學會如何利用布萊克古怪的方法和性格來獲取利益。

一九八六年的某一天，布萊克面試一個叫包伯・李特曼的人，他是來應徵固定收益研究相關的職務。李特曼是明尼蘇達大學的博士，他也在麻省理工學院限額開課，不過他卻對計量經濟學最感興趣——所謂計量經濟學就是指將統計方法應用到經濟與財務預測上。當時布萊克並不太瞧得起計量經濟學，因為這門學問並未將均衡列為決定性動力。事實上，兩年後，布萊克在一篇標題頗為犀利的論文〈計量經濟模型的問題〉中堅稱「某些計量經濟非常難以估計我稱之為『無法觀察』的數字。其中兩個數字是股票市場的期望報酬與債券市場的風險溢酬」。不過，計量經濟學家卻從未放棄努力。

布萊克在面試李特曼時問的第一個問題是：「為什麼你認為一個計量經濟學家能對華爾街有貢獻？」李特曼提出一些反駁，結果讓布萊克決定不反對李特曼在高盛的求職之路；不過他對計量經濟學的價值依舊存疑。即便李特曼一直都無法將布萊克改造為對計量經濟學充滿熱情的人，但到最後，布萊克和李特曼還是共同建構了一種非常有創意的合夥關係——成為均衡的支持者。這個結果很諷刺，因為布萊克反將李特曼改造為熱衷於均衡的人。李特曼告訴我：「費雪的洞見成為我的職業生涯。」*

不久後他們攜手合作，一起為建立衍生性金融商品、避險策略、風險管理和資產配置策略的模型而努力。這項工作在一九九二年布萊克—李特曼模型完成時達到最高峰。布萊克—李特曼模型實現了一項了不起的功績，它將均衡期望報酬的概念與各式各樣不同的積極型管理策略結合在一起。這項成就就好像把洋基隊和紅襪隊的球迷放進同一個房間，但又設法不讓他們起爭執一樣。

李特曼用以下一席話來解釋均衡期望報酬：「均衡是指資產期望報酬隨著資產的定價風險暴露程度呈等比例增減的一個狀態。資本資產定價模型是一個非常有用的近似值，只不過我們可以考慮更複雜、可能更務實且涵蓋多期與多重價格風險的均衡模型。」†

❖

李特曼的職業生涯是從高盛的固定收益研究領域展開，不過他後來卻成為整個公司的風險管理首長。這是一個有趣的任務，掌握非常多權力，不過，李特曼卻希望高盛可以讓他從幕僚轉任事業管理職務。他渴望能有機會將他與布萊克共同發展出來的理論工具運用到實務面。一九九三年時。他曾試著說服當時的總經理約翰・柯基恩（John Corzine，後來成為紐澤西州的參議員與州長）讓他轉任投資組合管理職務，不過柯基恩的回答是：

---

* 除非有特別註明，否則引述文字全都來自個人訪談或通信內容。

† 見本書馬可維茲對CAPM的批評。誠如馬可維茲在最近一篇文章指出的，如果投資人能借到的錢與能放空的程度受到限制，「布萊克—李特曼期望報酬通常將不會影射特定的市場持有部位」。見馬可維茲（二〇〇六）。

「喔！不，包伯，我們還有更重要的事等著你去做。」

不過，李特曼還是密切注意資產管理業務方面的發展。尤金・法馬的前教學助理克立夫・亞斯尼斯（Cliff Asness，他是芝加哥大學財務學博士）在一九九四年組織了一個計量研究團隊。一九九五年時，亞斯尼斯成立全球阿法值基金（Global Alpha Fund），該基金衝出「破表」的報酬率，一九九六的報酬率為九二・八％，一九九七年為三四・八％。李特曼對此非常著迷，他告訴我：「看起來賺錢好像輕而易舉。」亞斯尼斯在一九九七年底和幾個同事一同離開高盛，成立AQR資本管理公司，目前已成為一個管理三百億美元的龐大投資管理機構。

在亞斯尼斯離開後，李特曼終於得到轉戰資產管理領域的機會，負責計量策略和創建風險管理功能部門（後來由於風險管理部門首長傑科伯斯・羅森加頓升遷，改為直接向各事業部首長報告，所以李特曼也得以解除風險管理方面的責任）。目前李特曼負責「計量股票」團隊，該團隊是在十八年前成立，自始至終都是由包伯・瓊斯（Bob Jones）領導，管理大約一千億美元的各種股票投資組合。其中多數投資組合都採單向作多的模式，不過有一小部分的部位投資在多／空策略，包括避險基金。李特曼也負責「計量策略」，這個策略管理其他所有產品，主要是避險基金，固定收益與全球戰術資產配置等。這個小組是由馬克・卡爾哈特（Mark Carhart）和雷伊・伊瓦諾斯基（Ray Iwanowski）共同領導。此外，李特曼也負責監督「全球投資策略」，這是一項客戶諮詢業務，該部門由科特・溫基爾曼（Kurt Winkelmann）所領導，負責風險預算規劃、資產配置以及資產／負債管理。李特曼是這樣描述他的工作的：「我是棒球教練，非場上任何一個球員。」在李特曼任期內，報酬相當高，且資產規模成長非常快速，資產成長到數千億美元。

我問李特曼，究竟他們管理的資產規模有多大，他回答：「有一件事是確定的——我們以前是一個低風險的計量工作室，但現在，就內部管理的避險基金規模而言，我們無疑是全世界最大的避險基金經理人。除了這項聲明以外，我理當有一個簡單的答案，但實際情況卻比較複雜。」他說的沒錯，他提供的答案很複雜，不過卻也清楚展現了高盛資產管理業務的運作模式。

李特曼解釋：「對於我們管理的資產，我們採用兩種不同的衡量標準，這不包括我們採用的波動性調整，我們管理的資金中，有一部分是採用傳統的策略，資產直接屬於客戶。剩下的則是和管理可攜式阿法值策略有關，也就是我們所謂的風險管理外包（overlays）部分。」

接下來李特曼舉了一個例子。「假定一個客戶要求我們針對一個十億美元規模的概念式投資組合來管理一筆資金，而這個投資組合採用一個與指定比較標竿的長期平均追蹤誤差不超過一百個基本點（一個百分點）的可攜式阿法值策略。最終來說，這個要求其實是要我們為該客戶創造一千萬美元的積極風險——也就是追蹤誤差（相對指數型基金等被動策略）。不過，由於這是一個可攜式阿法值策略，所以我們並不是真的把客戶的十億美元全都拿去投資。我們是採用某一個衍生性金融商品策略，這個策略只需要投入大約四千萬美元的保證金就足以支應這個策略的資金需求。」接下來，他又補充另一個和這個概念有關的觀點：「客戶也可以和我們訂定以直接管理（straightforward management）的做法，『就二十億美元創造五十個基本點的積極風險』合約，他們要求不採可攜式阿法值策略。這時，我們還是會用相同的方式管理四千萬美元的資本，只不過概念資產則為二十億美元。」

因此，若要真正的答案，必須就該公司管理的資產進行多重的計算才行，所以李特曼認為將總概念資產全部加總起來的做法，根本無法瞭解高盛的作業規模。高盛公司將低波動性投資組合和高波動性投資組合予以區隔，該公司認為這個區隔在避險基金與可攜式阿法值策略領域更為重要。一個波動性四%的一百億美元投資組合約當於一個波動性一六%，規模二・五億美元的投資組合。

李特曼說：「關鍵的要點在於波動性是我們所有決策的中心考量。我們不會迴避風險，因為我們抱持和費雪相同的觀點：期望報酬直接隨著風險而變動——這就是費雪和我對『均衡』的定義。這個信念是我們所有策略的核心。均衡以及世界朝向均衡移動的概念是我們對這個世界的中心想法。我知道那隻看不見的手一直都在默默發揮它的影響力。」

❖

不過，李特曼也承認不能光是按兵不動，被動等待均衡的力量自己發揮效用，日常投資組合管理還是必須持續推動：「我們決心將波動性控制在狹小的範圍內，這樣才不會超過客戶對標竿風險與追蹤誤差的容忍標準。波動性絕對不是那麼容易處理的。」

因為波動性問題不易因應，所以投資人也必須控制投資經理人所承擔的積極風險水準：投資經理人的押注行為究竟偏離標竿指導原則多遠？實際投資組合在任何一個時間點與政策投資組合（反映客戶的風險趨避特質與對市場長期期望報酬的觀點）有多接近？

誠如李特曼的看法：「在建構投資組合時，一定要做到風險的適當分配。多數投資人都忽略這一點，沒有花費足夠的資源在此。」

根本上來說，任何一個投資組合的風險都是一種有限的商品。更重要的是，根本上來說，客戶的整體風險承受能量也是有限的商品。客戶可能已將這個稀少的資源分配給不同的經理人，因此，對客戶和投資組合經理人來說，風險管理就成為匱乏環境下的資源配置流程。這一點的關聯性更廣，不僅投資組合風險是一種有限的商品，客戶承擔風險的整體能量也有其極限。因此，這個極限的定義愈明確，投資組合管理流程就會愈成功。

就像所有稀少資源的分配一樣，最好的分配方法是先做預算。根據李特曼的同事傑森・哥托利伯（Jason Gottlieb）的說法，風險預算是「風險分解的一種診斷工具，（它的）目標是找出整體投資組合的風險來源及其強度……以協助我們瞭解一個專案所承擔的積極風險是否讓它獲得適當的報酬。」

一旦客戶政策投資組合與實際投資組合不一致，風險預算將會詳細提出他們在以下三個領域的不一致情況：資產配置、貝它值（也就是「投資經理人的投資組合相對其根本比較標竿的波動的敏感度」），以及股票選擇風險，也就是調整過貝它值影響後所發生的追蹤誤差。哥托利伯解釋：「高比率的股票選擇風險通常代表高品質的風險承擔。」

股票選擇是「高品質風險」，因為透過選擇個股來提升價值（也許很困難）的困難度低於推敲市場時機、押寶特定族群（例如資本財相對於消費性必需品），或押寶在不同投資風格（例如成長型相對價值型股票）。證券的選擇通常比較容易做到分散投資，因為可以選擇的證券有數千檔，相對的，可以選擇的資產類別、風格或族群數則少很多，所以比較容易衍生持有比重過高或過低的問題。這意味一旦你對市場時機的掌握錯誤，或在風格管理方面的押注錯誤，後果一定會比為投資組合選錯個別股票更嚴重，因為投資組合是由許多個別證券部位所組成。

❖

若想取得成功投資的最佳途徑，投資人首先必須對市場效率採取一個立場，這是必要的第一個步驟，投資人必須問：「調整風險因子後，我們的績效超越比較標竿的機率有多高？」這個問題的答案將會引出下一個選擇：「我們要如何區分積極與被動管理的資產？」愈秉持市場效率信念者，配置到被動管理的比重應該愈高。

應該在投資流程一展開就進行這個對話。李特曼解釋：「你必須決定對貝它值與阿法值的配置。耶魯大學和哈佛大學曾表達市場非完全效率的觀點，所以有可能透過與市場不相關的風險得到報酬，因此，他們開始積極追求阿法值。」李特曼則持不同觀點：「我的觀點和費雪·布萊克很類似，也就是說，市場非常有效率，不過並非百分之百有效率。」

這個有關市場效率的聲明是布萊克和李特曼建立其模型的基礎，「市場有效率」的觀點在李特曼權責範圍內的資產管理業務中依舊扮演著關鍵要素。李特曼將布萊克對《投資革命》所引發的一項爭議之評論加以延伸。他向我指出：「讓市場逐漸走向效率的是像我們這類高度有紀律且具創意的投資組合經理人。基於我們過去所創造的報酬，我還不擔心市場是否已達到百分之百的效率。不過，市場的確愈來愈有效率，而且邁向效率的速度相當快。這個世界正邁向計量化，沒有任何秘密可言！阿法值的來源有限，而且很難找得到。麻煩總是藏在細節裡，而且細節真的非常繁多，感謝老天爺！也因為這樣，像我們這樣的計量學家才能取得這種報酬。」

李特曼非常樂於將他的概念轉譯為較容易理解的形式。他暗示：「這就像釣魚一樣，在過去，你想釣魚時，必須先把釣線拋出去，接下來就是等待。但現在池裡的魚愈來愈少，這意味你必須使用更好的技術，不能只是把釣線拋出去就算了。只有少數幾個地方的人瞭解這個道理，而他們也釣到很多魚。不過，我們正逐漸把這個世界推向均衡，在均衡狀態下，風險和期望報酬互相連動，所以未來將愈來愈難利用積極型投資管理賺錢。」

這個遠見和布萊克三十年前的見解相同，李特曼繼續說著：「我們每天都在市場上看到這個現象。我們在全世界流通性最好的市場運作，不過，即使在這些市場，我們依舊會對價格造成影響。我們愈來愈難以判斷究竟一個投資標的是吸引人或不吸引人，期望報酬高於或低於其均衡價格？如果沒有均衡，人就會像漂浮在太空中一樣不踏實。我們絕對無法達到均衡，但是均衡是地心引力的中心。市場自然會做它該做的事。」

這段慷慨激昂的談話絕對不只是一種哲理般的冥想，而是明確指出如何在一個接近效率化的市場裡運作。舉個例子，李特曼解釋：「短期的交易機會如『賣出福特，買進通用汽車』很快就會被套利活動清除一空。唯有執行交易的流程最有效率者才可能繼續賺錢。但我們聚焦在長期的展望，我們在所有領域搜尋具吸引力的機會，包括外匯、股票、債券等領域。對短線操作者來說，那些投資要花太久的時間，不過對我們而言卻不錯，因為我們可以持有某些投資非常久。」

葛蘭桑姆投資管理公司（Grantham, Mayo, Van Otterloo）的董事長傑瑞米‧葛蘭桑姆（Jeremy Grantham）和很多醉心於短期機會的大型機構投資者非常熟稔，這些大型機構在面對要花較長時間才能獲得回報的投資機會時，總是感到恐懼且不耐煩。葛蘭桑姆呼應保羅‧薩繆森對這個主題的說法，他在一封信裡對他的客戶解釋這個偏差：「就理論上來說，很長的時間也許是行得通的，但現實世界的投資委員會卻必須面對大約只有三年的投資容忍期，這個時間實在太短了，根本來不及享受均值回歸的主要風險降低利益。所以投資委員會通常只好痛苦的偏離長期性的做法。」

葛蘭桑姆從各式各樣投資人為因應痛苦而偏離長期做法的傾向做了一個非常重要的結論。這個流程已經導致股票波動性變得更大（比眾人抱持長期觀點的波動性大），而且「若是如此……類似一九二九年崩盤的離群事件將會產生極龐大的影響……諷刺的是，多數機構都擁有這種輝煌且自然的長期優勢，但在多數情況下，他們卻不善加利用這項優勢」。

然而，高盛公司卻非常歡迎波動性，將波動性視為機會所在——只要他們有能耐控制這些波動性。控制波動性的主要方式是分散投資，高盛的所有策略都會分散投資到世界各地的市場。不過，阿法值是積極型管理的專屬名詞，而能自由的進行較長期的押注行動也使創造阿法值的機會增加。他們的成果就像是被放在投資人彩虹另一端的黃金：高夏普比率。夏普比率是衡量報酬相對風險的指標，具體而言，夏普比率等於投資組合的實現報酬比率減去無風險資產報酬，再除以這項報酬的波動性。這個比率當然是愈高愈好——物超所值。

李特曼非常注意他監督下的投資組合夏普比率。「在大好行情的月份間，我們還是經常會虧本。天底下沒有那麼便宜的事。不過，以十年期而言，我們創造了一•〇的夏普比率，這個數字算很高了。以整體市場來說，波動性大約介於期望報酬的三到五倍。」我問李特曼，他是否認為高盛可以恆久的繼續維持那麼高的夏普比率。他回答：「絕對不可能，我們也無法創造無限的財富。橫豎總要付出一些代價……每天都會有新競爭者出現，而且他們皆非泛泛之輩。五十年來，學術界所描述的就是這樣一個環境。」

誠如李特曼一再重複的：「一切都在於風險的管理。」不過，聚焦在風險管理並不代表李特曼相信低風險比高風險好，如何控管才是重點。在特定夏普比率下，較高風險代表較高的報酬，因為這個比率等於報酬除以風險；如果夏普比率不變，承擔多一點風險將讓你獲得更高的報酬。

很多投資人都迴避承擔積極風險，而李特曼深受此一現象吸引。他認為在一個基本的股票市場風險暴露程度下（也就是貝它值），一定存在一個和你假設的夏普比率有關的最適當積極風險值。多數投資人所承擔的積極風險都過少，他們九〇%以上的風險都來自貝它值，也就是來自市場本身的波動。在這種情況下，好像他們期望取得的阿法值相對該積極風險的波動比率僅〇・〇一%到〇・〇五%。這個數字相當微薄。李特曼繼續解釋：「舉個例子，如果你期望的夏普比率僅〇・二五，這大約就是股票市場的夏普比率，那麼，你應該將風險平均分配到貝它與積極風險上。如果你期望的夏普比率超過〇・五（也就是報酬約當你承受的波動性的一半），那麼顯然你希望是由積極風險來決定投資組合的風險。」

假定保守投資人持有一個一半資產投資在股票，一半投資在固定收益產品的分散投資組合，那麼他應該認為長期期望報酬是正數，不過，儘管如此，還是必須務實一點。根據李特曼的團隊估計，長期股票溢酬大約比債券高三到四個百分點，不過，目前很多經濟學家認為這個數字更低。那麼，長期下來，這個五〇—五〇投資組合將只能創造大約一・五%到二・〇%的實質報酬（調整過通膨），但這還沒有扣除手續費和稅金。李特曼主張：「如果不承擔較高的風險，就無法取得較高報酬。不過並不盡然要將整個投資組合投入較高風險。如果你能找到一些技巧卓越且能將風險部位集中在他們有能力創造阿法值之領域的投資經理人，你就有希望獲得較高的報酬，整體投資組合的風險也只會小幅上升。」

此外，很多投資人都未能體認到可以藉由分散投資來為他們取得更高報酬。李特曼提示：「想想避險基金的報酬就知道，你必須將一〇〇%的資本投資到避險基金才能獲得三%的積極報酬，因為報酬本身非常多元。而機構投資人投入避險基金的比重通常低於一〇%，所以根本就不會對大局產生什麼影響。」

高盛的計量管理業務深受高波動性吸引，就像是蜜蜂深愛花蜜一般。誠如李特曼的認知，在一個持續朝向均衡狀態發展的市場裡，如果風險和報酬密切相關，那麼波動性就是讓資本增值的好方法。假定能忍受短期內報酬率大幅變化的情況，那麼長期下來，賺到較高報酬的機率較高。所以，以相同的投資金額來說，在高波動性的情況下，能為客戶賺到的錢會比低波動性環境下多。

李特曼補充道：「在最好的情況下，當一個技藝高超的投資經理人提供一檔只包含阿法值的高波動性基金（完全沒有跟隨市場變異的系統風險部位），投資人只要決定要投入多少資金到這檔基金，就一定能夠管理他對這項風險的暴露程度。這和投資人管理低波動性基金的情況完全呈對比：若投資低波動性基金，就必須利用槓桿並支付較高費用，才能達到與前者相同水準的報酬獲取能力。」

這番評論對避險基金的投資者而言別有意涵。事實上很多避險基金並未能創造純正的阿法值。相反的，這些基金的貝它值與阿法值組合總是令人費解，這種複雜的情況也讓投資人更難以善加管理整體投資組合風險。而為了提高對技藝高超的避險基金經理人的阿法值風險暴露程度，投資人只好投入額外資金到基金裡。這個舉動將導致投資人支付更高費用，但客戶卻還是暴露在相對模糊且較高的貝它值風險中。總之要規避這種風險並不簡單。

❖

風險管理和對風險的接受度對報酬高低可能非常關鍵，不過，這些都只代表高報酬的其中一面。在這個環境下，交易成本是形成所有差異的關鍵，因為如果交易成本較高，可能會導致積極型策略的執行成效不彰，所以低交易成本可以解決這個問題。

拜科技和競爭之賜，目前計量團隊交易每股股票的成本不到一美分，有時候甚至是零成本。這需要使用各式各樣最精密的交易技術，而且還要有高超的技巧。舉個例子，目前有很多電子交易網路，投資人透過電腦及這些網路和不知名的對方進行交易，此外，也有很多程式型的交易，也就是說，交易商根據他們的特質出價買進大批股票投資組合，他們甚至不見得知道投資組合持有哪些個別標的。在較新穎的系統下單（algorithmic trading）方面，部位的變現或建立是透過一系列交易陸續完成，而非一次一大筆交易；在這種情況下，交易決策由電腦制訂，一切取決於任何一個時點的價格波動是否能被電腦接受，而如果情況顯示交易將會導致價格偏離投資人希望成交的水準，電腦就會拒絕交易。

李特曼繼續說著：「這個流程讓我們得以採用許多新策略，不過我們的規模卻也不斷成長，這意味我們的交易動作對價格的衝擊將愈來愈大。也因如此，我們密切聚焦在將交易成本極小化的作業上。紙上投資組合一定能賺錢，不過現實面卻歸現實面。對像高盛這麼大的投資者來說，衡量對市場的衝擊並設法將衝擊降到最低是我們的根本要務。在資產配置過程中，我們一樣很重視市場衝擊的問題。事實上，透過這些交易，我們每天都在對世界各地的市場做實驗。每當我們進行交易的同時，就會同步觀察這些交易動作是否導致市場出現任何漣漪，不過，儘管我們的規模如此龐大，也還難以發現任何漣漪的產生，我們希望可以維持現在這種情況。」

❖

高盛公司有很多資產管理做法都是從一九九二年發明的布萊克—李特曼模型中衍生出來的。布萊克和李特曼是從「投資人可以將積極型管理和與被動型管理納入同一個投資組合」的逆直覺概念中發展出這個模型。布萊克—李特曼根據這個模型說明以兩個獨立的副投資組合來建立一個整體投資組合的策略。在這兩個副投資組合中，一個代表均衡，也就是說，這個副投資組合的期望報酬和投資組合與市場的共變異性連動；另一個是表彰一個投資經理人對各項資產類別或各資產類別裡的個別證券期望報酬的積極觀點。箇中竅門在於布萊克和李特曼如何將一個以市場效率為基礎的投資組合，和另一個以押注無效率為出發點的投資組合結合在一起，成為一個包含兩種歧異觀點的投資組合。

這個結合均衡與積極型管理的奇怪組合被發展為一個解決方案，專門解決均數／變異數最適化流程中的一個棘手問題（均數／變異數之所以被作為資產配置的根本方法，最早可以追溯到哈利・馬可維茲在一九五二年所提出的那篇著名文章〈投資組合選擇〉）。馬可維茲透過這篇文章提出「效率投資組合」的概念，這是將每單位風險（變異數或波動性）的期望報酬達到最高的投資組合，也就是將每單位報酬的風險降到最低的投資組合。最適化程式會從各種被列入考慮組合的資產中選擇一些有效率的投資組合，其做法是將每一項資產的期望報酬與風險估計值及每一項資產相對其他各種被列入考慮組合的資產的共變異數（也就是系統上下波動）結合在一起。終極目標是要讓投資組合的期望報酬達到最高，同時將所有共變異數降到最低，讓投資組合達到最高程度的分散投資狀態。

不過，最適化程式也揭露了一個困難的問題。誠如專業投資人的描述，最適化程式「表現不好」。最適化程式通常會偏愛與其他資產的共變異性顯得較低的資產，或偏好彼此相關性較高的資產的組合。這些特質的優先性傾向於超過每一項被列入考慮的資產的期望報酬或風險估計值。若任何兩組輸入值（如期望報酬與風險）不一致（這種情況經常發生，因為各項輸入值是分開估計的），就會被最適化程式視為一個機會。最適化程式所偏好的很多資產如房地產、林地、私募基金和新興市場股票等資產的流動性相對較低，報酬波動性也較高，甚至可能屬於萊布維茲所謂的巨龍風險型資產。傳統型投資組合的持有人不會喜歡那種「表現不好」的最適化程式，因為這種程式建議配置過多資金到前述非傳統型資產，而交易這些資產的成本可能會高到導致投資人受傷害，要不然就是這些資產的風險過高或對保守型投資人而言過於標新立異。一旦出現這種情況，最適化程式的「表現就顯然不好」。

若能指示最適化程式將不受歡迎資產的比重降到低於總投資組合的指定百分比以下，最適化程式的表現就可以改善。不過，儘管這些限制可能讓最適化程式的表現改善，但卻會製造出另一個兩難：過多的限制將導致採用最適化程式的原始利益遭到稀釋。

最適化程式「表現不好」的問題最初在一九八九年開始引起高盛計量分析師的注意，這是在李特曼成為固定收益研究部門主管後不久的事。高盛東京辦公室的固定收益管理團隊主管要求李特曼發展一個可以建立全球固定收益投資組合，同時又適合日本投資者的模型。這件工作很快就擴大為建立一個為高盛全世界客戶建構固定收益投資組合的全球模型。

李特曼一開始並不是很確定要如何展開這項交付任務，所以他決定詢問布萊克的意見。布萊克對這項挑戰非常有興趣，不過，他並不習慣根據現實世界來思考模型。所以，他還是繼續以「均衡」作為其方法的出發點，不過，這次李特曼卻很擔心布萊克不但無法讓他擺脫曖昧，反會讓他更混淆。他回顧當時的情景說：「對我來說，詢問『均衡世界』中將會發生什麼情況確實是一種有趣的代數習題，但這並非一個嚴肅的問題。不過，費雪卻告訴我，只要用一個簡單的均數／變異數最適化方法，就可以解出這個問題的答案。所以，我啟動電腦的最適化程式，最後發現了一個眾人皆知的事實：最適化程式『表現不好』。我是說，除了我，每個人都知道這個事實，我從未進行過最適化流程。」

在已開發國家處理全球債券投資組合時，這個問題顯得特別嚴重，因為這些國家之間的債券殖利率與外匯匯率相關性相當高。這樣的組合將不可避免的導致最適化程式「表現不好」。在這個例子裡，輸入值為六個月後的債券殖利率。只要一個國家的預測值出現大約五個基本點的變動（而李特曼資料的不確定性遠超過五個基本點），就會導致投資組合的建議比重大幅改變。如果希望最終的產出看起來像個可被接受的投資組合，就必須對最高與最低持有比重進行限制。在這些情況下，最適化程式的表現無疑將會很糟糕，甚至毫無用武之地。

在陷入絕望之際，李特曼又回頭找布萊克，向他抱怨最適化程式的運作缺陷。布萊克回答：「表現不好的問題是眾人皆知的，這就是多數人會利用最適化程式對產出進行限制的主要原因。」李特曼不願意接受這個建議，他爭辯著說：「它無法創造任何價值，你不過是把你希望的結果放進去罷了。」

布萊克向他建議了一個替代方法。當時他正好剛發表一篇文章，他在文章裡針對「全球投資組合應該就多少外匯匯率風險進行避險」的問題發展出一個均衡解決方案。這篇論文並未提及最適化程式的表現，它聚焦在外匯的避險上。李特曼認為布萊克的想法聽起來過度流於學術派，所以對這個方法的實用性依舊抱持懷疑的態度。

不過李特曼也瞭解，試試布萊克的建議總比看著牆壁乾瞪眼好。他也承認對全球投資組合而言，外匯問題非常重要，不過，他過去向來無法判斷應該針對外匯波動從事多大規模的避險行為。布萊克這篇文章談論的是一體適用的避險方法，文章建議只要在貨幣波動風險與投資組合期望報酬的得失之間取得最適當平衡，就可以得到想要的答案。不要有任何限制和觀點，只管將固定收益資產與外匯的均衡期望報酬及每一項考慮列入資產的波動性和共變異性全都輸入最適化程式。接下來，最適化程式就會告訴你一個持有全球固定收益市場的投資組合，而外匯部分則根據費雪的通用避險比率進行避險。李特曼的第一個反應是：「這太棒了！它給我非常好的起點。如果你沒有任何觀點，那麼就直接持有市值投資組合就好。」

這是重要的第一步，李特曼所使用的經濟學家輸入值最後產出了他口中的「瘋狂投資組合」，這些投資組合清楚反映出最適化程式對那些輸入值的敏感度。他認為：「由於這個反映我們的經濟學家觀點的投資組合看起來不合理，（所以）我應該依循布萊克的建議，以朝向均衡情況的前提來做假設，在這個情況下，所有期望報酬都和資產與市場的共變異性呈等比例波動。這樣一來，我就可以在均衡假設及經濟學家的觀點間取一個平衡點。」這聽起來很簡單，不過，李特曼的最初企圖（他取兩組輸入值的線性組合）依舊未能歸納出合理結果，除非投資人完全側重費雪這一端，也就是均衡輸入值，否則結果不會合理。即便經過這樣的調整，結果和市場投資組合之間的偏離程度卻仍然顯得很不合理。

李特曼並未就此放棄，他採用另一個關鍵的見解，利用貝氏（Bayesian）分析法來結合兩個來源的資訊（均衡和經濟學家觀點），將新資訊和既有資訊結合在一起*。貝氏分析將交互關聯性列入考慮。他的分析方法採用「具相似行為的資產將創造相似期望報酬」的見解，此外，貝氏分析法提供了非常大的自由空間，你不需要針對每一項資產進行假設，而且可以量化不同觀點的信心水準高低，甚至可以就不同組合的資產提出觀點。

李特曼對自己大喊：「哇！這真的行得通！」在一個不受限的背景下，最適化程式現在真的能夠推薦一個最適化投資組合，一部分資金投資在市場投資組合，一部分投資在代表個人觀點的投資組合。此外，如果你以均衡作為重心，就不需要針對每一項資產一一提出觀點。若你還是對任何一項資產抱持特定觀點，最適化程式也會在適當的程度內，將這個觀點應用到其他每一項與該資產相關的資產。這個程序可以防止瘋狂投資組合的產生，現在，你可以根據你對個人觀點的信心水準和要將多少風險（部位的規模）分配到你的觀點，取得可以接受的投資組合。這樣一來，最適化工具的表現變得很好！李特曼評道：「沒有人相信他們的最適化程式，不過我們已經發現該怎麼做。」

❖

這時，他們不再需要估計每一項被列入考慮的資產（將被輸入最適化程式者）的個別期望報酬。相反的，注意力焦點從個別資產轉移到整體投資組合。李特曼對這個新方法的描述如下：

> 投資人著眼於一個或多個觀點，每個觀點都代表他對他選擇的投資組合的一個期望報酬……我們將這每一個投資組合稱為「觀點投資組合」。（接下來）投資人不僅被要求要具體說明每一個觀點投資組合的報酬期望值，也必須詳述信心水準，這代表期望值的標準差……（接下來）最適投資組合是由市場價值均衡投資組合與觀點投資組合結合在一起的加權組合體……朝觀點投資組合傾斜的程度是期望報酬強度與信心水準的函數，而期望報酬則隱含在投資人的個別觀點裡。†

---

* 關於貝氏分析的解釋，請詳見《馴服風險》。

† 這一段所屬的章節中也提出幾個布萊克——李特曼方法相關範例。

布萊克—李特曼還具備另一項有趣的特質。投資人依舊可以選擇要輸入哪些限制條件到最適化程式。最常見的限制是「單向作多」，意思就是不能放空。不過，未經限制的最適化作業將會建議放空考慮列入投資組合的某項資產，至於放空的標準則取決於每一項資產間的相對情況。

李特曼詳細觀察布萊克對均衡分析的忠誠與高盛公司對積極型管理的執著後，做出了一個結論：「問題的這種再造方式可以應用到更廣泛的層面……而且也讓計量報酬預測模型得以使用在資產管理上。」有了布萊克—李特曼模型，投資人可以放寬最適化流程裡的限制，但依舊能取得可接受的投資組合。

這個解除限制的方法創造了非常亮麗的績效成果，並使得管理資產的規模暴增。李特曼以資產增加幅度而自豪，不過，管理資產規模的多寡卻並非他的主要目標。他認為實際上從策略中賺到多少錢比管理多少資金更重要。

❖

進行過這項作業後，李特曼和他的同事終於發現均衡並不只是一個學術概念。事實上，他們的所作所為都隱含著均衡的概念，即便高盛公司的業務是要創造阿法值，而非貝它值。李特曼暗示：「如果你要貝它值，去找先鋒、BGI或道富（State Street）就好。將布萊克—李特曼均衡導入追尋阿法值的過程只是加入一個觀點而已，不是要走向被動管理。布萊克—李特曼模型的主要貢獻是利用最適化程式創造合理的成果，因為這個模型讓最適化程式不致因承受過多限制而遭到扭曲。」

李特曼宣示：「現在我們擁有一座阿法值工廠，不過，我們要如何出售我們的產出？我們過去習慣將我們自己的做法和計量導向的低風險股票投資組合予以區隔。不過，從科技泡沫破滅以來，這個世界已然改變。以往那些推崇選股至上的人已經侵入我們的領土。」這個問題的答案就是為他們的策略穿上新的外衣。

但是要怎麼做？以一個傳統單向作多的投資組合為例，投資經理人對他不中意標的持有比重偏低，但對偏好的投資標的，持有比重卻偏高。假定這個投資組合與其比較標竿之間的追蹤誤差為二%。如果一個客戶願意接受四%的追蹤誤差，經理人就可以將他偏好且已經加重持有比重標的之投資比重提高一倍。不過，經理人要如何處理持有比重已經偏低的「失寵」標的？如果這些標的的部位不高，就算持有比重予以減半也沒有意義。這時你將快速見底，根本無法取得你想追求的那種績效。

此時唯一的選擇就是將作多的投資組合和另一個放空的投資組合結合在一起。李特曼發現，當投資組合的追蹤誤差被設定在四%到五%區間時，這個投資組合只要持有三〇%的放空部位就已足夠，如果是全球型投資組合，四〇%應該也就夠了。

他還想到另一個較大幅偏離一般單向作多的方法：完全不管比較標竿，作多與放空比重相等。二〇〇三年，高盛根據這些原則成立了一個市場對沖產品。這個策略是高盛積極股票流程中一個完全不設限的版本：不考慮貝它值，採作多／放空。這個產品的投資遍佈全球，在所有市場運作，同時包含大約一五〇〇檔股票。它利用槓桿來達到八％到一〇％的波動性，它投資放空部位，也投資作多部位——若未採槓桿，放空與作多的結合自然就會維持低波動性，因為投資人不僅賭股價會下跌，也賭股價將上漲。由於採用槓桿的緣故，所以每投資一百美元就等於高盛作多與放空約四百美元的部位。

李特曼對這項產品倍感驕傲。「它是獨一無二的，純阿法值，高波動性——很棒的概念。它的成果也非常好，而且規模快速成長。」二〇〇五年的某一天，這項產品的管理資產規模為四〇億美元，李特曼看到一篇報告，顯示該策略的股票作多與放空部位共一五〇億美元。他告訴自己：「天啊！我們可能是市場上最大的放空者！」在大略檢查過後，他發現雖然沒有任何一檔個別部位特別大，但就總額來說，該公司確實是市場上最大的放空者。

這檔基金的成功促使李特曼就該基金的方法和其他許多投資管理公司的方法進行一番對照：「這個產業最糟糕的一件事是人們對風險的承擔總是言行不一。他們不管理自己的風險，這是一種罪過。他們不願意多花精神在這上面，而且根本不知道自己究竟在做些什麼。他們沒有降低費用，只是一味降低風險。而我們呢？我們利用槓桿來維持八％到一〇％的波動性。」

李特曼在他於二〇〇四年年初寫的一篇重要文章〈積極型風險難題：對資產管理產業所代表意義〉裡表達他對其他投資人所作所為的不耐。在文章一開始，他就提出他對所謂積極型風險難題的定義。我們知道積極型風險和市場風險無關，也就是說，市場的漲漲跌跌和投資組合增值或縮水無關。換句話說，若要打敗市場，並不會使投資組合整體風險上升太多。李特曼質問：「那麼，為何退休基金投資組合的經理人對積極型風險的配置那麼低？」很多退休基金對積極型風險的配置大約介於五十到二百個基本點，這代表他們只能容忍實際報酬和比較標竿報酬之間產生〇・五%到二%的差異。如果退休基金一次由多位投資經理人負責管理，而這些經理人的報酬又不相關或相關係數偏低的話，這麼低的積極型風險配置將導致情況變得更糟，但大多數退休基金的情形卻是如此。光是考慮到分散投資可創造的風險降低效果，這些基金就應該讓每個投資經理人承擔更大的積極型風險。

李特曼認為這個現象真的是個大難題，他一直在想這個問題的解答。也許這麼狹窄的積極風險正代表這些基金的投資長只期望靠他們的投資經理人獲取「微薄的正價值」。如果真是如此，這些投資長們一定認為市場是高度有效率的。更怪的是，他們一定認為自己沒有人有能力選出能超越平均績效的投資經理人。最可能的解釋是這些投資長們其實是在規避同儕風險，如果他們選擇較高波動性的部位，那麼一旦其他基金的績效表現較好時，高波動性部位的短期績效落後策略標竿的風險就會過高。但若是如此，他們一開始又何必花錢在積極型管理上呢？

即使我們可能可以用行為動機與代理人衝突來解釋普遍存在的這些積極型風險難題，但李特曼卻認為「它不可能永久維持下去……並非所有基金都適合承擔那麼一點點積極風險」。而且他也已經察覺到改變的訊號，現在有一些大型捐贈基金已經開始願意承擔較多的積極型風險，降低市場風險的承擔程度。

態度上的轉變形成一個重要的趨勢，那就是可攜式阿法值的接受度愈來愈高，它讓人們可以在不干擾政策投資組合根本資產配置結構的情況下採取積極型風險策略。有清楚的跡象顯示積極型投資經理人承受的不必要限制已經逐漸減輕。事實上，傳統選股型但不能放空的投資經理人已逐漸被淘汰，不是被低風險增益指數型產品取代，就是被高風險的多／空避險基金取代。增益指數型產品和避險基金策略與傳統的投資組合策略不同，前兩者提升了賺取阿法值的機率，因為這兩種策略可以找出績效可能落後的股票，增益指數型基金可以降低對這類股票的持股比重，並將降低的部分投資到它所偏好的股票；而避險基金則可以放空它們認為超漲的股票。

不過，李特曼也警告：「最終來說，為取得積極型風險的所需資金將對追求阿法值的努力形成限制，不過，造成限制的並非積極型風險本身……當可用資金存在限制時，就必須以每單位資本的阿法值來判斷投資策略的成敗……這時，透過借款來增加可用資金可能是有利的……關鍵的認知是當積極型風險的水準不是重要限制時——最適投資組合架構就必須進行完全不同的得失取捨。」

這篇文章以一段有趣的預言收尾：

對阿法值的需求將驅動市場朝更大效率的方向前進……當市場愈來愈有效率，追尋阿法值的技巧就愈來愈艱難。而且由於尋求阿法值的技巧需要使用到資金層面的技巧，而且是一種零和遊戲，所以我們認為理事會與投資長們將必須提升他們的焦點，發展優於其同儕的恆久技術優勢，或以最低可能成本放棄指數型策略，以解決積極型風險難題……「一窩蜂式投資」的氣數已盡。

❖

布萊克—李特曼方法的成功已經催生了一個全新的積極型管理策略，高盛稱這個策略為「最適蹺蹺板投資組合」。使用「蹺蹺板」來命名的目的，通常是為了凸顯實際投資組合與其適當標竿的風險與報酬差異；以避險基金來說，它是指計算多頭與空頭部位之間的最佳平衡點。這些布萊克—李特曼「最適蹺蹺板投資組合」就是眾多「觀點投資組合」（也就是同時投資多頭與空頭部位，對未來表達某觀點或一組觀點的投資組合）的最適化程式風險配置。李特曼對這種投資組合的描述是，這種投資組合是你「直覺上就會喜歡的投資組合——因為你覺得它們很合理」。

李特曼回憶：「最初，當費雪和我剛發展出布萊克—李特曼模型時，我們是以經濟學家的角度來思考，也就是針對某個市場相對另一個市場的角度來思考。不過我們現在的觀點已更精進，舉個例子，我們會考量價值相對成長，或考量企業盈餘主要來自自然成長或來自豐富的現金流量等。我們創造一些投資組合來表達這些觀點。於是，最適蹺蹺板投資組合就是針對你想持有的觀點投資組合所進行的一種風險配置。」換句話說，最適蹺蹺板投資組合就是全部觀點投資組合的一個結合體。

不過，決定這個蹺蹺板組合的特性究竟是什麼？由於涉及的投資組合全都是多／空型投資組合，所以牽涉到的資金不多，甚至為零。所以，在進行資產配置時，主要的考量標準是風險，在這個過程中，夏普比率是最有用的指南。夏普比率是衡量投資報酬高於無風險利率的部分相對該報酬的波動性之比率。

這是設計的部分，不過，執行起來卻又是另一回事。根據紙上模擬，最適蹺蹺板投資組合幾乎每個月都賺錢，不過在現實世界裡，每一個投資組合都會產生交易成本。李特曼指出：「當你在比較紙上投資組合與實際投資組合的報酬時，就會注意到實現的阿法值有多麼少、多麼不確定。」

不過，這個程序是有彈性的，同時讓投資人可以取得各式各樣的投資組合，無論是高風險、低風險，且全都沒有限制。李特曼是這樣描述的：「我們經營著一個阿法值工廠，無論哪一天，我們都有一組觀點，這些觀點是以最適蹺蹺板投資組合呈現，不過實際上的最適投資組合卻有很多個。這些投資組合全都是最適當的，不過基於以下幾個原因而有所不同——這些投資組合的比較標竿、限制、積極型風險水準等都可能不同；而且即使它們的上述特質全都相同，也可能因投資組合規模或投資期間不同而有差異，另外，交易成本也很重要。」

❖

麻煩總是藏在細節裡，而且高盛管理非常多麻煩的複雜策略，這個事實是高盛選擇以簡單的哲學式方法進行投資組合管理的理由。外界的競爭非常激烈，隨著時間的演進，競爭更是有增無減。費雪・布萊克可能會承認，當他初加入時，「查爾斯河岸上的市場似乎遠比哈德遜河岸的市場更有效率」，但即使早在一九八四年，都很少有人有能力超越市場，而現在市場甚至更趨向真正的效率化，要超越就更難了。在我們的市場裡，均衡是一個強大且具說服力的動力，而且在世界各地的市場，它的力量也愈來愈強大，愈來愈具說服力。

如果真的如此發展，誠如李特曼的強烈信念，投資革命創意和關於均衡的見解將成為投資人建構策略的基礎。投資革命創意的四個要素全都著眼於風險管理——均數／變異數、資本資產定價模型、效率市場（包括莫迪格里亞尼—米勒的研究成果）以及選擇權定價理論。雖然積極型投資組合經理人將盡可能努力以最急迫的速度尋找阿法值，但他們終究無法控制結果。所以，落實投資策略的整個流程必須著眼於風險管理，在這方面，我們的技巧真的很重要。

高盛呼應麥隆・休斯的看法，它找出自身有能力管理的風險，並規避其他所有風險或針對這些風險進行避險。結果確實非常亮麗！

第 6 部

明日的投資革命

第十六章

沒有什麼事絕對不會改變

我在草擬《投資革命》一書的頭版原稿時，原本希望在書裡納入一些實務運作模式，好讓更多我想感化的讀者們能相信這些理論。對無時無刻不想賺錢，而且認為擊敗大盤一點也不難的投資人來說，理論本身確實是非常乏味的。對他們來說，風險只是附帶的考量罷了。

不過，在努力四處搜尋後，我卻只找到三個像樣的「將理論運用到實務」例子——富國投資顧問及它發展可上市產品如指數型產品和戰術資產配置的孤單之旅；巴爾・羅森伯格的模擬和他影響深遠的投資革命創意內涵說明會、以及海恩・李蘭德和馬克・魯賓斯坦的「終極發明」——投資組合保險，這是莫頓為市場賣出選擇權所做的複製投資組合實戰版。除此之外，當時我找不到其他範例。

以上三個應用全都是以風險管理為核心，當然，風險管理向來也一直是財務理論的核心。一九五二年，人類終於體認到風險是投資組合管理的支配要素，這個認知形成了空前絕後的區隔，自此以後，世界完全不同。由於人類到那麼晚才瞭解風險的角色，無怪乎十五到二十年前，投資革命創意的實務應用之路會走得那麼艱辛。

隨著時間的消逝，財務領域主題的影響力日益抬頭。沒有任何一個新財務理論能和馬可維茲的投資組合選擇典範、莫迪格里亞尼和米勒對企業財務的洞見、效率市場假說、資本資產定價模型與選擇權定價理論等一別苗頭。不過，這些創意的實行更以驚人的速度前進，所有作為都受到理論所驅動，仿照理論的模型，最終更反過來重塑理論的許多層面。

柏克萊全球投資管理公司使用指數化主題的各種變形來表達該公司對市場效率真諦的新洞見。耶魯大學的大衛・史威森採用資產配置的基本架構來闡述馬可維茲均數／變異數最適化流程的無限重要性。比爾・葛洛斯和馬爾文・丹斯瑪則是將阿法值和貝它值拆開，為CAPM的新實戰可能性開啟了新的道路。高盛公司在費雪・布萊克眼中的均衡裡發現新穎的洞見，並將這個見解結合到該公司的積極型策略觀點。以上所述不過是數千種實務應用中的少數。

沒有任何事絕對不會改變。新玩家、新機構和新的財務工具不斷催生出新的風險管理策略、追求阿法值的新途徑、世界上的新市場——以及理論架構的新變型。大膽的實驗和創新技術都已是司空見慣。這就是本書的主題。投資革命創意依舊是一切的中心，不過包圍著這些創意的架構卻瞬息萬變且不穩定，真可以用達爾文生生不息的進化來形容這個情況。誠如我先前引用羅伯・莫頓的說法：「我們擁有全新的典範。不，應該說是一個**更豐富**的典範。投資革命創意的答案依舊有效——並不是說這些創意是錯誤的，而我們現在要革命。我要說的重點是，我們應該去瞭解機構，以及它們如何落實這些創意。」

進化是不可避免的一種必然特質——物種將會改變，並在它們無可掌控的動力下持續發展。不過人類和其他物種不同。人類制度的發展和自然界現象的發展不同，人類制度的發展是隨著促使制度成立的目標或目的而改變。很多制度並不是某個人稍經腦力激盪後就馬上出現在這個世界上的。相反的，制度是不斷試誤的結果，不可能馬上就很完美，不過通常就算不完美也已足夠。制度隨使用制度的人類之目的性決策而改變，不過，改變的模式則是對進化動力的一種回應。

我想不出有任何理由能導致這個流程終止，這是因為我在一九九二年出版《投資革命》一書以來已經過了那麼久的時間，而在這段期間裡，財務創新更是蓬勃發展，儘管當初看起來，這些創意的理論概念非常大膽，但目前卻已普及化。這些創意的實務運用可能性似乎無可限量。誠如本書每一章內容所說明的，投資革命創意激發了目前的機構環境，寫下了金融市場結構與投資策略的定義，建立了比較標竿，同時開啟了許多經濟與財務新面貌，讓市場得以有更多新運用。

❖

這些發展的分枝錯節超越了股票、債券與衍生性金融商品市場的範疇。這些發展也反映出財務、本書內容的主題事務及其古老且更有名望的血親——經濟學廣泛領域——等的差異。當哈利・馬可維茲、比爾・夏普和莫頓・米勒因「他們在財務經濟學理論的先驅研究成果」而於一九九〇年得到諾貝爾經濟科學獎時，經濟學界應該感到很詫異*。

近幾年來，經濟學本身在尋找一些陳痾問題的解決方案方面也有長足的進步，無論是在廣度或深度方面皆然。不過，經濟理論的實證測試卻難以有所突破，且其本質上就具備一種固有的爭議性。因為幾乎所有可用資料都是估計值，而非實際數字，而且較近期的資料也容易產生不斷修正的問題。經濟學家可以根據經濟理論想出巧妙的政策建議，但他們要如何事先確定自己的創意不會在實際應用時發生問題？畢竟經濟政策的歷史一直是多變的，個體經濟學的領域也一樣，將模型連結到瞬息萬變的各種業務模式的過程中，也存在許多問題。而軟性社會科學如政治學與社會學等，也經常對經濟假說的硬鋒面造成干擾與扭曲。

相對的，財務學擁有非常龐大的資料庫優勢，這些資料涵蓋約二〇〇年前迄今的即時數字，這些數字不會有修正與否的問題，且從一九二五年以來，多數資料都非常詳細且正確。這些數字反映著財務的得與失，也反映出希望與絕望，不過，對整體經濟體系而言，這些數字也是非常關鍵的變數。誠如聯邦儲備理事會主席弗瑞德瑞克・米斯金（Frederic Mishkin）的形容：「將金融體系想像成經濟的大腦。也就是說，金融體系的行為就像一個分配資本的調節機制，而資本是經濟活動的活血，這個機制所做的資本分配能讓企業與家庭將資本拿來做最有生產力的使用。如果資本使用錯誤或資本完全不流動，經濟運作就會缺乏效率，最後經濟成長將會降低。」無論如何，金融市場的資料在在顯示出金融市場的確是「經濟體系的大腦」及「經濟活動的活血」。

這個非凡的資料庫是展現金融市場特質的主要機制，時間最早可回溯到一九〇〇年，也就是路易斯・巴契里耶（Louis Bachelier，譯注：提出隨機漫步理論的法國數學家）那個時代；雖然他不是很有名，但無疑是影響力最強大的財務理論家之一，而這些資料也涵蓋所有投資革命創意發明者所在的期間，當然，後續還有很多資料會被記錄下來†。

雖然經過很長的時間，實務界人士還是無法說服自己認同理論的實行成果，但資料庫卻已成為各項實踐活動（如本書所述，富國投資顧問公司在一九七一年推出的第一檔指數型基金，到現今各方實務界人士所進行的各種不同活動）的墊腳石。當人們瞭解各種財務理論後，再以即時的資料進行測試，更激發了大量財務實務與策略面的革新。

* 米勒在發展企業財務理論方面的同事法蘭科・莫迪格里亞尼早在一九八五年就因其「有關儲蓄與金融市場的先驅分析」而獲得諾貝爾經濟科學獎。

† 巴契里耶在他的發展成果「投機理論」中首度體認到股價變動的固有隨機特質，這個見解後來帶動了一九六〇年代效率市場假說的發展。

莫頓、羅聞全和席勒正試著使用投資革命創意中的一些要素來設計新的機構結構與金融工具，以期能改善散戶投資人的風險／報酬得失結果。馬可維茲和夏普則瞄準風險的本質，開啟了許多新領域的研究，而休斯在各個市場的中心——也就是風險轉移發生之處——施展他的技藝。在積極管理的火線上，激烈的競爭加上愈來愈高的精密度催生了大量投資組合策略、風險管理和交易成本等方面的激進的創新行為。新的創意來源根本不可能枯竭，行為財務學方面的研究者也努力為世人指點阿法值的新來源，與創造更高報酬與較低風險的策略的新途徑，而這個源頭看起來似乎也是取之不盡，用之不竭。

這些發展絕非僅見於美國境內的機構法人。荷蘭的退休基金巨擘荷蘭養老基金（Stichting Pensionfonds PGGM）資產規模大約一千億美元，它已經完全修正其內部投資流程，逐漸開始重視阿法值與貝它值。根據投資長里奧・路伯（Leo Lueb）的說法，藉由這個手段，該基金「現在能更有效率管理它的風險預算，並將更多資源集中在尋找恆久的投資報酬上」。總值接近六百億美元的丹麥ATP退休基金，也在二〇〇五年朝這個方向前進，改善風險管理與分散投資效率的立意相當明確。

在這些環境下，我們可以輕易預見五到十年後的市場與投資策略在很多層面上都將和目前有所差異。不過，這樣的預測並沒有任何意義，因為它無法為我們指引方向。那麼，究竟要如何從目前的位置前進到那個位置？也許我們不知道該走哪一條路，不過至少必須找出最顯著的路標。

二〇〇六年年底，似乎有兩股力量正在主導著未來的方向：第一個是全球化，另一個是市場愈來愈有效率，難以超越。我們將按照順序來檢視這兩個發展。

❖

全球化這個字眼似乎已經被用爛了，不過，這個背景下的全球化不僅意味舊世界與新興世界之間的資金流動和貿易往來而已，當然，光是資金流動與貿易往來就已經是非常重要的發展了。誠如聯邦儲備理事會主席藍道爾・克洛茲納（Randall Kroszner）曾說過的，全球化「（縮小了）時間與距離的障礙」，這也難怪全球化也是市場進化的最前線。

我在《投資革命》一書裡曾提及美國金融市場是「令人眼花撩亂的創作」，現在其他國家的市場也正以一種讓我們眼花撩亂的速度急起直追。我這樣說並不是要貶低我當初對美國的看法。不過目前這些市場在深度、廣度、流動性以及各種交易工具方面，確實正努力追趕著美國的腳步。

從亞洲國家安然度過一九九七到一九九八年的金融危機以後，這些發展就變得愈來愈明顯。從一九九八年年底到二〇〇六年九月，世界股票市場的總市值上升了六八％，這是摩根史坦利國際資本公司（ＭＳＣＩ）以美元計價方式算出來的數字。不過，除美國以外的全球市場市值增加了七九%，美國則被拋在腦後，僅成長五七%。如果將全球前十大市場（不僅美國）予以排除，績效的差異更為明顯，一九九八年年底以來，除了前十大市場以外，全球市場的市值增長了一○八%。

隨著時間向前推移，外國市場績效超越美國的情況愈來愈明顯。從二○○二年年底（非常接近二○○○年崩盤的底部）到二○○六年九月間，美國市值僅增加五八%，但世界其他各國的市值則上升一二八%。在這段期間，統計範圍內的五十四個市場中，只有三個市場落後美國。這個發展最後造成的的結果是：美國市場佔全球市場的比重從二○○二年年底的五四%降到二○○六年九月的四五%*。

這個結果不僅反映出新興經濟體中較小型市場的成長力道非凡。沒錯，其中某些市場確實創造了驚人的三位數百分比成長，不過，連最大型的市場都超越美國，而且超越幅度很大：二○○二年時，總市值僅次於美國的五大市場依序為英國、日本、法國、瑞典和德國，這些市場的表現都比美國股票市場好，平均市值增長約五七%。

沒有人有能力預測未來國外市場和美國市場的表現將呈現什麼樣的關係。不過，證據顯示，最近一些趨勢可能已經發展出一種自我強化的特質，這將使未來幾年美國佔世界股票市場的比重進一步降低。

在過去，美國股票市場裡的公開發行業務佔全球該項業務的多數†。近幾年來，隨著國際市場的快速發展，情況早已改觀。二○○五年全球前三十大首次公開發行的案件中，有二十七件是在美國以外的市場發行，而剩下三件國內公開發行案件的總額約五〇億美元，全世界發行總額約六〇〇億美元。二〇〇六年前三季全球前三十大公開發行案件中，有二十四件是在美國以外發行，國外發行總金額約六七〇億，但在美國發行的金額僅約七〇億美元。當然，企業到美國以外地區辦理公開發行的原因之一，可能是由於美國的證券法規趨於嚴謹所致，其中最主要的是沙賓法案（Sarbanes-Oxley）的實施，不過若非其他市場有能力處理如此大規模的發行量，也不會出現如此大量轉移的情況。

這一切都只能算是開始而已。在二〇〇六年十月底時，全世界最大的公開發行案件（金額高達一六〇億美元）是在香港辦理，那是中國首大銀行——中國工商銀行的公開發行案。該銀行也同步在上海募集了大約六〇億美元的資金。

公司債的發行也呈現類似趨勢。二〇〇三年時，美國市場佔全世界公司債發行總額的五〇%以上，歐洲則略低於四〇%。這個關係從二〇〇四年開始反轉，在二〇〇五年和二〇〇六年（到十月為止），歐洲佔全球公司債發行的比重超過四五%，但美國所佔比重則降到四三%左右。

---

* 以美元計價而言，二〇〇六年九月的世界整體股票市場投資組合高達二六・七兆美元，規模驚人，其中美國佔一二・一兆美元，世界其他國家則約一四・六兆美元。

† 全球首度公開發行是指企業第一次在世界上任何一個交易所發行股票。

推動這個世界走向更高市場效率的動力也從未間斷，而且這股動力對市場的影響絕對不亞於全球化的力量。史帝夫・羅斯口中的鯊魚正繞著市場波浪旋轉，狼吞虎嚥的吃下所有能看得到的稀少美味：阿法值。本書所介紹的積極型投資經理人——耶魯大學、太平洋投資管理公司、馬爾文・丹斯瑪、BGI、高盛——全都負責管理非常龐大的資產，他們的內心深處全都是鯊魚。他們比多數人更清楚何謂壓力。他們每天都必須和一大堆忙著設計阿法值策略、深入衍生性金融商品市場牟利，及分析行為財務學研究報告的投資經理人們競爭。而拜避險基金業務快速成長之賜（以及這個主題的其他變型，如作多一二〇%／放空二〇%等），目前放空作為勢必讓市場效率提高，因為它提供更多有效率的工具可以對看起來過於超漲的標的進行反向押注。

創新策略只是主題之一，科技的進步持續改變市場上的買進與賣出流程，愈來愈多的交易捨棄傳統的市場模式，買方和賣方直接透過電腦來進行交易。而交易成本愈低，投資經理人就愈能運用更多的策略，驅動市場朝向效率化的動力也就愈來愈強。

BGI的布萊克・葛洛斯曼說：「市場非常有效率，總是瞬息萬變，持續走向更高效率，讓人愈來愈難打敗市場。我們策略的半衰期（正在）縮短。」耶魯的大衛・史威森也承認他對「效率市場心懷崇敬」。高盛的包伯・李特曼則強調：「我還不擔心市場已達到

❖

百分之百的效率。不過，市場的確愈來愈有效率，而且邁向效率的速度相當快。這個世界正邁向計量化，沒有任何秘密可言！阿法值的來源有限，而且很難找得到。」麥隆・休斯也抱持相似的觀點：「我們只是眾多藉由壓縮時間來讓市場更有效率的人裡的一小群。」

此外，可攜式阿法值策略比較聚焦在取得超額報酬的目標上，不像舊式的方法，希望透過以創造貝它報酬率（也就是資產類別報酬率）為主要任務的經理人來取得阿法值。

❖

當這個流程推進到最極端，將會種下自我毀滅的種子，誠如史帝夫・羅斯的觀點：「我認為這是一種財務方面的海森堡原理（Heisenberg Principle）——觀察一個可能導致它滅絕的異常現象。」*貪得無厭的鯊魚們不斷追求阿法值，但任何一種阿法值的半衰期都很短。那麼，為何市場不會到達一個被鯊魚吃光抹淨的的狀態呢？到時候，我們就會擁有一個完全效率的市場，風險與報酬的得失將達到百分之百一致，也就是說，我們將抵達費雪・布萊克所說的均衡極樂世界。

確實有人認為這個世界可能達到那個狀態。二〇〇五年十一月十四日，曾於一九九〇年代在美林公司服務的知名卻也聲名狼藉的網路分析師亨利・布洛傑（Henry Blodget）曾

---

* 羅斯是指海森堡不確定性原理：「位置愈確定，已知的動能愈不確定，反之亦然。」

在他的部落格「網路外部人」（The Internet Outsider）裡發表以下意見：

> 這是最有趣但可能也是最惱人的部分——我認為對多數投資人而言，最好的投資策略是完全不要買進或賣出股票，只要把資產配置到低風險的被動型基金就好。我以前從不這麼想。我在華爾街工作時，如果你說把那麼多資源、腦力和金錢消耗在買「好」股票、賣「爛」股票這件工作上是浪費（或更糟的形容詞）的，那別人一定認為你很荒謬。不過，離開業界多年來，我檢視了一些證據，最後我非常震驚且難過的瞭解到這個結論的真實性。

儘管布洛傑的信念如此強烈，但即便到極端狀態，這個結果的發生機率也非常低。傑克・崔諾說得最好，他評論道：「只要你假設每個人都擁有相同資訊，你就等於假設所有交易問題都不會發生，因為唯有人們認為自己知道某些別人不知道的事時，才會產生那些交易問題。」

讓我們想想，如果有一天所有阿法值機會全部被掠食成性的鯊魚搶奪殆盡，市場真的達到完全均衡，而每個人也都投入指數型基金的懷抱，那會是個什麼樣的情況？誠如崔諾所言，屆時將不再有進行交易的誘因，資產價格將不會波動。不過，如果那一天真的來臨，處在眾多市場之上的這個世界也不可能保持在均衡狀態：處在眾多市場之上的這個世界總是處在多變與不均衡的狀態。

動態世界裡存在著靜態市場的這種奇妙現象將衍生非常顯而易見的結果：如果基本面不斷改變，但資產價格卻不變，那麼就會產生成千上萬的交易機會。這時，嗜血成性的鯊魚將會感受到市場存在著無限大量食物，牠們將用最快的速度游回市場。於是，市場將立即恢復生機，整個景況將回歸到目前的狀態，只不過經過短暫時間的清靜後，市場的形式和功能有可能隨著全新搶食機會的浮現而朝新方向發展。

❖

任何力量都不可能壓制市場奇蹟般的生命力，共產國家已經學會這個教訓。投資革命創意的偉大理論已培育並引導今日的市場朝更兼容並蓄的廣度發展，這些發展遠超過市場上多數參與者的理解。以最生動的方式來形容：儘管熊彼得（Joseph Schumpeter）的「長年不歇的創造性破壞強風」無情的吹颳，又誠如他提醒世人的，到了某個時點，「利潤……本質上就屬短暫，它將因競爭與適應的過程而消失」，但亞當・史密斯所說的那隻「無形的手」卻還是會默默的發揮它的影響力，這就是投資革命創意再進化的真諦。

感謝詞

眾人的傾力相助讓每一個計畫的工作變得更加豐富，當然，他們的協助也讓這件工作變得更加有趣。在此，我要對本文提及的所有人獻上我最誠摯的謝意。

首先，我要感謝的是本書所描述的所有創意與成就的主人們。他們才是這個故事的真正主角。每一個案例的主角都不吝撥冗接受我的漫長訪談或和我通信，他們花很多時間閱讀草稿，並不吝就我對他們的描述提出評論；接下來，他們也都樂意空出時間，回答許多超出我們先前交換的意見焦點範圍的問題。沒有他們的慷慨相助，這個計畫不可能成功。

由於我很難特別區分出哪一個人的貢獻特別多，所以我將按照姓氏第一個字母為先後順序來列舉這些主角們。他們是馬爾文・丹斯瑪、路斯・富勒、弗瑞德・葛洛爾、比爾・葛洛斯、布雷克・葛洛斯曼、傑夫・霍德、榮恩・康恩、丹尼爾・卡尼曼、馬汀・萊布維茲、包伯・李特曼、羅聞全、哈利・馬可維茲、羅伯・莫頓、史帝夫・羅斯、保羅・薩繆森、麥倫・休斯、比爾・夏普、羅伯・席勒、賴瑞・史基爾、大衛・史威森、李察、泰勒與傑克・崔諾。

我的太太芭芭拉・伯恩斯坦也是我的事業伙伴，在規劃與撰寫這本書的過程中，她再度扮演我不可或缺的同事。早在我開始這件工作以前，她就不斷的對我「洗腦」，並向我解釋為何一定要寫這本書。由於她的一時靈感，讓我寫了一本全新的書，而不光是增訂《投資革命》的內容。自始至終，她的建議與指教都非常重要，她的幫助更讓我如虎添翼。如果這個故事的述說過程中沒有一大堆冗文或廢話，那全都是她的功勞。總之，如果沒有她，就不會有這本書。

多年來，很多人都曾催促我寫《投資革命》一書的續集，不過，某些更有意思的事物讓我分心而無法完成這件工作。將《投資革命》一書翻譯成日文版的山口勝業，是刺激我追求與實現這個專案的催化劑。他切入的時機非常完美，而他的論點更讓我無可抗拒。

安德里・裴洛（André Perold）在早期幫我閱讀了多數的手稿，而榮恩・康恩則是在後期閱讀全部手稿。對我來說，安德里和榮恩是絕佳二人組。在整個過程中，他們明智的評論與指教非常具關鍵重要性。榮恩也非常好心幫我填補「柏克萊全球投資管理公司」那一章的疏漏。

這一路上還有很多其他人都為我提供必要的協助，包括包伯・阿諾、安東尼・波瓦、強納生・伯頓、薩賓娜・卡倫、強納生・克萊門茲、安伯・達維格、拉拉・羅卡、金恩・法馬、吉佛德・方、肯恩・法蘭區、威爾・哥茲曼、布魯斯・葛魯迪、瓊安・希爾、亞歷山大・伊尼欽、保羅・卡普蘭、都伊特・基亭、馬克・克理茲曼、柏特・墨基爾、泰瑞・慕倫、瑞格・洛烏、布萊恩・辛格、羅德尼・蘇里瓦恩、湯姆・塔格特、堤莫西・韋柏、米賀・沃倫與傑森・齊維格等。

連同這本書，彼得・道爾堤（Peter Dougherty）已是第五次和我合作擔任我的編輯，除了我們的「處女航」《投資革命》以外，我們也共同探討風險、黃金與伊利運河（Erie Canal）。這第五次的遠征和前四次一樣刺激，收獲也和前四次不相上下。雖然彼得最近成為普林斯頓大學報的董事，但他還是忠誠、熱心與讓人受益良多的絕佳伙伴。如果沒有他一貫正確的方向感和對整個計畫的宏觀見解，我認為我可能無法走到終點。

我很高興John Wiley出版公司繼續擔任我的出版商。John Wiley的副總兼發行人瓊安・歐尼爾自始至終都扮演著非常稱職的合作伙伴。她的專業知識和慷慨的協助，讓我們克服了出版過程中許多難以避免的阻礙——像我這種沒有耐性的作家一定會遭遇到的那些阻礙。此外，瑪麗・丹尼羅技藝高超的協助，也讓本計畫的最後階段變得完全不同。

投資理財系列100
投資觀念進化論：避險觀念與現代金融創新

作　　者：彼得・伯恩斯坦（Peter L. Bernstein）
譯　　者：陳　儀
總 編 輯：楊　森
主　　編：陳重亨　金薇華
責任編輯：陳盈華
行銷企畫：呂鈺清
封面設計：樂信廣告設計有限公司

出版者：財信出版有限公司／台北市中山區10444南京東路一段52號11樓
訂購服務專線：886-2-2511-1107　　訂購服務傳真：886-2-2511-0185
郵撥：50052757財信出版有限公司　　http:// book.wealth.com.tw

製版印刷：沈氏藝術印刷股份有限公司
總經銷：聯豐書報社／台北市大同區10350重慶北路一段83巷43號／電話：886-2-2556-9711

初版一刷：2008年5月　　定價：420元
ISBN 978-986-84101-5-2

國家圖書館出版品預行編目資料

投資觀念進化論：避險觀念與現代金融創新／彼得・伯恩斯坦（Peter L. Bernstein）著；陳儀譯. -- 初版. -- 台北市：財信，2008.5
　面；　公分. --（投資理財；100）
譯自：Capital Ideas Evolving
ISBN 978-986-84101-5-2（平裝）

1. 投資　2. 風險管理

563.5　　97003370